取之于民　用之于民

高等职业教育经典系列教材·财务会计类

税 法

主　审　杨　娟
主　编　赵一蔚　张　燕
副主编　陈　静　巩沁妮　祁宝春
　　　　周　丽　孔　涵　隋树杰

北京理工大学出版社
BEIJING INSTITUTE OF TECHNOLOGY PRESS

版权专有 侵权必究

图书在版编目（CIP）数据

税法 / 赵一蔚, 张燕主编 . —北京：北京理工大学出版社，2021.1
ISBN 978-7-5682-9412-6

Ⅰ. ①税… Ⅱ. ①赵… ②张… Ⅲ. ①税法—中国—资格考试—自学参考资料 Ⅳ. ① D922.22

中国版本图书馆 CIP 数据核字（2021）第 001743 号

出版发行 / 北京理工大学出版社有限责任公司
社　　址 / 北京市海淀区中关村南大街 5 号
邮　　编 / 100081
电　　话 /（010）68914775（总编室）
　　　　　（010）82562903（教材售后服务热线）
　　　　　（010）68948351（其他图书服务热线）
网　　址 / http：//www.bitpress.com.cn
经　　销 / 全国各地新华书店
印　　刷 / 河北盛世彩捷印刷有限公司
开　　本 / 889 毫米 × 1194 毫米　1/16
印　　张 / 18.5
字　　数 / 590 千字
版　　次 / 2021 年 1 月第 1 版　2021 年 1 月第 1 次印刷
定　　价 / 58.00 元

责任编辑 / 徐艳君
文案编辑 / 徐艳君
责任校对 / 周瑞红
责任印制 / 施胜娟

图书出现印装质量问题，请拨打售后服务热线，本社负责调换

前 言

本教材全面贯彻习近平总书记在中国共产党第二十次全国代表大会上的报告精神，以高等职业教育会计和金融专业的专业人才培养方案为依据，立足出纳、会计核算、财务管理、审计等岗位工作实际需要，并结合全国会计专业技术初级资格考试的范围，以中华人民共和国税收法律法规为基础编写而成。

育人的根本在于立德。本教材全面贯彻党的教育方针，落实立德树人根本任务，教材内容融合课程思政教育，体现社会主义核心价值观，深化爱国主义、集体主义、社会主义教育，致力于培养德智体美劳全面发展的社会主义建设者和接班人。

本教材以高等职业教育会计和金融专业的专业人才培养方案为依据，立足出纳、会计核算、财务管理、审计等岗位工作实际需要，并结合全国会计专业技术初级资格考试的范围，以中华人民共和国税收法律法规为基础编写而成。

本教材注重培养学生的职业技能和职业素养。在设计理念上，本教材以作为学生自主学习使用的"学材"为目标进行设计，突出学生在教学过程中的主体地位，体现了高等职业教育教学的理念。在内容的选取上，本教材侧重学生职业技能的培养，知识以"够用"为原则，符合高等职业教育教学的规律。在内容的组织编排上，本教材采用工单式教材模式，同时将税法的理论知识、操作实务和实习实训集于一体，打造高等职业教育"教学做一体化教材"，体现了高等职业教育教学的特色。

本教材由山东水利职业学院、山东铝业职业学院、国家税务总局莒县税务局、中创物流股份有限公司的一线教师和行业专家共同编写。巩沁妮（山东铝业职业学院）编写了项目一；赵一蔚（山东水利职业学院）编写了项目二；张燕（山东水利职业学院）编写了项目三；祁宝春（山东水利职业学院）编写了项目四；周丽（山东水利职业学院）编写了项目五；孔涵（山东水利职业学院）编写了项目六中的任务一到任务五；陈静（山东水利职业学院）编写了项目六中的任务六到任务九；隋树杰（中创物流股份有限公司）编写了项目六中的任务十到任务十四。国家税务总局莒县税务局孔祥民局长对教材的内容体系、布局设计和最终定稿进行了指导，并提供了部分资料。杨娟（山东水利职业学院）对本教材进行了审核。

在本教材编写过程中，编者参考了部分国内外同行的著作和文献，教材中未能一一列明，在此一并表示感谢。另外，在此还要特别感谢国家税务总局授权编者在教材中使用税务局官网中的微课资源。在教材中使用这些权威准确、制作精良的资源，既更好地发挥了这些资源的使用价值，又为编者节省了大量的制作时间、精力和经费。编者在给国家税务总局官网中的局长信箱留言后，很快就收到了工作人员的电话回复，问询使用微课的具体名称、使用目的和使用方法等情况，这让编者体会到了税务机关严谨的工作态度；随后不久，编者就收到了同意编者请求的肯定答复，让编者真切地感受到了税务机关高效、廉洁、为民、务实的工作作风。高效、严谨、廉洁、为民、务实，我想，这就是我国新时代税务机关的真实写照。再次对国家税务总局表示深深的感谢！

由于编写时间仓促又加编者水平有限，教材中难免存在纰漏之处，对教材中存在的问题请与编者联系，编者电子信箱：781958379@qq.com。

编 者

目 录

绪 论 税法的学习方法 ··· 1

项目一 税法基础 ·· 3
    任务一 认识税法 ··· 4
    任务二 认识 18 种税 ·· 12

项目二 增值税法律制度 ·· 26
    任务一 增值税的概念和含义 ··· 28
    任务二 增值税的计税方法 ·· 32
    任务三 增值税的征税范围 ·· 36
    任务四 增值税纳税人和扣缴义务人 ······························· 48
    任务五 增值税税率和征收率 ··· 53
    任务六 增值税应纳税额的计算 ····································· 59
    任务七 增值税税收优惠 ··· 77
    任务八 纳税时间和纳税地点 ··· 83

项目三 消费税法律制度 ·· 88
    任务一 消费税的概念、征税范围、税目、税率和纳税人 ···· 90
    任务二 消费税应纳税额的计算及消费税的征收管理 ········· 97

项目四 企业所得税法律制度 ······································ 110
    任务一 企业所得税的概念、纳税人和征税对象 ············· 114
    任务二 企业所得税应纳税额的计算 ····························· 119
    任务三 企业所得税税收管理 ······································ 141

项目五 个人所得税法律制度 ······································ 143
    任务一 个人所得税的概念、征税对象和减免税项目 ······ 147
    任务二 个人所得税的纳税人、扣缴义务人和纳税期限 ···· 155
    任务三 各项所得应纳税额的计算 ································ 160
    任务四 个人所得税的申报管理 ···································· 188

项目六　其他税收法律制度 ... 192

- 任务一　房产税法律制度 ... 194
- 任务二　契税法律制度 ... 200
- 任务三　土地增值税法律制度 ... 206
- 任务四　城镇土地使用税法律制度 ... 221
- 任务五　车船税法律制度 ... 227
- 任务六　印花税法律制度 ... 234
- 任务七　资源税法律制度 ... 242
- 任务八　城市维护建设税法律制度 ... 250
- 任务九　教育费附加法律制度 ... 254
- 任务十　关税法律制度 ... 256
- 任务十一　环境保护税法律制度 ... 264
- 任务十二　车辆购置税法律制度 ... 271
- 任务十三　耕地占用税法律制度 ... 276
- 任务十四　烟叶税法律制度 ... 281
- 任务十五　船舶吨税法律制度 ... 284

绪 论

税法的学习方法

有这么一个学校，全国有近20万教育工作者前往考察学习，校长先后两次受到时任中共中央总书记的接见。这是什么学校？

这个学校就是被评为"江苏省先进集体""江苏省模范学校""江苏省文明单位""江苏省德育先进学校""江苏省现代化示范初中"的江苏省泰兴市杨思镇洋思中学。

这个学校为什么这么"牛"？因为这个学校"课堂上教师讲课时间仅仅几分钟"。真实匪夷所思！

洋思中学（图0-1）创立了"先学后教，当堂训练"的课堂教学模式，课堂教学的过程是学生在教师引导下自主学习，从而有效地实施了素质教育。学校连续多年入学率、巩固率、毕业率、合格率100%，优秀率为泰兴市之首。《中国教育报》《人民教育》等刊物都对此做过长篇报道。

图0-1 洋思中学

有这么一个老师，是全国劳动模范、全国中青年有突出贡献的专家、首届中国十大杰出青年、中国共产党第十三、十四、十五、十六、十七大代表、第十届辽宁省政协常委。甚至连《现代汉语词典》的作者、著名语言学家吕叔湘也曾经说："要是年轻一半，我一定要拜他为师，向他学习。"这个老师说"人民大会堂的主席台我就坐了5次"，这个人是谁？

这个人并不是什么语言学领域的大家，而是教育战线上的一名语文教师，他就是当代著名教育改革家魏书生老师（图0-2）。

图0-2 魏书生

魏书生老师在教学实践过程中，不断思考和探索，逐步形成了以学生自学为中心的定向、自学、讨论、答疑、自测、自结"六步课堂教学法"。"定向"就是老师和学生一起提出新课的重点、难点；然后学生通过"自学"解决重点、难点问题；自己不能独立解决的问题，力求通过"讨论"找到答案；如果仍不能解决或者存在分歧，便再请老师"答疑"；问题解决后，学生自己出题或相互出题进行"自测"，检验学习情况；最后，学生在下课前"自结"，口头总结一下学习的内容和收获。在教学中，"凡是学生能做的事，我不做"。"六步课堂教学法"引导学生成为语文学习的主人，学生的自学能力得到了很好的锻炼。

有这么一张图（图0-3），清晰地显示了学习的方法和学习效率之间的关系。从这张图中你得到什么启示？这张图能否说明洋思中学和魏书生老师的成功之处？

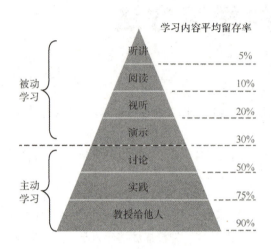

图0-3　学习金字塔

从图0-3中我们可以看到，讨论、实践、传授才是真正的学习，主动学习才是有效率的学习，主动学习才是真正的学习。洋思中学和魏书生老师的成功之处就在于让学生做到了主动学习。

通过以上一个学校、一个老师和一张图，我们可以得出这样的结论：要想学好税法，要掌握税法，必须要讨论、实践、传授，主动学习。这就要求同学们在学习税法过程中积极参与老师组织的课堂活动，积极参与课堂讨论，尝试在讨论中"教授给别人"，认真完成每个任务配备的任务工单。

希望每位同学都像魏书生老师所说的那样来学习税法：来到学堂，走进学室，打开学包，拿起学材，开始学习，疑难之处和同学相互讨论，解决不了的再找学习的指导老师。

项目一

税法基础

项目情境

曾经有一个西方人说,人的一生有两件事不可避免:死亡与纳税。

税与每个人的生活密切相关。我们为什么要交税?我们交过税吗?我们都交过哪些税?

在日常生活中,我们时常会听到"增值税""个人所得税""个税起征点""个税免征额"等诸如此类的热词,也时常会遇到诸如"个税起征点提高""房产税何时开征?""国际上税收最高的就是中国吗?"等有关"税"的话题讨论。每当听到"增值税""个人所得税""个税起征点""个税免征额"等专业术语时,你能理解吗?每当遇到关于"税"的这样那样的讨论时,你能参与其中并且发表自己的见解吗?

本项目从微观上对税法的构成要素、从宏观上对中国的税制进行介绍,从而为后面进一步深入掌握各种具体税收法律制度打下坚实的理论基础。

项目任务

本项目由两个任务组成:任务一从微观上学习税法的概念、层次分类和构成要素;项目二从宏观上对构成中国税制的5大类18种税进行初步介绍。

【说文解"税"】

项目目标

一、知识目标

1.掌握税法的概念、层次分类和构成要素。
2.了解中国税制的构成及分类,理解18种税的概念、纳税人和征税对象。

二、技能目标

1.能够分析税法的构成要素。
2.掌握18种税的计税方法,能够进行简单的税额计算。
3.了解中国税制的5大类18种税,在头脑中建立起对中国税制体系的整体框架。

三、素质目标

1.培养不断学习新知识、接受新事物的创新能力。
2.培养正确的思维方法和工作方法。
3.培养发现问题、解决问题的可持续发展能力。

四、思政目标

1.了解中国税制的5大类18种税,对国家政策产生认同感,潜移默化地激发爱国情怀和专业自豪感。
2.从总体上认识税法,逐步树立全局意识和大局观,培养自身的决策能力和规划能力。

任务一　认识税法

任务情境

大家都听说过税法，都或多或少地了解税法。你都听说过哪些税法？
我国有哪些税法？税法什么样？
到底什么是税法？什么是税法的构成要素？税法的构成要素有哪些？

任务概要和任务目标

本任务重点学习税法的概念、层次分类和构成要素。

税法是调整税收关系的法律规范的总称，是税收机关征税和纳税人纳税的法律依据。税法在广义上是各种税收法规的总称，包括税收法律、条例、施行细则、征收办法及其他有关税收的规定等多种形式。税法在层次上分为税收法律、税收法规、税收规章和税务规范性文件等四个层次。税法的基本构成单位被称为税法的构成要素，税法的构成要素一般包括纳税主体、征税对象、征税范围、税目、计税依据、税率、纳税义务发生时间、纳税期限、纳税申报时间、纳税地点、税收优惠等。

学习完本任务应当能够理解税法的含义，掌握税法的层次分类，更重要的是，理解税法的构成要素，并且能够分析具体税种的构成要素。

任务相关知识

一、税法的概念

税收是国家财政的主要来源，国家的运转离不开税收。

谁纳税？纳什么税？纳多少税？如何纳税？税务机关如何征税？回答这些问题的答案就是税法。

法，有方法、办法、法律的意思。税法就是征税的办法、纳税的方法，就是规范征税行为和纳税行为的法律。从这个意义上说，税法就是调整税收关系的法律规范的总称，是税收机关征税和纳税人纳税的法律依据。

在广义上，税法也是各种税收法规的总称，包括税收法律、条例、施行细则、征收办法及其他有关税收的规定。

二、税法的层次分类

根据制定机关及法律效力的不同，税法可以分为税收法律、税收法规、税收规章和税务规范性文件四个层次。

税收法律由全国人民代表大会或全国人民代表大会常务委员会制定。税收法律通常以《中华人民共和国××法》的形式表现，如《中华人民共和国车船税法》《中华人民共和国环境保护税法》《中华人民共和国耕地占用税法》等。我国目前已经制定的税法有个人所得税法、企业所得税法、车辆购置税法、车船税法、船舶吨税法等。

为了保持税收法律的稳定性，税收法律往往制定的比较抽象和笼统。为了便于税收法律的实施，国务院可以对这些抽象笼统的税收法律进行具体化，这些具体化的税法就是税收法规。国务院制定的税收法规通常冠以"实施条例"的名义，如《中华人民共和国车船税法实施条例》《中华人民共和国环境保护税法实施条例》等。

另外，某个税种在被全国人民代表大会或全国人民代表大会常务委员会制定成法律之前，为了弥补法律的空白，做到有法可依，国务院可以制定暂时适用的法律文件，这些暂时适用的法律文件即为临时法规。临时法规通常以"暂行条例"的形式命名，例如，我国当前尚未制定实施增值税法，国务院因而制定了《中华人民共和国增值税暂行条例》。

法律、法规制定后，为了便于地方各级政府及其执法部门准确理解和正确执行这些法律法规，财政部、国家税务总局等国务院部门往往会为这些法律、法规制定具体的执行办法，这些执行办法即为税收规章。税收规章大多冠以"实施办法"或"实施细则"的名义。"实施办法"即"法律、法规、条例实施的办法"，"实施细则"即"法律、法规、条例实施的详细规则"。例如，对国务院制定的《中华人民共和国增值税暂行条例》，财政部和国家税务总局联合发布了《中华人民共和国增值税暂行条例实施细则》。

在地方层面，县级以上地方税务机关在税务执法过程中可以根据法律的规定，在职权范围内制定在本辖区内具有约束力的税务规范性文件。这些税务范性文件可以使用"办法""规定""规程""规则"等名称，但不得使用"条例""实施细则""通知""批复"等名称。如上海市税务局针对网上办税系统技术咨询服务商的管理问题，制定了《网上办税系统技术咨询服务商管理办法》。

三、税法的构成要素

构成税法的基本单位被称为税法的构成要素，简称"税法要素"。掌握税法的构成要素理论有助于更清晰地认识税法。

税法的构成要素一般包括纳税主体、征税对象、征税范围、税目、计税依据、税率、纳税义务发生时间、纳税期限、纳税申报时间、纳税地点、税收优惠等。具体分析如下：

1.纳税主体

纳税主体，又称纳税人或纳税义务人，是指直接负有纳税义务的单位和个人。

纳税人不同于负税人，负税人是指最终负担税款的单位或个人。在通常情况下，纳税人同时也是负税人，如企业所得税的纳税人同时也是负税人。但有些税的纳税人与负税人并不一致，如增值税的纳税人在缴纳增值税款之后，最终将税收负担转嫁给了消费者，消费者成了负税人，增值税的纳税人与负税人由此相分离。

纳税人也不同于扣缴义务人。扣缴义务人是法律规定的，在其经营活动中负有代扣代缴税款义务的单位或个人。如个人所得税就是由支付所得的单位或个人代扣代缴，由此，代扣代缴个人所得税的单位或个人就是个人所得税的扣缴义务人。

2.征税对象

征税对象，又称征税客体，是指税法规定对什么征税。如消费税的征税对象就是法律规定的部分消费品（如烟、酒等），房产税的征税对象就是房屋。

征税对象是税法的最基本要素，是区分不同税种的主要标志。征税对象通常划分为流转额、所得额、财产、资源和行为五大类。

流转额是指商品在交换过程中，因销售或购进商品而形成的货币金额。以商品流转额为征税对象的税被称为流转税。流转税主要包括增值税、消费税和关税。

以所得额为征税对象的税被称为所得税，包括个人所得税和企业所得税。

以房屋、土地、车船等财产为征税对象的税被称为财产税，如房产税、车船税等。

以资源为征税对象的税被称为资源税，如资源税、城镇土地使用税等。

以特定行为为征税对象的税被称为行为税，如车辆购置税、船舶吨税等。

3.征税范围

征税范围是指征税对象的范围，是税法规定的对征税对象的征税界限，是征税对象的具体内容或范围。凡是列入征税范围的，都应征税，不列入征税范围的不征税。

4.税目

税目，是征税对象的具体化，是征税的具体品种或项目。例如，我国消费税法规定，消费税的征税对象是法律规定的部分消费品，具体包括烟、酒、化妆品等税目。

5.计税依据

计税依据又叫税基,是指计算征税对象应纳税款的直接数量依据。征税对象规定对什么征税,计税依据是对征税对象的量的规定。

计税依据分为从价计征和从量计征两种。从价计征以征税对象的货币价值计算税额,例如,企业所得税和个人所得税以所得额为计税依据。从量计征按照征税对象的自然单位计算税额,例如,车辆以辆数为标准计征车船税。

6.税率

税率是应纳税额与征税对象之间的数量关系或比例,是计算税额的尺度。例如,我国车辆购置税的税率为10%,也就是按照计税依据的10%征收税款。税率的高低直接决定了税额的多少。

税率是国家税收政策的主要表现形式,是税收制度的核心要素。

我国当前税率主要有比例税率、定额税率和累进税率三种基本形式。

（1）比例税率

比例税率,是指对征税对象按照一定的比例征税。

比例税率有单一比例税率、差别比例税率、幅度比例税率等多种形式。

单一比例税率,是指对同一征税对象的所有纳税人都适用同一个比例税率,如我国对车辆购置税统一适用10%的比例税率。

差别比例税率是指一种税设两个或两个以上的税率,分不同情况按不同比例计算应纳税额的税率。例如,我国的城市维护建设税,分为7%和5%两档税率。

幅度比例税率,是指设定一个包括最高税率和最低税率的税收幅度,在这一税收幅度内,由地方政府确定本地区适用的具体税率。例如,我国契税实行3%~5%的幅度比例税率,据此,根据山东省人民政府的规定,在济南市购买非普通住宅的,契税税率为3%。

（2）定额税率

定额税率,又称固定税率,是指按征税对象的计量单位直接规定应纳税额的税率形式,征税对象的计量单位有吨、升、平方米、千立方米、辆等多种形式。例如,我国的耕地占用税以纳税人实际占用的耕地面积（按照平方米计算）为计税依据,按照规定的适用税额一次性征收。

（3）累进税率

累进税率,是指按征税对象数额的大小规定不同的等级,税率随着征税数量增大而随之提高的税率。累进税率的具体做法是,将征税对象按照数额的大小划分为若干等级,规定最低税率、若干等级的中间税率和最高税率,不同等级的征税数额分别适用不同的税率,征税数额越大,适用税率越高。

7.纳税义务发生时间、纳税期限、纳税申报时间

纳税义务发生时间,是指纳税人纳税义务产生的时间。纳税义务发生时间是一个"时间点",从这个"时间点"开始,纳税人就产生了纳税的义务。

虽然从纳税义务发生时间开始,纳税人就产生了纳税义务,但纳税人并不需要即刻纳税,纳税人具体何时纳税由纳税期限和纳税申报期限确定。

纳税期限,即纳税期,指纳税人缴纳税款的周期。纳税期限通常为一个时间段,例如,某增值税纳税人的增值税纳税期限为一个月,那么该纳税人按月缴纳增值税。

纳税申报期限,是指纳税人在纳税期满之后向税务机关进行申报并缴纳税款的时间段。例如,某增值税纳税人的纳税期限为一个月,根据相关法律规定,该纳税人应当自该月期满之日起15日内申报纳税,此15日即为该纳税人1个月纳税期限的纳税申报期限。

8.纳税地点

纳税地点是指缴纳税款的场所。纳税地点一般为纳税人的住所地,也有规定在营业地、财产所在地或特定行为发生地的。

9.税收优惠

税收优惠是指税法对某些特定的纳税人和征税对象给予减轻或免除税收负担的一种措施。

税收优惠包括减税、免税、税收抵免等多种形式。减税是指对应纳税额减征一部分税款。免税是指对应

纳税额全部免征。税收抵免是指准许纳税人将合乎规定的特殊支出，按比例或全部从应纳税额中扣除。

需要注意的是，减免税不同于税收起征点。起征点，是指对征税对象征税的起点数额。征税对象未达到起征点的，不征税；达到或超过起征点的，按照全部数额征税。

另外，减免税也不同于税法中规定的免征额。免征额，是指对征税对象免于征税的数额。免征额部分不征税，超过免征额的部分征税。

思政园地

【诚信纳税是我们的责任和义务】

任务工单

编号	1-1-1	知识点	税法的分类层次	日期	
姓名		学号		班级		评分	

划分依据	税法分类	制定者	法律效力	名称表现及举例

编号	1-1-2	知识点		税率		日期	
姓名		学号		班级		评分	

1. 税率的概念：

分类		概念	特点	适用税种举例
2.比例税率	单一比例税率			
	差别比例税率			
	幅度比例税率			
定额税率				
累进税率				

编号	1-1-2	知识点		税率		日期	

编号	1-1-3	知识点	税法的构成要素	日期	
姓名		学号		班级	评分

1. 试论述征税对象、征税范围、税目、计税依据四者之间的关系。

2. 纳税义务发生时间和纳税期限之间是什么关系？纳税期限和纳税申报时间之间是什么关系？试分别论述。

3. 试论述减免税、起征点和免征额三个概念的区别。

编号	1-1-4	知识点	增值税法（征求意见稿）的构成要素	日期	
姓名		学号		班级		评分	

1.增值税的概念	
2.纳税主体	
3.征税范围	
4.税率	
5.纳税环节	
6.纳税义务发生时间	
7.纳税期限	
8.纳税申报时间	
9.纳税地点	
10.税收优惠	

编号	1-1-4	知识点	增值税法（征求意见稿）的构成要素	日期	
姓名		学号		班级		评分	

任务二　认识18种税

任务情境

形形色色的税

我国当前总共有多少种税？我们作为普通公民要交税吗？如果要交的话，交什么税？交多少税？中国一个企业需要交多少种税？

2019年，王大宝开始创业。

1月，他到工商部门注册，成立日照大宝盐业有限责任公司（以下简称大宝公司）。大宝公司领取营业执照时，缴纳5元证照印花税。公司建立营业账本时，按照账簿金额缴纳印花税。公司同美国某公司订立进口设备购买合同时，按照合同金额缴纳印花税。

2月，大宝公司开始建设厂房，因为厂房占用了农田，大宝公司缴纳耕地占用税。

3月，运输大宝公司从美国进口设备的外轮进入青岛港，船公司缴纳船舶吨税，大宝公司向海关申报设备进口，缴纳进口关税。

4月，大宝公司开始生产并销售海盐，生产销售盐需要缴纳资源税。

4月，大宝公司因为公司生产排放废水和废气，缴纳环保税。

4月，大宝公司申报第一季度企业所得税。

5月，王大宝的工资收入超过个人所得税起征点，大宝公司开始代扣代缴王大宝的个人所得税。

6月，大宝公司为了扩大生产，在市区新购一块空地用于建设新厂房，大宝公司在签订土地购买合同后缴纳契税。

7月，大宝公司为6月份购置的土地开始按月缴纳城镇土地使用税。

8月，大宝公司在城市中心写字楼购置一间房作为办公室，签订购房合同后缴纳契税。

9月，大宝公司为8月份购置的写字楼开始按月缴纳房产税。

10月，大宝公司从国外进口一辆小汽车。汽车进口报关时大宝公司缴纳关税、增值税、消费税。大宝公司为进口小汽车办理保险手续时缴纳车船税。大宝公司为新购置的进口小汽车办理挂牌手续，在办理挂牌手续前缴纳车辆购置税。

11月，大宝公司将6月份新购买的写字楼出售，出售写字楼缴纳土地增值税、增值税、城市建设维护税、教育费附加。

依据以上信息，大宝及大宝公司一共交了多少种税？这些税的征税对象是什么？计税依据是什么？如何计算税额？如何缴纳这些税？

本任务学习中国税制的5大类18种税，在头脑中建立起对中国税制体系的整体框架。

任务概要和任务目标

我国目前由国家统一征收的税费共有18种，按照征税对象的不同，这18种税大体上可以划分为五类，分别为流转税、所得税、财产税、资源税、特定目的与行为税。

本任务首先学习中国税制的构成及分类，重点学习中国税制18种税的概念、纳税人、征收对象和简便计算方法，力图在头脑中搭建起中国税制总体框架，为后面具体税种的学习打下良好的基础。另外，本任务力图通过从总体上学习税法，从而培养自己的全局意识和大局观，提高自身的决策能力和规划能力，同时产生对国家政策的认同感，激发自身的爱国情怀和专业自豪感。

任务相关知识

一、18种税及其分类

我国目前由国家统一征收的税费共有18种,这18种税费分别为增值税、消费税、关税、烟叶税、企业所得税、个人所得税、资源税、城镇土地使用税、土地增值税、耕地占用税、房产税、车船税、契税、城市维护建设税、印花税、车辆购置税、船舶吨税、环境保护税。这18种税构成了我国当前的税制体系。

按照征税对象的不同,以上18种税大体上可以划分为流转税、所得税、财产税、资源税和特定目的与行为税五类。

流转税是以商品的流转额为征税对象的一类税,流转额是指在商品交换过程中发生买卖商品行为而形成的货币金额。增值税以单位和个人在生产经营活动中取得的增值额为征税对象,消费税以销售额或销售数量为征税对象,关税根据准予进出境的货物和物品的价值或数量进行征税,烟叶税根据纳税人收购烟叶实际支付的价款征税。增值税、消费税、关税和烟叶税属于流转税。

所得税是以所得额为征税对象的一类税,我国目前开征的所得税包括个人所得税和企业所得税。

财产税是以房屋、土地、车船等财产为征税对象的一类税,我国目前开征的财产税包括房产税、车船税、契税等。

资源税是以资源为征税对象的一类税,我国目前开征的资源税包括资源税、城镇土地使用税、土地增值税等。

特定目的与行为税是为了特定目的或以特定行为为征税对象的一类税,我国目前开征的特定目的与行为税包括环境保护税、城市维护建设税、车辆购置税、船舶吨税和印花税等。

二、18种税概述

下面通过表格的形式对我国目前统一征收的18种税进行概述,如表1-1所示。

思政园地

【不做假账　诚信为上】

表1-1 18种税概述

税种	概念	纳税人	征税对象/征收范围/税目	计税依据和税率	应纳税额的计算
增值税	增值税是以单位和个人在生产经营活动中取得的增值额为征税对象，按照一定的比例征收的一种税。【例1】织布厂以不含税30万元的价格购入纱线等原料纺织成布对外销售，取得不含税销售收入35万元，适用的增值税率为13%，不考虑其他因素，计算该织布厂生产销售该批商品的增值税税额为0.65万元（35-30=5），织布厂应当缴纳的增值税税额为0.65万元（5×13%=0.65）①	在中华人民共和国境内销售货物或者加工、修理修配劳务，销售服务、无形资产、不动产，以及进口货物的单位和个人。增值税纳税人分为一般纳税人和小规模纳税人	单位和个人在生产经营活动中取得的增值额	增值税按照增值额计税，包括三档税率（13%、9%、6%）、零税率（0%）和两档征收率（3%、5%）	1.一般计税方法：应纳税额=当期销项税额-当期进项税额。2.简易计税方法：应纳税额=销售额×征收率。3.进口货物计税方法：应纳税额=组成计税价格×税率。4.扣缴计税方法：应纳税额=接收方支付的价款÷（1+税率）×税率
消费税	消费税是对在中国境内从事生产、委托加工和进口应税消费品的单位和个人，就其销售额或销售数量为征税对象征收的一种税。【例2】某消费者以1 000元（不含增值税）的价格买了一条纯金项链。金银首饰消费税从价计税，税率为5%，计算该消费者为此承担的消费税税额为50元（应纳税额=销售额×税率=1 000×5%=50）	在中国境内生产、委托加工和进口应税消费品的单位和个人，以及国务院确定的销售《消费税暂行条例》规定的应税消费品的单位和个人	烟、酒、贵重首饰及珠宝玉石、鞭炮和焰火、成品油、小汽车、摩托车、高尔夫球及球具、高档手表、游艇、实木制一次性筷子、实木地板、电池、涂料	消费税实行从价计征、从量计征、从价和从量复合计税三种计税方式，税率依据消费税目税率表确定	1.从价计征：应纳税额=销售额×税率。2.从量计征：应纳税额=销售数量×定额税率。3.复合计征：应纳税额=销售额×税率+销售数量×定额税率
关税	关税是对进出境货物、物品征收的一种税。【例3】某公司从美国进口一批货物，该批货物适用的进口关税税率为10%，计算某公司为该批货物应缴纳的关税税额为10万元（关税=关税完税价格×税率=100×10%=10）	进口货物的收货人；出口货物的发货人；进出境物品的所有人	准予进出境的货物和物品	对货物征收，从价计征、从量计征、从价和从量复合计税三种计税方式，税率依据《中华人民共和国进出口关税税则》（关税税率表）	1.从价计征：关税税额=单位完税价格×货物数量×税率。2.从量计征：关税税额=货物数量×单位税额。3.复合计征：关税税额=单位完税价格×货物数量×税率+货物数量×单位税额

---

① 增值税税额的计算在现实中并不采用此种方法，此种方法仅仅为了说明增值税的概念。

续表

税种	概念	纳税人	征税对象/征收范围/税目	计税依据和税率	应纳税额的计算
烟叶税	烟叶税是对在中国境内收购烟叶的单位征收的一种税。 【例4】某烟草公司收购烤烟叶1 000千克，已知烤烟叶的收购价款为每千克25元，烟叶税的税率为20%，计算烟草公司应缴纳的烟叶税税额为5 000元（1 000×25×20%=5 000）。	收购烟叶的单位	烤烟叶、晾晒烟叶	计税依据为纳税人实际支付的价款总额，税率为20%	应纳税额＝收购烟叶实际支付的价款总额×20%
企业所得税	企业所得税是对中国境内的企业和其他取得收入的生产经营所得、其他所得和清算所得按率征收。 【例5】纺织厂2019年取得利润100万元，假设无调整项目，税率为25%，计算纺织厂2019年应缴纳的企业所得税税额为25万元（100×25%=25）。	在中国境内取得所得的企业和其他组织，分为居民企业和非居民企业	企业取得的经营所得、其他所得	计税依据为应纳税所得额。 实行比例税率，包括25%（基本税率）和20%（低税率）两档税率	（居民企业）应纳税额＝应纳税所得额×适用税率－减免税额－抵免税额 应纳税所得额＝收入总额－不征税收入－免税收入－各项扣除金额－允许弥补的以前年度亏损
个人所得税	个人所得税是对个人取得的应税所得所征收的一种税。 【例6】员工甲2019年工资收入12万元，没有其他收入。该工甲的各项费用支出为2万元，计算工甲该年应纳税额适用税率累进税率为3%，速算扣除数为0，计算员工甲2019年工资收入应缴纳的个人所得税税额为0.06万元（2×3%-0=0.06）。 【例7】个体户乙2019年开店收入21万元，购货成本等各项扣除项目金额为20万元。计算个体乙该年应纳税所得额为1万元（21-20=1）。个人经营所得，适用超额累进税率，全年应纳税所得额不超过30 000元的税率为5%，速算扣除数为0，计算个体乙应缴纳的个人所得税税额为0.05万元（1×5%-0=0.05）。	个人所得税的纳税人，包括个体工商户、个人独资企业、合伙企业中的个人投资者、承租承包者等个人。个人所得税纳税人分为居民个人和非居民个人。居民个人承担无限纳税义务，非居民个人承担有限纳税义务	1.综合所得（包括工资薪金所得，劳务报酬所得，稿酬所得，特许权使用费所得四部分）； 2.经营所得； 3.利息、股息、红利所得； 4.财产租赁所得； 5.财产转让所得； 6.偶然所得	1.综合所得应纳税所得额＝收入额-6万元固定费用-专项扣除（社保、住房公积金）-专项附加扣除（包括子女教育、继续教育、大病医疗、住房贷款利息、赡养老人）-其他扣除（年金、商业保险支出等）；综合所得实行七级超额累进税率。（见例6） 2.经营所得应纳税所得额＝收入总额-成本-费用-损失；经营所得实行五级超额累进税率。（见例7） 3.利息、股息、红利所得应纳税所得额＝每次收入额；利息、股息、红利所得实行20%比例税率。（见例8）	1.综合所得应纳税额＝应纳税所得额×适用税率-速算扣除数。（见例6） 2.经营所得应纳税额＝应纳税所得额×适用税率-速算扣除数。（见例7） 3.利息、股息、红利所得应纳税额＝应纳税所得额×适用税率。（见例8）

续表

税种	概念	纳税人	征税对象/征收范围/税目	计税依据和税率	应纳税额的计算
	【例8】居民丙从某有限责任公司分红2000元，计算丙应缴纳的个人所得税税额为400元（2000×20%=400）。 【例9】居民丁某月将商铺出租，取得不含税租金4000元，计算月出租商铺应纳税所得税额为3400元（4500-300-800-300），丁缴纳税费300元，税率为20%，应缴纳的个人所得税税额为680元（3400×20%=680）。 【例10】居民丁某月将商铺出租，不含税租金5000元，丁缴纳税费300元，税率为20%，计算丁该月出租商铺应纳税所得税额为3760元[(5000-300)×(1-20%)=3760]，应缴纳的个人所得税税额为752元（3760×20%=752）。 【例11】居民戊将第二套住房出卖，收入9万元。该房屋购入价6万元，支付税费0.2万元，计算戊应纳税所得额为2.8万元（9-6-0.2=2.8），应缴纳的个人所得税税额为0.56万元（2.8×20%=0.56）。 【例12】居民己中奖2万元，计算己中奖应缴纳的个人所得税税额为0.4万元（2×20%=0.4）			4.财产租赁所得纳税所得额（每次/月收入不超过4000元的）=每月收入额-准予扣除税费项目-修缮费（以800为限）-费用（800）。（见例9） 应纳税所得额（每次/月收入超过4000元的）=[每月收入额-准予扣除税费项目-修缮费（以800为限）]×(1-20%)；财产租赁所得实行20%的比例税率。（见例10） 5.财产转让所得应纳税所得额=收入额-财产原值-合理费用，财产转让所得实行20%的比例税率。（见例11） 6.偶然所得应纳税所得额为收入额；偶然所得实行20%的比例税率。（见例12）	4.财产租赁所得应纳税额=应纳税所得额×适用税率。（见例9，例10） 5.财产转让所得应纳税额=应纳税所得额×适用税率。（见例11） 6.偶然所得应纳税额=应纳税所得额×适用税率。（见例12）
资源税	对中国境内从事应税矿产品开采和生产盐的单位或个人征收的一种税。 【例13】盐场开采海盐并销售取得销售收入300万元，假设适用的资源税税率为3%，计算盐场应缴纳的资源税税额为9万元（300×3%=9）万元	在中国境内开采应税矿产品或者生产盐的单位或个人	1.原油； 2.天然气； 3.煤炭； 4.金属矿； 5.非金属矿（包括盐）	按照应税资源的销售数量从价计征或从量计征。 资源税的税率依据税目税率表确定	1.从价计征的：应纳税额=销售额×适用税率。 2.从量计征的：应纳税额=销售数量×适用税率。

续表

税种	概念	纳税人	征税对象/征收范围/税目	计税依据和税率	应纳税额的计算
城镇土地使用税	城镇土地使用税是对拥有城镇土地使用权的单位或个人征收的一种税。【例14】纺纱厂实际占用城市土地面积2 000平方米，该地适用的城镇土地使用税单位税额为3元/平方米，计算纺纱厂年应缴纳的城镇土地使用税税额为6 000元（2 000×3=6 000）。	在城镇、工矿区内使用土地的单位和个人	城镇、工矿区内国有土地、集体土地	以纳税人实际占用的土地面积为计税依据。城镇土地使用税实行分级幅度税额，根据城镇规模的不同，每平方米年税额从0.6元到30元不等	城镇土地使用税按年计算，分期缴纳。年应纳税额=实际占用的土地面积（平方米）×适用税额
土地增值税	土地增值税是对有偿转让国有土地使用权及地上建筑物和其他附着物产权，取得增值性收入的单位和个人按照增值额的一定比例征收的一种税。【例15】纺纱厂转让房地产一处，取得不含税收入1 500万元，取得该房地产的各项成本费用及税费总计为600万元，计算纺纱厂应缴纳的土地增值税。纺纱厂转让该房地产的增值额为900万元（1 500−600=900），增值额与扣除项目金额的比率为150%（900÷600×100%=150%），此比率对应的税率为50%，速算扣除系数为15%，计算纺纱厂应纳的土地增值税税额为360万元（土地增值税应纳税额=增值额×适用的税率−扣除项目金额×适用的速算扣除数=900×50%−600×15%=360）	转让国有土地使用权、地上建筑物及其附着物（即转让房地产）并取得收入的单位和个人	1. 转让国有土地使用权；2. 国有土地及其附着建筑物、附着物一同转让；3. 已建成使用房屋出售	土地增值税的计税依据是有偿转让国有土地使用权及地上建筑物和其他附着物产权所得的增值额。增值额为纳税人转让房地产所取得的收入减除规定扣除项目金额后的余额。土地增值税实行四级超率累进税率	土地增值税应纳税额=增值额×适用的税率−扣除项目金额×适用的速算扣除数
耕地占用税	耕地占用税是对占用耕地建设的单位或个人征收的一种税。耕地占用税按照耕地面积实行一次性征收。【例16】纺纱厂新占用耕地3 000平方米用于新建厂房，所占耕地适用的耕地占用税定额税率为15元/平方米，计算纺纱厂应缴纳的耕地占用税税额为45 000元（3 000×15=45 000）。	在中国境内占用耕地建设建筑物、构筑物或者从事非农业建设的单位和个人	被占用建设建筑物、构筑物或者从事非农业建设的耕地	计税依据为实际占用的耕地面积（平方米），实行有幅度的地区差别定额税率（元/平方米）	应纳税额=实际占用的耕地面积（平方米）×适用的税率

续表

税种	概念	纳税人	征税对象/征收范围/税目	计税依据和税率	应纳税额的计算
房产税	房产税是以城镇经营性房屋为征税对象，按照房屋计税余值或租金收入向产权所有人征收的一种税。房产税按年计算分期缴纳。 【例17】纺纱厂共有办公楼厂房等产3 000平方米，原值600万元，适用税率为1.2%，当地规定房地产原值减除比例为20%，计算纺纱厂应缴纳的房产税额为5.76万元[600×(1-20%)×1.2%=5.76]	在征税范围内的房屋产权所有人。 1.产权属国家的：经营管理单位； 2.属集体、个人的：所有人； 3.出典的：承典人； 4.在外地的：代管人/使用人	城市、县城、建制镇、工矿区范围内的房屋	房产税采用比例税率，分为按价计征和按租金计征两种方式。 按价计征的计税依据为按房产原值减除比例后的余值，税率为1.2%。 按租金计征的计税依据为租金收入，税率为12%。 个人出租住房，按4%（税率不区分用途，非个人按照市场价格出租用于居住的住房，按4%税率计征）	1.从价计征： 应纳税额=房产原值×(1-扣除比例)×1.2‰ 2.从租计征： 应纳税额=租金收入×12%（或4%）
车船税	车船税是对中国境内的车辆和船舶的所有人或管理人征收的一种税。车船税按年申报，分月计算，一次性缴纳。 【例18】纺纱厂2019年度拥有载重10吨货车1辆，1.8升5座小客车2辆。货车的定额税率为每吨60元，1.8升5座小客车的定额税率为每辆700元，计算纺纱厂2019年应缴纳的车船税税额为2 000元（10×60+700×2=2 000）	1.车辆、船舶所有人或管理人。 2.从事第三者强制保险的保险机构为扣缴义务人	包括机动车船和非机动车船。 1.需要登记的车船； 2.单位内部使用不需要登记的车船	车船税实行定额税率。不同类型的车船，税额有所不同	应纳税额=辆/吨（货车、机动船舶）/米（游艇）×适用税率
契税	契税是以在中国境内受让土地、房屋权属为征税对象，按土地、房屋的价格向产权承受人征收的一种税。 【例19】纺纱厂为了扩大生产，购进土地一宗，面积为2 000平方米，价格为60万元，假设当地的契税税率为4%，计算纺纱厂应缴纳的契税税额为2.4万元（60×4%=2.4）	在中国境内承受土地、房屋权属的单位和个人	1.国有土地使用权出让； 2.土地使用权转让； 3.房屋买卖； 4.房屋赠与； 5.房屋交换	计税依据为不动产价格。实行3%~5%幅度税率。	应纳税额=计税依据×税率

续表

税种	概念	纳税人	征税对象/征收范围/税目	计税依据和税率	应纳税额的计算
城市维护建设税	城市维护建设税是对从事工商经营，缴纳增值税、消费税的单位或个人，按其实际缴纳的增值税和消费税税额的一定比例征收，专门用于城市维护建设的一种税。城市维护建设税按月或按季计征，不能按固定期限计征的可以按次计征。【例20】纺纱厂（位于市区）2020年10月实际缴纳增值税28万元，消费税2万元，计算纺纱厂该月应缴纳的城市维护建设税税额为2.1万元[（28+2）×7%=2.1]	负有缴纳增值税、消费税义务的单位及个人	附加税，无征税对象。如果说有的话就是增值税、消费税的征税对象（但进口除外）	计税依据为纳税人实际缴纳的增值税、消费税税额，以及出口货物、劳务及跨境销售服务、无形资产的增值税抵免额。实行两档地区差别税率，在市市区的税率为7%，不在市市区的税率为5%	应纳税额=（实际缴纳的增值税+消费税税额+因出口抵免的税额）×税率
印花税	印花税是以经济活动和经济交往中书立、使用、领受应税凭证（书面合同、产权转移书据、许可证照）和证券交易的行为为征收对象的一种税。印花税按次、按季或按年计征。【例21】纺纱厂2019年12月领受土地使用证和房屋产权证各1本，计算应缴纳的印花税税额为10元（5×2=10）；订立纱线销售合同5份，合计合同金额300万元，购销合同适用的税率为万分之三，计算应缴纳的印花税税额为900元（300×3=900）；登记实收资本900万元，资本公积金100万元，计算应缴纳的印花税税额为0.25万元[（900+100）×0.25‰=0.25]	1.立合同人；2.土地房屋产权转移书据立据人；3.营业账簿立簿人；4.权利许可证照领受人；5.国外书立、国内使用的应税凭证的使用人；6.证券交易单位或个人	1.订立、领受应税凭证；2.证券交易	1.合同按列明金额，实行比例税率；2.产权转移书据按照支付的价款，税率为0.5‰；3.权利许可证照按件，5元/件；4.营业账簿按照实收股本与公积金的合计金额，税率为0.25‰；5.证券交易按照成交金额，税率为1‰	1.合同：应纳税额=支付价款×税率。2.产权转移书据：应纳税额=支付价款×0.5‰。3.权利许可证照按件：税额=件数×5元。4.营业账簿：应纳税额=实收股本与公积金的合计金额×0.25‰。5.证券交易：应纳税额=成交金额×1‰

续表

税种	概念	纳税人	征税对象/征收范围/税目	计税依据和税率	应纳税额的计算
车辆购置税	车辆购置税是对在中国境内购置规定车辆的车辆购置者征收的一种税。车辆购置税实行一次征收制度。【例22】纺纱厂购置货车2辆，支付的不含增值税价款为26.8万元，计算纺纱厂为此支付的车辆购置税税额为2.68万元（26.8×10%=2.68）	在中国境内购置（购买、进口、自产、受赠、获奖等方式取得并自用）应税车辆的单位和个人	汽车、有轨电车、汽车挂车、排气量超过一百五十毫升的摩托车	1. 购买的车辆：计税依据为支付的实际价款；2. 进口的车辆：计税依据为CIF到岸价、关税和消费税之和；3. 自产自用的车辆：计税依据按照销售价格确定；4. 受赠、获奖等方式取得的车辆：计税依据为购置凭证载明价格。车辆购置税实行统一比例税率，税率为10%	应纳税额=计税依据×10%
船舶吨税	船舶吨税是以境外港口进入境内港口的船舶为征收对象的一种税。船舶吨税按照船舶净吨位和船舶吨税执照期限征收。船舶达到港口后向海关申报，自海关签发税执证15日内缴清	应税船舶负责人	境外港口进入境内港口的船舶	分优惠税率和普通税率。税率因船舶净吨位和税执照期限而不同	应纳税额=船舶净吨位×适用税率
环境保护税	环境保护税是以在中国领域和中国管辖的其他海域，直接向环境排放应税污染物的企业、事业单位和其他生产经营者为纳税人征收的一种税。环境保护税按月计算，按季申报缴纳。【例23】纺纱厂2019年第四季度直接排放废气经监测折合500污染当量，已知适用的税率为10元，污染当量，计算纺纱厂应缴纳的环保税税额为5 000元（500×10=5 000）	直接向中国领域和中国管辖的海域排放应税污染物的单位、生产经营者	大气污染物、水污染物、固体废物、噪声。非直接排放的不缴纳：1. 向依法设立的场所排放；2. 依法贮存、处置固体废物	1. 大气污染物、水污染物的计税依据为直接排放的污染物折合的污染当量[①]；2. 固体废物的计税依据为直接排放的固体废物的排放量；3. 工业噪声的计税依据为超标分贝数	大气污染物、水污染物：应纳税额=污染当量×适用税率。固体废物：应纳税额=排放量×适用税率。工业噪声：应纳税额=超标分贝数对应的适用税额

① 污染当量，是指根据污染物或者污染物排放活动对环境污染的有害程度以及处理的技术经济性，衡量不同污染物对环境污染的综合性指标或者计量单位。同一介质相同污染当量的不同污染物，其污染程度基本相当。

任务工单

编号	1-2-1	知识点	18种税及其分类	日期	
姓名		学号		班级		评分	

序号	税种	概念	征税对象	税种举例
1	流转税			
2	所得税			
3	财产税			
4	资源税			
5	特定目的与行为税			

编号	1-2-2	知识点	18种税概述		日期	
姓名		学号		班级	评分	

1.税种	2.概念	3.习题
增值税		1.大华机械厂以60万元的不含增值税价款购买钢材等原料加工机械配件进行销售，取得销售收入80万元，在不考虑税收的情况下，该批货物增值了多少元？ 解： 2.假设税率为13%，运用例1提供的方法计算增值税税额。 解：
消费税		3.金银首饰消费税应纳税额的计算采取从价计税方法，税率为5%。某学生以800元（不含增值税）的价格买了一条纯金项链，问该学生为此承担了多少消费税？ 解：
关税		4.大华机械厂从美国进口货物一批，货物离开美国港口的价格为100万元，运费和保费合计为10万元，海关审定的完税价格为110万元，该批货物的关税税率为10%。计算大华机械厂为该批货物应缴纳的关税税额。 解：
企业所得税		5.企业所得税按年征收。大华机械厂2019年取得利润50万元，假设无调整项目，税率为25%，计算大华机械厂2019年应缴纳的企业所得税税额。 解：
个人所得税		6.大华机械厂员工甲2019年工资收入为20万元，没有其他收入，甲该年的各项支出为17万元。个人所得税综合收入年应纳税所得额不超过36 000元的部分适用的税率为3%，速算扣除数为0，计算甲该年应缴纳的个人所得税税额。 解： 7.居民乙2019年开个体餐饮店总收入为55万元，无其他工资收入，可以扣除的各项支出共计40万元。个人经营所得适用超额累进税率，全年应纳税所得额超过30 000元至90 000元的部分税率为10%，速算扣除数为1 500，计算乙该年应缴纳的个人所得税税额。 解： 8.居民丙从大华机械厂分红8 000元，计算丙应缴纳的个人所得税税额。 解：

续表

		9. 居民丁将所购底商用于出租，月收入租金2 000元，丁某为此缴纳的税费为每月100元，税率为20%，计算丁某出租该商铺应缴纳的个人所得税税额。 解：
		10. 居民戊出售宝马汽车一辆，收入价款120万元，该汽车购入时价款100万元，支付各项税费10万元，财产转让所得个人所得税适用20%的比例税率，计算居民戊出售该汽车应缴纳的个人所得税税额。 解：
		11. 居民己花1万元购买福利彩票，中奖5万元。计算居民己应缴纳的个人所得税税额。 解：
资源税		12. 东海盐场开采海盐销售，取得销售收入200万元，该批海盐的各项开采成本总计为120万元，假设税率为3%，计算盐场应缴纳的资源税税额。 解：
城镇土地使用税		13. 城镇土地使用税按年计算、分期缴纳。大华机械厂实际占用城市土地面积1万平方米，单位税额为4元/平方米，计算大华机械厂年应缴纳的城镇土地使用税税额。 解：
土地增值税		14. 大华机械厂转让房地产一处，取得不含税收入1 000万元，该房产的各项成本总计为800万元，计算大华机械厂应缴纳的土地增值税税额。（适用税率见项目六任务三中的土地增值税法律制度） 解：
耕地占用税		15. 耕地占用税以实际占用的耕地面积按照适用税额一次性征收。大华机械厂新占用耕地1 000平方米用于新建厂房，所占耕地适用的定额税率为10元/平方米，计算大华机械厂应缴纳的耕地占用税税额。 解：
房产税		16. 大华机械厂拥有一栋办公楼，共计2 000平方米，原值400万元，当地规定房产税按价计征的原值减除比例为20%，税率为1.2%，计算大华机械厂应缴纳的房产税税额。 解：

续表

税种	题目
车船税	17.大华机械厂2019年度拥有1.8升5座小客车3辆、载重10吨货车2辆。1.8升5座小客车车船税标准为每辆700元，货车为每吨60元，计算大华机械厂2019年应缴纳的车船税税额。 解：
契税	18.大华机械厂为了扩大生产，以不含增值税价格500万元购进土地一宗，面积为5 000平方米，假设当地的契税税率为4%，计算大华机械厂应缴纳的契税税额。 解：
城市维护建设税	19.大华机械厂2020年8月缴纳增值税20万元，消费税2万元，大华机械厂位于市区，计算大华机械厂该月应缴纳的城市维护建设税税额。 解：
印花税	20.印花税按次、按季或按年计征。大华机械厂2019年12月领受土地使用证和房屋产权证各1本；订立机械销售合同5份，合计合同金额300万元；出售厂房一间，合同金额为80万元；设置营业账簿1个，登记实收资本2 000万元；资本公积金150万元。计算大华机械厂应缴纳的印花税税额。 解：
车辆购置税	21.大华机械厂购置货车1辆，支付的不含增值税价款为50万元，车辆购置税实行统一比例税率，税率为10%，计算大华机械厂为此应缴纳的车辆购置税税额。 解：
环境保护税	22.环境保护税按月计算，按季申报缴纳。大华机械厂2020年第二季度直接排放废气100吨，经测算折合2万污染当量，假设大华机械厂排放污染废气适用的税率为10元/污染当量，计算大华机械厂2020年第二季度应缴纳的环境保护税税额。 解：
烟叶税	23.某烟草公司2020年10月10日收购烤烟叶800千克，每千克收购价款为25元，计算烟草公司应缴纳的烟叶税税额。 解：

编号	1-2-3	知识点		18种税概述		日期	
姓名		学号		班级		评分	
项目	1.征税对象/范围		2.税名		3.与对应的税种连线		
为了赚钱	（开工厂）领营业执照、建营业账本、订立买卖合同等						
	（建厂房）占了耕地						
	进口设备、货物				过关税		
	外国船舶进入中国港口				最公平、最得人心的税		
	挖矿、采盐				卖房卖地赚钱分享税		
	企业生产排放废气、噪声、固体废物				破坏农田税		
赚到钱	企业赚到钱				有房者交的税		
	个人赚到钱				隐蔽的税		
置业	（赚了钱之后）置房				彰显个人能力的税		
	（赚了钱之后）置地				采矿晒盐分成税		
					企业利润税		
	（赚了钱之后）买车				买房买地税		
持业	有了房				美丽的税、艺术的税		
	有了地				"劫富济贫"税		
	有了车				买车税		
	有了船						
减业	卖房、卖地赚了钱				外国船进中国港的税		
					占农田盖房税		
日常消费	只要花钱消费（绝大部分）				拥有车和船的税		
	购买部分高档消费品、奢侈性消费品、非必需消费品						

项目二

增值税法律制度

项目情境

当前,世界上有一百多个国家在征收增值税。增值税为什么能有如此广泛的影响?

增值税是我国当前最主要的税种,增值税收入占据了我国税收收入的半壁江山。为什么增值税在我国的税收规模如此巨大?

在中国,绝大多数人都没有向税务机关缴纳过增值税,但几乎每个人都是增值税负税人,几乎每天都在或多或少地负担(间接缴纳)着增值税。真的是这样的吗?你是如何负担增值税的?你最近一次间接缴纳增值税是在什么时候?

本项目的学习能够帮助你找到以上问题的答案。

项目任务

本项目是税法学习的重点,同时也是税法学习的难点。本项目由八个任务组成:

任务一 增值税的概念和含义。学习增值税的概念和含义。

任务二 增值税的计税方法。学习增值税"增值"的含义和增值税的计税原理,以及增值税的一般计税方法、简易计税方法和进口货物的增值税计税方法。

任务三 增值税的征税范围。学习增值税的征税范围,包括增值税征税范围的一般规定、特殊规定和对增值税范围的限定三个方面。

任务四 增值税纳税人和扣缴义务人。学习增值税纳税人的概念、分类和扣缴义务人的概念。

任务五 增值税税率和征收率。学习增值税的税率和征收率。

任务六 增值税应纳税额的计算。包括一般计税方法、简易计税方法、扣缴义务人应纳税额的计算和进口货物应纳税额的计算四种算法。

任务七 增值税税收优惠。学习增值税的起征点、增值税的减免和即征即退三种增值税优惠措施。

任务八 纳税时间和纳税地点。学习增值税的纳税义务发生时间、纳税期限、纳税申报期限和纳税地点。

项目目标

一、知识目标

1.熟悉增值税的概念,掌握增值税的含义。

2.掌握增值税的四种计税方法。

3.理解增值税纳税义务发生时间、纳税期限、纳税申报期限三个概念的含义,掌握增值税纳税义务发生时间的规定。

二、技能目标

1.掌握学习增值税的征税范围,能够准确判断增值税的征税范围。
2.掌握增值税纳税人的分类标准,能够区分一般纳税人和小规模纳税人。
3.掌握各种税率和征收率的适用范围,能够正确判断适用的税率和征收率。
4.掌握增值税应纳税额的计算方法,能够正确计算增值税应纳税额。
5.掌握增值税的税收优惠措施,能够准确判断减免增值税的货物、服务、不动产、无形资产的范围。

三、素质目标

1.培养吃苦耐劳、团结协作、勇于创新的能力。
2.培养团结协作,善于交流沟通的能力。
3.培养运用所学知识解决实际问题的能力。

四、思政目标

1.树立遵守准则、提高技能、保守秘密和文明服务的职业道德。
2.培养永不言败、坚忍不拔的意志。
3.培养积极主动承担责任的勇气。
4.培养马克思主义世界观、正确的政治观、科学的人生价值和社会主义道德观。

任务一　增值税的概念和含义

任务情境

增值税的起源[1]

增值税（VAT，value added tax）的概念最早由美国耶鲁大学教授亚当斯（Thomas S. Adams）提出。亚当斯认为对营业毛利征税比对利润征税好得多，亚当斯的这种营业毛利税成为现代增值税的雏形。1954年，法国成为全世界第一个开征增值税的国家。之后，增值税被很多国家采用。据统计，截至2016年，世界上已经有160多个国家和地区开征了增值税。

增值税在中国[2]

1979年增值税开始进入中国，当时只在机器机械和农业机具两个行业范围内试点。1994年，中国开始对所有货物和加工修理修配劳务统一征收增值税，对其他劳务、不动产和无形资产征收营业税，形成了增值税、营业税二元并存的局面。2012年，中国启动营业税改增值税试点，增值税的征收范围不断扩大。从2016年5月1日起，中国全面实施增值税。

【一图了解增值税的前世今生】

【增值税的前世今生（武侠版）】

【2分钟动画读懂营改增】

【我国已经基本建立现代增值税制度】

增值税法

1993年12月13日，国务院发布了《中华人民共和国增值税暂行条例》。1993年12月25日，财政部印发了《中华人民共和国增值税暂行条例实施细则》。2019年11月27日，财政部正式公布了《中华人民共和国增值税法（征求意见稿）》，向社会公开征求意见。征求意见稿的公布标志着增值税立法迈出了实质性步伐。

【中华人民共和国增值税暂行条例】

【增值税暂行条例实施细则】

【中华人民共和国增值税法（征求意见稿）】

---

[1] 郑家驹.增值税理论之产生、发展及争议[J].福建税务，1994（5）：54-56.

[2] 《人民日报海外版》（2016年4月12日）的报道。

任务概要和任务目标

增值税，简单地说，就是就商品的增值部分而征收的税；具体地说，是对在中华人民共和国境内发生增值税应税交易，就交易过程中增值的部分，以及进口货物，按照一定的比例征收的一种税。除特殊情况外，商品只要有增值就要缴纳增值税，只要进口货物就要缴纳增值税。增值税的征税对象仅限于营利性的境内交易商品和进口货物，公益性的非营利交易及境外应税交易不属于增值税的征税对象。增值税在商品交易环节征收。

本任务要求熟悉增值税的概念，掌握增值税的含义。

任务相关知识

一、增值税的概念

增，是增加。值，是价值。在经济学意义上，劳动创造价值，价值就是凝结在商品里的劳动。通过对产品添加劳动，原产品变为新产品，相对于原产品，新产品的价值增加，新增加的价值表现为新产品与原产品的价格差额。对新增加的价值而征收的税即为增值税。

由于商品从原料生产到消费者手中往往经过多个环节，如果在每个环节都按照商品的价格征收，就会造成重复征税，而如果在每个环节都按照商品的增值部分征收，就会避免重复征税。这就是发明设计增值税的初衷。

对增值税的征收并非在增值产生之时，而是在增值被利用实现之时，也就是在产品被作为商品进行交易，增值得到实现之时。因此，增值税就是对商品的增值部分在商品交易环节征收的一种税。例如，某食品厂以20元的价格购入带鱼，加工成带鱼罐头后以50元的价格销售给商店。食品厂将20元的带鱼加工成50元的带鱼罐头，假设不考虑其他因素，带鱼被增值30元；当带鱼罐头被食品厂销售给商店时，食品厂产生纳税义务，食品厂应当就实现的30元增值向税务机关缴纳增值税。

另外，我国还对进口商品按照商品的进口价值征收增值税。因此，增值税可以被定义为：增值税是对在中华人民共和国境内发生增值税应税交易，就交易过程中增值的部分，以及进口货物，按照一定的比例征收的一种税。

二、增值税的含义

增值税的概念包含以下几方面的含义：

1）商品只要有增值就要缴纳增值税，只要进口货物就要缴纳增值税，特殊情况除外。

为了保证税收的普遍性和公平性，除法律另有规定以外，商品只要有增值，就要对该增值征收增值税。

对于进口货物，由于各国一般实行增值税出口退税，导致进口到国内的货物一般不含增值税，为了公平国内外商品的税负，我国对进口货物征收增值税，法律另有规定的除外。

2）增值税的征税对象仅限于营利性的境内交易商品和进口货物，公益性的非营利交易及境外应税交易不属于增值税的征税对象。

商品，是指用于交换的劳动产品，包括货物、劳务、服务、无形资产和不动产。

商品交易以营利为目的，具有经营属性。

增值税的征税对象限于营利性的交易商品和进口货物，公益性的非营利交易不属于增值税的征税对象。例如，公安机关办理居民身份证并收取工本费的行为不以营利为目的，没有经营属性，因此不是增值税的征税对象。

另外，基于税收主权的限制，我国只能就发生于中国境内的应税交易和进口货物征收增值税。

3）增值税在商品交易环节征收。

产品增值后如果没有被交易，例如被存放在库房里，产品中的增值没有实现，销售者没有实现增值所对应的收益，则不征税。只有当产品进行流转，其增值实现之时，也就是当产品被作为商品以销售、消费、赠送、投资、分配等各种形式交易，其增值得到实现之时，纳税义务开始产生。

销售是商品增值得以实现的最主要形式，因此在增值税的表达上，往往以商品销售代替应税商品交易，在这种说法下，消费、赠送、投资、分配等其他形式的应税交易被称为"视同销售"，销售、消费、赠送、投资、分配等都属于增值税应税交易的形式。

思政园地

【巨力营改增】

任务工单

编号	2-1	知识点	18种税概述		日期	
姓名		学号		班级	评分	

1. 什么是增值税？如何理解增值？增值表现在哪里？

2. 理解增值额。假设在不需要交税的情况下：农场种植棉花以50元的价格卖给纺纱厂；纺纱厂将棉花加工成纱线后以80元的价格卖给织布厂；织布厂将纱线纺织成布匹后以120元的价格卖给制衣厂；制衣厂将布匹加工成时装后以150元的价格卖给商店；商店将时装以200元的价格卖给消费者。根据题干填写下表。

假设在不需要交税的情况下 单位：元

序号	流通环节	1.本环节购入价	2.本环节销售额	3.本环节增值额
1	农场→纺纱厂	0*	50	50**
2	纺纱厂→织布厂			
3	织布厂→制衣厂			
4	制衣厂→商店			
5	商店→消费者			
	合计			

*假设本环节没有购进项目。
**每环节的增值额为本环节销售额减去购进成本（即上一环节的销售额）后的余额。

3. 理解增值税。（续上题）假设每次增值按照13%的税率征收增值税，填写下表。

单位：元

序号	流通环节	1.本环节购入价	2.本环节销售额	3.本环节增值额	4.本环节应纳税额
1	农场→纺纱厂	0	50	50	6.5
2					
3					
4					
5					
	合计		—		

任务二　增值税的计税方法

任务情境

增值税的优点和"欺骗性"

当前，增值税已经被世界上一百多个国家所采用，但许多学者质疑增值税具有较大的欺骗性。

增值税为什么能被一百多个国家广泛采用？增值税有什么优点？

为什么许多学者质疑增值税带有欺骗性？他们质疑的理由是什么？

任务概要和任务目标

对于境内应税交易，增值税计税方法分为一般计税方法和简易计税方法。一般计税方法就是用销项税额减除进项税额的计税方法。销项税额就是本环节销售额与税率的乘积，也就是本商品所含有的全部增值税额。进项税额就是上个环节销售时对应的增值税额，也就是本环节购入该商品时该商品（增值前）所含的增值税额。销项税额和进项税额的差就是本环节增值额对应的增值税额。简易计税方法就是用应税交易销售额乘以征收率计算税额的计税方法。

进口货物按照组成计税价格和适用税率计算增值税税额。

本任务要求理解增值税"增值"的含义和增值税的计税原理，掌握增值税的一般计税方法和简易计税方法。

任务相关知识

由于增值税的征税对象包括境内应税交易和进口货物，所以增值税的计税方法包括境内应税交易计税方法和进口货物计税方法。

一、境内应税交易计税方法

对于境内应税交易，增值税计税方法分为一般计税方法和简易计税方法。

（一）一般计税方法

对于境内应税交易，增值税是对商品中增值的部分按照一定的比例征收的一种税。例如，一件产品被以100元的价格购入，该产品被加工增值后以110元的价格对外销售，假设不考虑其他因素，该商品在此环节增值10元（110-100=10）。假设对该增值适用的税率为13%，则该10元增值应当缴纳的税款为1.3元（10×13%=1.3）。

对于增值税的计算，还可以采用这种方法：用110元价值对应的增值税额14.3元（110×13%=14.3）减去100元价值对应的税额13元（100×13%=13），即为10元增值额对应的税额1.3元（14.3-13=1.3）。

商品被增值后销售时对应的增值税税额被称为销项税额。商品增值前，也就是商品被购入时对应的增值税税额被称为进项税额。销项税额减除进项税额即为本次商品增值部分对应的增值税额。这种用销项税额减除进项税额来计算增值税应纳税额的方法即为增值税应纳税额计算的一般计税方法，又被称为购进扣税法，或税款抵扣制，用公式表示为：增值税应纳税额＝销项税额－进项税额。

一般计税方法的具体适用过程举例说明如下：

中国境内某渔业公司捕获带鱼以20元的价格销售给食品厂，食品厂将带鱼加工成罐头后以50元的价格销售给商店，商店以100元的价格将带鱼罐头销售给消费者。渔业公司、食品厂、商店都应当就交易活动中的增值额按照适用的税率缴纳增值税。假设渔业公司没有购进项目，则渔业公司的增值额为20元。还可以计算出食品厂的增值额为30元,商店的增值额为50元。假设销售带鱼和带鱼罐头适用的税率为13%,则渔业公司对20元增值应当缴纳的税额为2.6元(20×13%=2.6),食品厂就30元增值应当缴纳的税额为3.9元(30×13%=3.9),商店就50元增值额应当缴纳的税额为6.5元(50×13%=6.5)。具体如表2-1所示。

表2-1 增值税税额计算　　　　　　　　　　　　　　　　　　单位:元

序号	流通环节	1.购入价	2.销售额	3.增值额	4.增值税税额	5.本环节负税额
1	渔业公司→食品厂	0*	20	20**	2.6	0
2	食品厂→商店	20	50	30	3.9	0
3	商店→消费者	50	100	50	6.5	0
	合计			100	13	0

*假设本环节没有购进项目。
**每环节的增值额为本环节销售额减去购进成本(即上一环节的销售额)后的余额。

1)分析第一个环节。渔业公司以0元取得带鱼,以20元的价格向食品厂销售,带鱼增值20元,渔业公司应当缴纳的增值税税额为2.6元(20×13%=2.6)。

渔业公司以20元的价格向食品厂销售带鱼,由于还要向税务机关缴纳2.6元的增值税款,所以渔业公司向食品厂同时收取20元价款和2.6元增值税税款,价税合计为22.6元。渔业公司收取货款,向食品厂开具增值税专用发票(增值税专用发票样式如图2-1所示),发票金额20元,税额2.6元,价税合计金额22.6元。

图2-1 增值税专用发票样式

2)分析第二个环节。食品厂以22.6元的价格购入带鱼,加工成带鱼罐头后以50元的价格销售给商店,增值30元,应当缴纳增值税3.9元。食品厂以50元的价格销售罐头,对应的销项税额为6.5元(50×13%=6.5)。食品厂以20元的价格购入带鱼,对应的进项税额为2.6元。销项税额6.5元减除2.6元进项税额,即为本环节30元增值对应的增值税税额3.9元。对于食品厂来说,由于进项税额在增值税专用发票上有专门记载,所以食品厂只需要计算销项税额,然后按照增值税专用发票上的进项税额进行抵扣计算即可。

由于食品厂需要向税务机关缴纳增值税3.9元,同时在购入带鱼时还向渔业公司支付了2.6元进项税款,所以食品厂在向商店收取50元价款的同时收取为6.5元增值税税款,总共收取价税合计款56.5元。食品厂向商店收取56.5元并开具增值税专用发票,发票金额为50元,增值税税额为6.5元。

3)分析第三个环节。商店以56.5元的价格购入带鱼罐头,然后以100元的价格销售给消费者,销项税额为13元(100×13%=13),购入带鱼罐头的进项税额为6.5元,商店需要向税务机关缴纳增值税6.5元(13-6.5=6.5)。商店以100元的价格将罐头销售给消费者,同时还要承担13元的增值税税款,所以商店向消费者收取价税合计款113元。

消费者以113元的价格购入罐头,其中100元为罐头的价值,另外13元为增值税税款。消费者没有向税务局缴纳一分钱的增值税，却承担了13元的税款。渔业公司、食品厂和商店向税务机关缴纳了增值税，却没有承担一分钱的增值税。另外，13元的税款恰好是100元的商品对应的增值税，100元的商品价值被完全征收增值税，既没有漏征，也没有多征。

知识拓展

【发票基本知识】　　【发票的领用】　　【发票的开具】　　【价内税与价外税】

（二）简易计税方法

一般计税方法就是用销项税款抵扣进项税额的方法来计算增值税。一般计税方法要求纳税人能够按照国家统一的会计制度规定设置账簿，能够凭合法、有效的凭证核算出进项税额和销项税额。对于财务核算不健全，不能准确核算进项税额和销项税额的单位，以及个体户和自然人，无法采用一般计税方法，就只好采用用应税交易销售额乘以征收率计算税额的简易计税方法，用公式表述为：

$$应纳税额 = 销售额 \times 征收率$$

税率和征收率都是计算税额的比例数。一般计税方法的税收比例被称为税率，简易计税方法的税收比例被称为征收率。

二、进口货物计税方法

进口货物，按照组成计税价格和适用税率计算增值税。组成计税价格是指由海关审定的关税完税价格、关税和消费者三者组成的计税价格，该部分内容在"任务六增值税应纳税额的计算"的第四部分"四、进口货物应纳税额的计算"中详细叙述。

思政园地

【一切，为了更好】

任务工单

编号	2-2	知识点		增值税的计税方法		日期	
姓名		学号		班级		评分	

1. 增值税有什么优点？为什么亚当斯说对营业毛利征税要好于对利润征税？增值税是如何做到避免重复征税的？

2. 为什么增值税被许多学者质疑带有欺骗性？他们质疑的理由是什么？

3. 画一张简略增值税专用发票，并说明其中金额、税额和价税三者的关系。

任务三 增值税的征税范围

任务情境

增值税的征税范围是什么？个人销售用过的二手物品属于增值税的征税范围吗？农民进城销售自己种植的农产品属于增值税的征税范围吗？个人出租住房属于增值税的征税范围吗？家庭销售住房属于增值税的征税范围吗？

王小宝是某高校的一名大学生，擅长电脑维修和编程，还被某校外考试辅导机构聘任为兼职教师。2019年，王小宝从事了以下一些活动：

1月，王小宝将课堂笔记整理成考试复习材料卖给本校同学，共收取款项11万元。

2月，王小宝为同学们维修电脑，共收取维修费12万元。

3月，王小宝为某机构编写电脑程序，共收费13万元。

4月，王小宝将自己购买的一套底商对外出租，每月收取租金14万元。

5月，王小宝将自己的一项发明专利技术以15万元的价格出售。

6月，王小宝将自己一年前购买的一套底商以100万元的价格出售。

7月，王小宝从某海外购物网站海淘了10台笔记本电脑。

8月，王小宝的一辆汽车被盗，取得保险公司的赔偿收入16万元。

9月，王小宝将自己多年积攒的收入存入银行，当月取得利息收入17万元。

10月，王小宝从兼职的辅导机构取得本月工资及奖金收入共计18万元。

11月，王小宝将价值19万元的复习资料无偿赠送给所任职的校外考试辅导机构。

12月，王小宝协助某境外企业完成某项商业调查报告，取得从境外汇兑的20万美元报酬。

问：对以上行为，王小宝同学需要缴纳增值税吗？为什么？

任务概要和任务目标

本任务学习增值税的征税范围，增值税的征税范围包括增值税征税范围的一般规定、特殊规定和对增值税范围的限定三个方面。

增值税征税范围的一般规定为法律法规对应当征收增值税的增值税征税范围的规定。我国增值税的征税范围包括销售货物、销售劳务、销售服务、销售无形资产、销售不动产和进口货物。

增值税征税范围的特殊规定是对不应当征收增值税范围的规定。对不属于应税交易范围的货物、服务、无形资产和不动产，不征收增值税。

对增值税征税范围的限定，是从增值税应税交易的性质、形式和空间范围三个维度对增值税征税范围的规定。增值税应税交易是以营利为目的的经营性行为，不以营利为目的的非经营性行为不是增值税应税交易。增值税应税交易的形式包括销售、消费、赠送、投资、分配等多种形式。我国只对发生在中国境内的应税交易征收增值税。

对以上三个部分要求全部掌握。

任务相关知识

本部分从以下三个方面介绍我国增值税的征税范围。

一、增值税征税范围的一般规定

增值税的征税范围包括销售货物、销售劳务、销售服务、销售无形资产、销售不动产和进口货物。

（一）销售货物

货物指的是有物理存在的有形动产，包括电力、热力、气体在内。电力由电子组成，气体由气分子组成，电子和气体分子都是有体积、有重量、有形状的物理存在。热力交易时由水、气等介质承载，水、气等介质都是有物理存在的有形动产，交易时热及介质一并交易，因此热力也属于有形动产的货物。

（二）销售劳务

这里的劳务是指针对货物的加工、修理、修配劳务。加工是指受委托加工货物，即委托方提供原料及主要原材料，受托方按照委托方的要求制造货物并收取加工费的业务。

加工、修理、修配劳务针对的对象是货物，本质上仍然是货物的范畴，所以作为应税交易对象劳务同货物适用的税率是相同的。在增值税法征求意见稿中劳务被划归到货物当中，劳务不再被作为单独的一类对象。

（三）销售服务

服务是指满足人的需要的劳动。服务是无形的劳动，区别于有形的货物。服务和劳务都是无形的劳动，但服务是针对人的劳动，而劳务是针对货物的劳动。

增值税应税交易服务包括交通运输服务、邮政服务、电信服务、建筑服务、金融服务、现代服务和生活服务7大类。

1.交通运输服务

交通运输服务，包括陆路运输服务、水路运输服务、航空运输服务和管道运输服务。

（1）陆路运输服务

陆路运输服务，包括铁路运输、公路运输、缆车运输、索道运输、地铁运输、城市轻轨运输等。

出租车公司向使用本公司自有出租车的出租车司机收取的管理费用，按照陆路运输服务缴纳增值税，而不是按照租赁服务缴纳增值税。因为出租车司机和出租车公司之间存在劳动关系，出租车公司和出租车司机之间属于内部承包关系，而不是出租车公司把汽车出租给司机。

（2）水路运输服务

水路运输服务，是指通过江、河等水道或者海洋航道运送货物或者旅客的运输业务活动。

水路运输的程租、期租业务，属于水路运输服务。程租业务，是指运输企业为租船人完成某一特定航次的运输任务并收取租赁费的业务。期租业务，是指运输企业将配备有操作人员的船舶承租给他人使用一定期限，承租期内听候承租方调遣，不论是否经营，均按天向承租方收取租赁费，发生的固定费用均由船东负担的业务。

（3）航空运输服务

航空运输的湿租业务，属于航空运输服务。湿租业务，是指航空运输企业将配备有机组人员的飞机承租给他人使用一定期限，承租期内听候承租方调遣，不论是否经营，均按一定标准向承租方收取租赁费，发生的固定费用均由承租方承担的业务。

利用火箭等载体将卫星等飞行器发射到空间轨道的航天运输服务按照航空运输服务缴纳增值税。

（4）管道运输服务

管道运输服务，是指通过管道设施输送气体、液体、固体物质的运输业务活动。

2.邮政服务

邮政服务，是指由中国邮政集团公司及其所属的邮政速递物流公司、邮政储蓄银行等邮政企业提供的服务。如邮寄信函、邮寄包裹、报刊发行、邮品销售、邮政汇兑、邮政代理等。

邮政服务限定于中国邮政集团公司及其所属企业提供的服务。

3.电信服务

电信服务,包括基础电信服务和增值电信服务。

(1)基础电信服务

基础电信服务,是指语音通话服务,以及出租或者出售带宽、波长等网络元素的业务活动。

(2)增值电信服务

增值电信服务,是指短信和彩信服务、电子数据和信息的传输及应用服务、互联网接入等服务。

卫星电视信号落地转接服务,按照增值电信服务缴纳增值税。

4.建筑服务

建筑服务,是指各类建筑物、构筑物及其附属设施的建造、修缮、装饰,线路、管道、设备、设施等的安装以及其他工程作业的业务活动。包括工程服务、安装服务、修缮服务、装饰服务和其他建筑服务。

(1)工程服务

工程服务,是指新建、改建各种建筑物、构筑物的工程作业,包括与建筑物相连的各种设备或者支柱、操作平台的安装或者装设工程作业,以及各种窑炉和金属结构工程作业。

(2)安装服务

安装服务,是指生产设备、动力设备、起重设备、运输设备等各种设备、设施的装配、安置工程作业。

固定电话、有线电视、宽带、水、电、燃气、暖气等经营者向用户收取的安装费、初装费、开户费、扩容费以及类似收费,按照安装服务缴纳增值税。

(3)修缮服务

修缮服务,是指对建筑物、构筑物进行修补、加固、养护、改善,使之恢复原来的使用价值或者延长其使用期限的工程作业。

(4)装饰服务

装饰服务,是指对建筑物、构筑物进行修饰装修,使之美观或者具有特定用途的工程作业。

(5)其他建筑服务

其他建筑服务,是指上列工程作业之外的各种工程作业服务,如钻井(打井)、拆除建筑物或者构筑物、平整土地、园林绿化、疏浚(不包括航道疏浚)、建筑物平移、搭脚手架、爆破、矿山穿孔、表面附着物(包括岩层、土层、沙层等)剥离和清理等工程作业。

5.金融服务

金融服务,是指经营金融保险的业务活动。包括贷款服务、直接收费金融服务、保险服务和金融商品转让。

(1)贷款服务

各种占用、拆借资金取得的收入,包括金融商品持有期间(含到期)利息(保本收益、报酬、资金占用费、补偿金等)收入、信用卡透支利息收入、买入返售金融商品利息收入、融资融券收取的利息收入,以及融资性售后回租、押汇、罚息、票据贴现、转贷等业务取得的利息及利息性质的收入,按照贷款服务缴纳增值税。融资性售后回租,是指承租方以融资为目的,将资产出售给从事融资性售后回租业务的企业后,从事融资性售后回租业务的企业将该资产出租给承租方的业务活动。

以货币资金投资收取的固定利润或者保底利润,按照贷款服务缴纳增值税。

(2)直接收费金融服务

直接收费金融服务,是指为货币资金融通及其他金融业务提供相关服务并且收取费用的业务活动。包括提供货币兑换、账户管理、资金结算、资金清算、金融支付等服务。

(3)保险服务

保险服务,包括人身保险服务和财产保险服务。

(4)金融商品转让

金融商品转让,是指转让外汇、有价证券、非货物期货和其他金融商品所有权的业务活动。其他金融商品转让包括基金、信托、理财产品等各类资产管理产品和各种金融衍生品的转让。

6.现代服务

现代服务,是指以下围绕制造业、文化产业、现代物流业等提供技术性、知识性服务的业务活动。

（1）研发和技术服务

研发和技术服务，包括研发服务、合同能源管理服务、工程勘察勘探服务、专业技术服务。

合同能源管理服务，是指节能服务公司与用能单位以契约形式约定节能目标，节能服务公司提供必要的服务，用能单位以节能效果支付节能服务公司投入及其合理报酬的业务活动。

（2）信息技术服务

信息技术服务，是指对信息进行生产、收集、处理、加工、存储、运输、检索和利用，并提供信息服务的业务活动。包括软件服务、电路设计及测试服务、信息系统服务、业务流程管理服务和信息系统增值服务。

（3）文化创意服务

文化创意服务，包括设计服务、知识产权服务、广告服务和会议展览服务。

（4）物流辅助服务

物流辅助服务，包括航空服务、港口码头服务、货运客运场站服务、打捞救助服务、装卸搬运服务、仓储服务和收派服务。

（5）租赁服务

租赁服务，包括融资租赁服务和经营租赁服务。

融资租赁服务，是指具有融资性质和所有权转移特点的租赁活动。即出租人购入承租人所要求的有形动产或者不动产租赁给承租人，合同期内租赁物所有权属于出租人，承租人只拥有使用权，合同期满付清租金后，承租人有权按照残值购入租赁物，以拥有其所有权。不论出租人是否将租赁物销售给承租人，均属于融资租赁。融资性售后回租不按照本税目缴纳增值税。

经营租赁服务，是指在约定时间内将有形动产或者不动产转让他人使用且租赁物所有权不变更的业务活动。将建筑物、飞机、车辆等财产的广告位出租给其他单位或者个人用于发布广告，按照经营租赁服务缴纳增值税。车辆停放服务、道路通行服务（包括过路费、过桥费、过闸费等）等按照不动产经营租赁服务缴纳增值税。水路运输的光租业务、航空运输的干租业务，属于经营租赁。光租业务，是指运输企业将船舶在约定的时间内出租给他人使用，不配备操作人员，不承担运输过程中发生的各项费用，只收取固定租赁费的业务活动。干租业务，是指航空运输企业将飞机在约定的时间内出租给他人使用，不配备机组人员，不承担运输过程中发生的各项费用，只收取固定租赁费的业务活动。

（6）鉴证咨询服务

鉴证咨询服务，包括认证服务、鉴证服务和提供信息、建议、策划、顾问等服务的咨询服务。

翻译服务和市场调查服务按照咨询服务缴纳增值税。

（7）广播影视服务

广播影视服务，包括广播影视节目（作品）的制作服务、发行服务和播映（含放映，下同）服务。

（8）商务辅助服务

商务辅助服务，包括企业管理服务、经纪代理服务、人力资源服务、安全保护服务。

（9）其他现代服务

其他现代服务，是指除研发和技术服务、信息技术服务、文化创意服务、物流辅助服务、租赁服务、鉴证咨询服务、广播影视服务和商务辅助服务以外的现代服务。

7. 生活服务

生活服务，是指为满足城乡居民日常生活需求提供的各类服务活动。包括文化体育服务、教育医疗服务、旅游娱乐服务、餐饮住宿服务、居民日常服务和其他生活服务。

（1）文化体育服务

文化体育服务，包括文艺创作、文艺表演等文化服务和举办体育比赛、体育表演等体育服务。

（2）教育医疗服务

教育医疗服务，包括学历教育和非学历教育等教育服务以及诊断、治疗、康复等医疗服务。

（3）旅游娱乐服务

旅游娱乐服务，包括游览、住宿、餐饮、购物等旅游服务和舞厅、酒吧、台球等娱乐服务。

（4）餐饮住宿服务

餐饮住宿服务，包括为消费者提供饮食的餐饮服务和宾馆、旅馆等住宿服务。

（5）居民日常服务

居民日常服务，是指主要为满足居民个人及其家庭日常生活需求提供的服务，如市容市政管理、家政、婚庆、养老、殡葬、照料和护理、救助救济、美容美发、按摩、桑拿、氧吧、足疗、沐浴、洗染、摄影扩印等服务。

（6）其他生活服务

其他生活服务，是指除文化体育服务、教育医疗服务、旅游娱乐服务、餐饮住宿服务和居民日常服务之外的生活服务。

【营改增——生活服务篇】

（四）销售无形资产

无形资产，是指不具实物形态，但能带来经济利益的资产，包括技术、商标、著作权、商誉、自然资源使用权和其他权益性无形资产。

技术，包括专利技术和非专利技术。自然资源使用权，包括土地使用权、海域使用权、探矿权、采矿权、取水权和其他自然资源使用权。

其他权益性无形资产，包括基础设施资产经营权、公共事业特许权、配额、经营权（包括特许经营权、连锁经营权、其他经营权）、经销权、分销权、代理权、会员权、席位权、网络游戏虚拟道具、域名、名称权、肖像权、冠名权、转会费等。

（五）销售不动产

不动产，是指不能移动或者移动后会引起性质、形状改变的财产，包括建筑物、构筑物等。

转让建筑物有限产权或者永久使用权的，转让在建的建筑物或者构筑物所有权的，以及在转让建筑物或者构筑物时一并转让其所占土地的使用权的，按照销售不动产缴纳增值税。

（六）进口货物

进口货物，是指起运地在境外，目的地在境内的贸易货物。根据增值税法律规定，除部分进口免税货物外，我国对进口货物征收增值税。

二、增值税征税范围的特殊规定

根据法律规定，以下应税交易不属于增值税应税交易的范围，不征收增值税：

1.不属于应税交易的货物、无形资产和不动产

在资产重组过程中，通过合并、分立、出售、置换等方式，将全部或部分实物资产以及与其相关的债权、债务和劳动力一并转让给其他单位和个人是转让企业资产、债权、债务及劳动力的行为，不属于增值税的征税范围，对其中涉及的货物、无形资产、不动产转让不征收增值税。

2.不属于应税交易的服务

根据法律规定，下列服务项目不是增值税应税交易的对象，不征收增值税：

（1）根据国家指令无偿提供的铁路运输服务、航空运输服务，属于用于公益事业的服务

无偿的公益事业属于非经营性质，不征收增值税。

（2）存款利息

当前我国银行存款利率低于通货膨胀率，实际利率倒挂，在此情形下对存款利息征收增值税不利于银行

吸收存款，因此我国对存款利息不征收增值税。

（3）被保险人获得的保险赔付

被保险人获得的保险赔付是被保险人发生事故的赔偿，并不属于营利性质。

（4）房地产主管部门或者其他指定机构、公积金管理中心、开发企业以及物业管理单位代收的住宅专项维修资金

代收代缴没有增值，没有增值就谈不上征收增值税。

三、对增值税征税范围的限定

（一）增值税应税交易的性质

应税交易是以营利为目的的经营性行为。不以营利为目的的非经营性行为不是应税交易。如：外购的产品用于生产销售，属于经营性营利目的，属于增值税应税交易；如果将外购的商品用于集体福利和个人消费，此行为属于消费行为，并非以营利为目的经营性行为，不属于应税交易的范围，对此不征收增值税。

根据法律规定，以下行为不属于增值税应税交易行为，不征收增值税：

1）行政单位收取的同时满足以下条件的政府性基金或者行政事业性收费。

①由国务院或者财政部批准设立的政府性基金，由国务院或者省级人民政府及其财政、价格主管部门批准设立的行政事业性收费；

②收取时开具省级以上（含省级）财政部门监（印）制的财政票据；

③所收款项全额上缴财政。

2）单位或者个体工商户聘用的员工为本单位或者雇主提供取得工资的服务。

3）单位或者个体工商户为聘用的员工提供服务。

（二）增值税应税交易的形式

增值税应税交易指的是应税产品被以销售、消费、赠送、投资、分配等各种形式使用。增值税应税交易的形式包括销售、消费、赠送、投资、分配等多种形式。

《中华人民共和国增值税暂行条例实施细则》对增值税应税交易进行了特别规定：

1.将货物交付其他单位或者个人代销视同应税交易，销售代销货物视同应税交易

将货物交付其他单位或者个人代销和销售代销货物是一个完整销售行为的两个组成部分。将货物交付其他单位或者个人代销，货物增值没有实现，不应当征收增值税，但是由于增值税一般计税方法是通过销项税额抵扣进项税额的形式来计算增值税额，在一般计税方式下，如果不把将货物交付其他单位或者个人代销视同销售，将导致无法正常征收增值税。如，甲公司以100元的价格购入原料加工成产品后委托乙公司以110元的价格代销。

【视同销售】

如果此时不视同销售的话，乙公司按照110元的价格销售，产生销项税额14.3元（110元 × 13%=14.3），由于乙公司没有进项税额可以抵扣，导致乙公司按照110元的产品全部价值缴纳税款14.3元，导致产品100元的价值重复征税，违背了增值税按照增值征税的原则。

2.设有两个以上机构并实行统一核算的纳税人，将货物从一个机构移送其他机构用于销售视为应税交易，但相关机构设在同一县（市）的除外

应税产品被转移到同一纳税人的其他机构用于销售的，产品仍旧属于同一个纳税人，产品没有被交易，产品增值没有实现，因此在此环节不应当征收增值税。但是，在我国，由于增值税向销售地的税务机关缴纳，为了避免产生不同地方税务机关的税收利益冲突，同一个纳税人将货物从一个机构移送异地机构用于销售的视同应税交易，在移交时征收增值税。

3.将自产或者委托加工的货物用于增值税应税项目不作为应税交易

货物经过加工生产，产生增值；应税产品被使用，增值得以实现，征收增值税。但是，如果自产或者委托加工的货物用于连续生产应税产品的，产品在本环节的增值在新应税产品中一并征税，在本环节不作为应税交易，不征收增值税。将自产或者委托加工的货物用于非增值税应税项目的则属于应税交易。

4.将自产、委托加工的货物用于集体福利或者个人消费

货物经过加工生产，产生增值，应当就增值部分征收增值税。货物被消费使用，增值得到实现，增值实现时就增值部分征收增值税。

5.将自产、委托加工或者购进的货物作为投资，提供给其他单位或者个体工商户

货物经过加工生产，产生增值，应当就增值部分征收增值税。货物作为投资提供给其他单位或者个体工商户，增值得到实现，增值实现时就增值部分征收增值税。购进的货物作为投资，提供给其他单位或者个体工商户，货物没有增值，不应当征收增值税。但是，为了使收到货物的被投资方有进项税额，从而避免重复征税，购进的货物作为投资提供给其他单位或者个体工商户视同应税交易。投资方按照购入价格将货物"销售"给被投资者，进项税额跟销项税额一致，实际上也无须交税。被投资方"购买"作为投资的货物，得到增值税专用发票，从而可以抵扣税额，避免了以全部销售额征税，从而避免了重复征税。

6.将自产、委托加工或者购进的货物分配给股东或者投资者

自产或委托加工的货物经过加工生产，产生增值，自产或委托加工的货物在增值后被分配给股东或者投资者，增值得到实现，在增值实现时就增值部分征收增值税。购进的货物分配给股东或者投资者，货物没有增值，不应当征收增值税。但是，为了使股东或者投资者有进项税额，从而避免重复征税，购进的货物分配给股东或者投资者视同销售。

7.将自产、委托加工或者购进的货物无偿赠送其他单位或者个人

自产或委托加工的货物经过加工生产，产生增值，自产或委托加工的货物在增值后被无偿赠送其他单位或者个人，增值得到实现，增值实现时就增值部分征收增值税。

购进的货物无偿赠送其他单位或者个人，货物没有增值，不应当征收增值税。但是，为了使受赠者有进项税额，从而避免重复征税，购进的货物无偿赠送其他单位或者个人视同销售。

（三）增值税应税交易的空间范围

我国只对发生在中国境内的应税交易征收增值税。

1.境内应税交易

在境内发生应税交易是指：

1）应税交易对象为货物的，货物的起运地或者所在地在境内；

2）应税交易对象为服务、无形资产（自然资源使用权除外）的，转让方为境内单位和个人，或者服务、无形资产在境内消费；

3）应税交易对象为不动产，或者转让自然资源使用权的，不动产、自然资源所在地在境内；

4）应税交易对象为金融商品的，转让方为境内单位和个人，或者金融商品在境内发行。

2.非境内应税交易

根据法律规定，境外单位或者个人向境内单位或者个人销售完全在境外发生的服务、完全在境外使用的无形资产，以及出租完全在境外使用的有形动产，不属于在境内销售服务或者无形资产。

思政园地

【税收，时刻在你身边】

任务工单

编号	2-3-1	知识点			增值税征税范围的一般规定		日期	
姓名		学号			班级		评分	
项目			1.类别				2.税率	3.容易混淆出错的项目
销售	1.货物							电力、热力、气体。
	2.劳务							
	3.服务	1.___服务						1.出租车公司对所属出租车向出租车司机收取的管理费属于何种服务？为什么？ 2.辨别以下概念，出租时是否带有驾驶员？分别属于何种服务类型？ 期租、程租、光租、湿租、干租。
		2.___服务		......				
		3.___服务						如何区分基础电信和增值电信？
		4.___服务						区分以下服务类型：装电话、装宽带、开通有线、开通煤气、维修门窗、修屋顶、粉刷外墙、绿化、疏浚航道。
		5.___服务						
		6.___服务 （生产领域）	租赁服务	融资性租赁	动产			文化创意服务。
					不动产			
				经营性租赁	有形动产租赁			汽车、飞机的广告位出租；光租；干租。
					不动产租赁			车辆停放服务；楼房等建筑物的广告位出租。
		7.___服务 （生活领域）						
	4._____							技术、商标、自然资源使用权、商誉、著作权。
	5._____							
进口								

编号	2-3-2	知识点		应税交易的范围		日期	
姓名		学号			班级	评分	

1.什么是货物？什么是服务？什么是应税劳务？为什么应税劳务属于货物而不属于服务？

2.什么是无形资产？无形资产有哪些？

3.什么是不动产？不动产有哪些？

4.根据增值税法律制度的规定，下列各项中，应按照"交通运输服务"征收增值税的有（　　）。
A.程租　　　　　B.期租　　　　　C.湿租　　　　　D.道路通行服务

5.根据增值税法律制度的规定，下列各项中，应按照"销售服务——建筑服务"税目征收增值税的是（　　）。
A.平整土地　　　B.出售住宅　　　C.出租办公楼　　D.转让土地使用权

6.根据增值税法律制度的规定，下列各项中，应按照"金融服务——贷款服务"税目征收增值税的是（　　）。
A.融资性售后回租　B.账户管理服务　C.金融支付服务　D.资金结算服务

7.根据增值税法律制度的规定，下列各项中，应按照"现代服务"税目征收增值税的是（　　）。
A.经营租赁服务　B.融资性售后回租　C.保险服务　　　D.文化体育服务

8.根据增值税法律制度的规定，下列各项中，应按照"销售服务——生活服务"税目征收增值税的是（　　）。
A.文化创意服务　B.车辆停放服务　C.广播影视服务　D.旅游娱乐服务

9.根据增值税法律制度的规定，下列行为中，不属于销售无形资产的是（　　）。
A.转让专利权　B.转让建筑永久使用权　C.转让网络虚拟道具　D.转让采矿权

10.根据增值税法律制度的规定，下列行为中，应按照"销售不动产"税目征收增值税的是（　　）。
A.将建筑物广告位出租给其他单位用于发布广告　B.销售底商
C.转让高速公路经营权　　　　　　　　　　　　D.转让国有土地使用权

11.（判断题）将建筑物的广告位出租给其他单位用于发布广告，应按照"广告服务"税目征收增值税。（　　）

12.（判断题）外购进口的原属于中国境内的货物，不征收进口环节增值税。（　　）

13.根据增值税法律制度的规定，下列各项中，按照"销售货物"征收增值税的有（　　）。
A.销售电力　　　B.销售热力　　　C.销售天然气　　D.销售商品房

14.某共享单车企业，2020年6月以单车押金进行投资，购买短期保本理财产品取得收益100万元，取得单车运营收入200万元，车身广告收入300万元，App软件页面广告收入400万元，上述收入应当按照"现代服务—租赁服务"缴纳增值税的有（　　）。
A.购买短期保本理财产品，取得收益　　　B.单车运营收入
C.车身广告收入　　　　　　　　　　　　D.App软件页面广告收入

15.根据增值税法律制度的规定，下列各项中，不征收增值税的有（　　）。
A.物业管理单位收取的物业费　　　　　B.被保险人获得的医疗保险赔付
C.物业管理单位代收的住宅专项维修资金　D.存款利息

16.（判断题）根据国家指令无偿提供用于公益事业的铁路运输服务应征收增值税。（　　）

编号	2-3-3	知识点	程租、期租、光租、干租、湿租		日期	
姓名		学号		班级	评分	
概念	类型 （水路/航空）	举例			是否含带驾驶员（是/否）	租赁性质 （货物/服务）
程租		某外贸公司出口1万吨水泥，租条船运输。				
期租		某外贸公司1年连续出口水泥，一条船连续租一年。				
湿租		某国撤侨，连驾驶员带飞机一起租赁。				
干租		某航空公司有自己的飞机驾驶员，但没有资金买飞机，租赁飞机开展航空运输服务。				
光租		类似于航空运输业的干租。某海运公司自己有海员，但没有资金买船，租条光船开展海运服务。				

编号	2-3-4	知识点	融资性售后回租、融资性租赁和经营性租赁		日期	
姓名		学号		班级	评分	
类型	含义				目的和性质 （租赁/抵押贷款）	服务类别 （贷款服务/租赁服务）
融资性售后回租	甲汽车运输公司急需资金300万，遂将自有的10辆汽车以300万元的价格卖给乙公司（金融租赁公司），与此同时与乙公司签订汽车租赁合同，继续使用汽车。甲公司此举的目的是融通资金。 售后回租即将自己的资产销售后再租回来，目的是融资。				租本属于自己的东西，所以本质上不是（　）。之所以这样租是因为获取资金，本质是（　）。	
融资性租赁	甲公司（承租人）需要购买某设备（100万元），但无钱购买，遂找到某金融租赁公司（出租人），由金融租赁公司按照承租人的要求购买后出租给承租人（解决了承租人无法购买使用的困难，承租人向金融租赁公司融资）。租期10年，年租金130万元。				改买为租。通过租赁的形式达到购买的目的，实质上是（　）。	
经营性租赁	通常所见的普通单位个人出租，如出租房屋、摩拜单车、小黄车等。				出租物品赚取出租费，本质是（　）。	

编号	2-3-5	知识点	应税交易的形式及空间要求	日期	
姓名		学号		班级		评分	

1.简答：根据增值税法律制度的规定，应税交易的形式有哪些？

2.根据增值税法律制度的规定，下列行为中，属于增值税应税交易的有（　　）。
A.将购进的货物无偿赠送给其他单位　　　B.将购进的货物用于本单位集体福利
C.将自产货物用于集体福利　　　　　　　D.将外购货物用于个人消费
E.将自产货物无偿赠送他人　　　　　　　F.将外购货物分配给股东

3.根据增值税法律制度的规定，增值税一般纳税人的下列行为中，应视同销售货物，征收增值税的有（　　）。
A.食品厂将自产的月饼发给职工作为福利　B.商场将购进的服装发给职工用于运动会入场式
C.电脑生产企业将自产的电脑分配给投资者　D.纺织厂将自产的窗帘用于职工活动中心

4.根据增值税法律制度的规定，企业发生的下列行为中，属于视同销售货物行为的是（　　）。
A.将购进的货物作为投资提供给其他单位　B.将购进的货物用于集体福利
C.将委托加工的货物分配给股东　　　　　D.将自产的货物用于个人消费

5.根据增值税法律制度的规定，企业发生的下列行为中，属于视同销售货物行为的有（　　）。
A.将服装交付他人代销　　　　　　　　　B.将自产服装用于职工福利
C.将购进服装无偿赠送给某小学　　　　　D.销售代销服装

6.根据增值税法律制度的规定，什么是在境内？符合"境内销售"的标准是什么？

7.根据增值税法律制度的规定，下列销售行为中，属于境内销售的有（　　）。
A.法国航空公司将某中国公民从法国运送至美国
B.日本某公司为中国境内某企业设计手机外观
C.法国某公司出租设备给中国境内某企业使用
D.美国某公司出租一栋别墅给中国境内某企业，用于其美国分公司办公使用
E.境外会计师事务所向境内单位销售完全在境内发生的会计咨询服务
F.境内语言培训机构向境外单位销售完全在境外发生的培训服务
G.境内广告公司向境外单位销售完全在境内发生的广告服务
H.境外律师事务所向境内单位销售完全在境外发生的法律咨询服务

8.根据增值税法律制度的规定，下列情形中，属于在境内销售服务的有（　　）。
A.境外会计师事务所向境内单位销售完全在境内发生的会计咨询服务
B.境内语言培训机构向境外单位销售完全在境外发生的培训服务
C.境内广告公司向境外单位销售完全在境内发生的广告服务
D.境外律师事务所向境内单位销售完全在境外发生的法律咨询服务

编号	2-3-6	知识点	增值税的征税范围（综合）	日期	
姓名		学号	班级	评分	

王小宝是某高校的一名大学生，平时利用课余时间为同学们维修电脑，同时还被某校外辅导机构聘任为兼职辅导老师。2019年，王小宝从事了以下一些活动，请判断王小宝的活动是否需要缴纳增值税，并说明理由。

1月，王小宝将课堂笔记整理成考试复习材料卖给本校同学，共收取款项11万元。
答：

2月，王小宝为同学们维修电脑，共收取维修费12万元。
答：

3月，王小宝为某机构编写电脑程序，共收费13万元。
答：

4月，王小宝将自己购买的一套底商对外出租，每月收取租金14万元。
答：

5月，王小宝将自己的一项发明专利技术以15万元的价格出售。
答：

6月，王小宝将自己一年前购买的一套底商以100万元的价格出售。
答：

7月，王小宝从某海外购物网站海淘了10台笔记本电脑。
答：

8月，王小宝的一辆汽车被盗，取得保险公司的赔偿收入16万元。
答：

9月，王小宝将自己多年积攒的收入存入银行，当月取得利息收入17万元。
答：

10月，王小宝从兼职的辅导机构取得本月工资及奖金收入共计18万元。
答：

11月，王小宝将价值19万元的复习资料无偿赠送给所任职的校外考试辅导机构。
答：

12月，王小宝协助某境外企业完成某项商业调查报告，取得从境外汇兑的10万美元报酬。
答：

任务四 增值税纳税人和扣缴义务人

任务情境

1. 大学生小张将自己用过的一堆旧书以200元的价格卖给废品收购站。问：大学生小张是增值税纳税人吗？
2. 个体户小王在某小区门房开了一个理发店。问个体户小王是增值税纳税人吗？
3. 美国人迈克回国，将两年前在上海购置的一套住房销售给英国人汤姆，该笔交易谁是增值税纳税人？该笔交易应当由谁缴纳增值税税款？

任务概要和任务目标

增值税的纳税人是指在中华人民共和国境内销售货物或者加工、修理修配劳务，销售服务、无形资产、不动产以及进口货物的单位和个人。

根据应税交易纳税人规模大小以及财务健全程度的不同，增值税纳税人分为一般纳税人和小规模纳税人。一般纳税人通常采用一般计税方法计算缴纳增值税。小规模纳税人采用简易计税方法计算缴纳增值税。

境外单位或者个人在境内发生应税行为，在境内未设有经营机构的，购买方为增值税扣缴义务人。

本任务要求掌握增值税纳税人的分类标准，能够区分一般纳税人和小规模纳税人，掌握一般纳税人适用简易计税方法的范围，理解增值税扣缴义务人的含义。

任务相关知识

一、增值税纳税人

（一）增值税纳税人的概念

凡在中华人民共和国境内销售货物或者加工、修理修配劳务，销售服务、无形资产、不动产以及进口货物的单位和个人，为增值税的纳税人。包括国家机关、事业单位、军事单位、社会团体、企业、个体工商户、自然人等。例如，作为进口货物收货人的国家机关、出售货物的企业、销售货物的自然人等，都是增值税的纳税人。

我国现行增值税法律规范对增值税有减免征税和起征点的规定。增值税纳税人享受免税待遇，或者发生应税交易未达到起征点的（仅限自然人纳税人，详见"任务七 增值税税收优惠"中的"一、增值税的起征点"），免征增值税，也就是说，有些增值税的纳税人发生应税交易后无须缴纳税款。这些发生增值税应税交易的单位和自然人尽管无须缴纳税款，但仍然属于增值税的纳税人。

我国现行增值税法律规范同时规定，单位以承包、承租、挂靠方式经营的，承包人、承租人、挂靠人以发包人、出租人、被挂靠人名义对外经营并由发包人承担相关法律责任的，以发包人、出租人、被挂靠人为纳税人。否则，以承包人、承租人、挂靠人为纳税人。

（二）纳税人的分类

增值税纳税人的分类主要针对应税交易纳税人。根据应税交易纳税人规模大小以及财务健全程度的不同，增值税纳税人分为一般纳税人和小规模纳税人。

1. 一般纳税人

（1）一般纳税人的概念和确定

对于年应税销售额超过500万元的企业，由于企业规模较大，企业财务应当健全，应该能够准确地核算进项税额和销项税额，从而可以采用一般计税方法计算缴纳增值税。税法规定，对年应税销售额超过500万元的企业，应当健全财务，向税务机关登记为一般纳税人，并采用一般计税方法计算缴纳增值税。纳税人一经登记为一般纳税人后，除国家税务总局另有规定外，不得转为小规模纳税人。

（2）一般纳税人采用简易计税方法的项目

对有些应税交易，不宜采用一般计税方法计征增值税，例如，交易难以取得进项税额凭证，从而无法抵扣进项税额的交易。

对一般纳税人采用简易计税方法的项目，可以分为以下三类：

1）第一类，法律规定直接适用简易计税方法的项目，主要有：

①一般纳税人销售自己使用过的不得抵扣且未抵扣进项税额的固定资产。

②一般纳税人销售自己使用过的物品。

③一般纳税人销售旧货。旧货是指进入二次流通的具有部分使用价值的货物，但不包括自己使用过的物品。

2）第二类，暂时适用简易计税方法的项目，主要有：

①寄售商店一般纳税人代销寄售物品（包括居民个人寄售的物品在内）。

②典当业一般纳税人销售死当物品。

3）第三类，一般纳税人可以选择适用简易计税方法的项目，分为货物类、服务类和不动产类。

①货物类主要有：

a.县级及县级以下小型水力发电一般纳税人销售自产的电力。小型水力发电单位，是指各类投资主体建设的装机容量为5万千瓦以下（含5万千瓦）的小型水力发电单位。

b.一般纳税人销售自产的建筑用砂、土、石料和生产建筑材料所用的砂、土、石料。

c.一般纳税人销售以自己采掘的砂、土、石料或其他矿物连续生产的砖、瓦、石灰（不含黏土实心砖、瓦）。

d.一般纳税人销售自产的用微生物、微生物代谢产物、动物毒素、人或动物的血液或组织制成的生物制品。

e.一般纳税人销售自产的自来水。

f.一般纳税人销售自产的商品混凝土（仅限于以水泥为原料生产的水泥混凝土）。

对以上货物，一般纳税人可以选择按照简易办法计算缴纳增值税，一旦选择，36个月内不得变更。

②服务类主要有：

a.公共交通运输服务，包括轮客渡、公交客运、地铁、城市轻轨、出租车、长途客运、班车。班车是指按固定路线、固定时间运营并在固定站点停靠的运送旅客的陆路运输服务。

b.经认定的动漫企业为开发动漫产品提供的动漫脚本编撰、形象设计、背景设计、动画设计、分镜、动画制作、摄制、描线、上色、画面合成、配音、配乐、音效合成、剪辑、字幕制作、压缩转码（面向网络动漫、手机动漫格式适配）服务，以及在境内转让动漫版权（包括动漫品牌、形象或者内容的授权及再授权）。

c.电影放映服务、仓储服务、装卸搬运服务、收派服务和文化体育服务。

d.以纳入营改增试点之日前取得的有形动产为标的物提供的经营租赁服务。

e.在纳入营改增试点之日前签订的尚未执行完毕的有形动产租赁合同。

③不动产类，主要是建筑企业一般纳税人提供的建筑服务属于老项目的。

2.小规模纳税人

（1）小规模纳税人的概念和确定

对于年应税销售额不超过500万元的企业，以及个体工商户纳税人和自然人纳税人，由于规模较小，财务往往不健全，不能够提供准确的税务资料来核算进项税额和销项税额，因此就不能够采用一般计税方法，只能采用简易计税方法。但是，对于其中财务健全、能够准确提供税务资料核算进项税额和销项税额的，可以向税务机关登记为一般纳税人，采用一般计税方式计算缴纳增值税。

（2）小规模纳税人开具增值税专用发票的问题

由于简易计税方法不需要增值税专用发票，因此小规模纳税人一般不适用增值税专用发票。如果小规模纳税人销售给一般纳税人需要增值税专用发票的，小规模纳税人可以到税务局申请代开。

【小规模纳税人开票指南】

另外,在住宿业、鉴证咨询业、建筑业、工业、信息传输及软件和信息技术服务业、租赁和商务服务业、科学研究和技术服务业、居民服务、修理和其他服务业等行业,小规模纳税人可以选择使用增值税发票管理系统自行开具增值税专用发票,或者向税务机关申请代开。选择自行开具增值税专用发票的小规模纳税人,税务机关不再为其代开。

试点纳税人销售其取得的不动产,需要开具增值税专用发票的,应当按照有关规定向税务机关申请代开。

二、增值税扣缴义务人

中华人民共和国境外单位或者个人在境内发生应税行为,在境内未设有经营机构的,以购买方为增值税扣缴义务人。财政部和国家税务总局另有规定的除外。

思政园地

【醒悟】

任务工单

编号	2-4-1	知识点	增值税纳税人和扣缴义务人	日期	
姓名		学号		班级		评分	

1．增值税纳税人为什么要分为一般纳税人和小规模纳税人两类？增值税纳税人是如何被分为一般纳税人和小规模纳税人两个类别的？

2．大学生小张将自己用过的一堆旧书以200元的价格卖给废品收购站。问：大学生小张是增值税纳税人吗？为什么？

3．个体户小王在小区门房开了一个理发店。问：个体户小王是增值税纳税人吗？为什么？

4．美国人迈克回国，将两年前在上海购置的一套住房销售给英国人汤姆，该笔交易谁是增值税纳税人？该笔交易应当由谁缴纳增值税款？

5．（判断题）根据增值税法律制度的规定，除个体经营者以外的其他个人不属于增值税一般纳税人。（　）

6．根据增值税法律制度的规定，一般纳税人和小规模纳税人有什么区别？下列关于小规模纳税人征税规定的表述中，不正确的是（　）。

A．实行简易征税办法　　　　　B．一律不使用增值税专用发票
C．允许抵扣增值税进项税额　　D．可以请税务机关代开增值税专用发票

7．根据增值税法律制度的规定，关于增值税纳税人的下列表述中，正确的是（　）。

A．转让无形资产，以无形资产受让方为纳税人
B．提供建筑安装服务，以建筑安装服务接收方为纳税人
C．资管产品运营过程中发生的增值税应税行为，以资管产品管理人为纳税人
D．单位以承包、承租、挂靠方式经营的，一律以承包人为纳税人

8．（填空题）根据增值税法律制度的规定，年应税销售额在一定标准以下的纳税人为小规模纳税人。该标准是（　　　　　　　　　　　　　　　　　　　　　　　）。

9．（判断题）甲酒店为增值税小规模纳税人，出售其拥有的临街店铺，可自行开具增值税专用发票。（　）

10．（判断题）中国境外单位或者个人在境内发生应税行为，在境内未设有经营机构的，以境内代理人为增值税扣缴义务人。（　）

编号	2-4-2	知识点	一般纳税人采用简易计税方法的项目		日期	
姓名		学号		班级	评分	

直接适用	

暂时适用	

选择适用	货物类	服务类	不动产类

任务五　增值税税率和征收率

任务情境

1. 王小宝将自己一年前购买的一套底商以100万元的价格出售。问：该笔交易适用的增值税税率或征收率是多少？
2. 不征税、免税、零税率，三者有什么区别？

任务概要和任务目标

本任务学习增值税的税率和征收率。税率适用于一般计税方法，征收率适用于简易计税方法。简易计税方法主要适用于小规模纳税人，一般纳税人有些项目也采用简易计税方法。增值税的税率分为13%基本税率、9%较低税率、6%低税率和零税率，征收率分为3%和5%两档。

本任务要求掌握各种税率和征收率的适用范围，同时掌握兼营和混合销售时税率的选择适用方法，在兼营和混合销售时能够正确地选用税率。

任务相关知识

一、增值税税率

（一）增值税税率的种类

1. 13%税率

13%的税率适用于纳税人销售货物，销售加工修理修配劳务、有形动产租赁服务及进口货物，另有规定的除外。

凡是货物，无论是销售还是进口，除另有规定外，通常适用13%的增值税率。

加工修理修配是指针对货物的加工修理修配，加工修理修配在本质上仍然属于货物的范畴，对此前面已经有过叙述。因此，加工修理修配按照销售货物适用13%的增值税率。

有形动产租赁本质上是指出租方购买动产后分次出售动产的使用权，本质上仍然是货物销售，所以有形动产租赁等同销售货物，适用13%的税率。如果对有形动产租赁按照6%的服务通用税率征收增值税，将诱导消费者改购买动产为长期租赁动产，从而规避差额增值税。

【一般纳税人增值税税率】

2. 9%税率

纳税人销售交通运输、邮政、基础电信、建筑、不动产租赁服务，销售不动产，转让土地使用权，销售或者进口下列货物适用9%的税率，另有规定的除外：

1）农产品、食用植物油、食用盐；
2）自来水、暖气、冷气、热水、煤气、石油液化气、天然气、二甲醚、沼气、居民用煤炭制品；
3）图书、报纸、杂志、音像制品、电子出版物；
4）饲料、化肥、农药、农机、农膜。

【适用9%税率的增值税应税行为】

9%税率主要适用于维持温饱、居住、通行、通信及精神需求等基本生活的、与基本民生密切相关的应税交易对象。基于这一原则，这里的农产品是指初级农产品，油限于食用油，煤炭制品限于居民用煤炭制品，盐限于食用盐，不包括工业用盐。图书、报纸、杂志、音像制品、电子出版物满足人的精神需求；交通运输满足人的出行需求；邮政和基础电信满足人的通信需求；转让土地使用权、建筑、销售不动产、不动产租赁满足人的居住需求。

3. 6%税率

6%的税率适用于纳税人销售服务、无形资产、金融商品，另有规定的除外。

4. 零税率

零税率主要适用于出口税率，包括出口货物和出口服务。

零税率和免税是不一样的。对于销售者来说，在计算增值税应纳税额时采用销项税额抵扣进项税额的一般计税方法。如果税率为零的话，销项税额为零，进项税额仍然可以抵扣，零减除进项税额，得到的增值税应纳税额为负数，这意味着销售者不但不用向税务机关交税，税务机关还要向销售者"交税"，本质上是税务机关向销售者退还购入商品时支付的进项税额。税务机关向销售者退还进项税额即为"退税"，出口退税即为出口货物、服务、无形资产等项目适用零税率，退还进项税额。

如果是免税的话，销售者不交税，既然不交税，就不存在用销项税额抵扣进项税额的问题，所以销售者购入原料时承担的进项税额税务机关是不退的，只能自己承担。销售者在销售时将进项税额向购买者收取，购买者实际承担了进项税。但购买者只是承担了进项税，也就是以前环节价值的增值税，而没有承担免税环节的增值税，这减轻了购买者的负担。由于增值税是价外税，免税与否对销售者来说是没有影响的，受影响的只是最后承担增值税的负税人。

（二）兼营和混合销售时税率的选择适用

兼营和混合销售时产生多种税率的选择适用问题。

兼营是指纳税人的经营中包括销售货物、劳务以及销售服务、无形资产和不动产的行为，如餐饮公司提供餐饮服务的同时对外销售酒水。一项销售行为既涉及货物又涉及服务，为混合销售。如某空调企业制造销售空调的同时负责安装空调，销售空调的税率为13%，而安装空调服务适用的税率为6%。

纳税人兼营的，应当分别核算适用不同税率或者征收率的销售额，未分别核算销售额的，从高适用税率。

纳税人混合销售的，从主适用税率或者征收率。如空调企业制造销售空调并同时负责安装的，由于空调企业以制造空调为主，所以按照销售货物，以13%的税率计征增值税。

二、增值税征收率

增值税征收率适用于简易计税方法。简易计税方法主要适用于小规模纳税人，对有些应税交易，由于难以取得进项税额凭证，所以一般纳税人也采用简易计税方法。

增值税征收率为3%。另外，财政部和国家税务总局另外规定有5%、减按2%、2%三种其他征收率。具体如下：

1. 5%征收率

5%征收率主要适用于非建筑企业销售不动产，建筑企业销售自己建筑的不动产不适用，具体包括：

1）一般纳税人转让其2016年4月30日营改增前取得的不动产，选择适用简易计税方法计税的。

营改增前取得的不动产没有抵扣进项，所以可以选择适用简易计税方法计税。

2）小规模纳税人转让其取得的不动产（个人转让其购买的住房除外）。

小规模纳税人通常适用3%的征收率，小规模纳税人转让不动产适用5%的征收率。

3）个人转让其购买的住房，按照有关规定需要缴纳增值税的。

个人转让其购买2年以上（含2年）的住房免征增值税（但对于北京市、上海市、广州市和深圳市的非普通住房，仍需以销售收入减去购买住房价款后的差额按照5%的征收率缴纳增值税），转让购买2年以内的住房需要征收增值税。

2. 3%征收率

1）一般纳税人销售下列自产的货物可以选择简易计税方法。这些货物有：

①县级及县级以下小型水力发电单位生产的电力。

②建筑用和生产建筑材料所用的砂、土、石料。

③以自己采掘的砂、土、石料或其他矿物连续生产的砖、瓦、石灰（不含黏土实心砖、瓦）。
④用微生物、微生物代谢产物、动物毒素、人或动物的血液或组织制成的生物制品。
⑤自来水。
⑥商品混凝土（仅限于以水泥为原料生产的水泥混凝土）。

2）寄售商店一般纳税人寄售物品。

由于寄售物品难以取得进项凭证，寄售商店寄售物品暂按简易办法依照3%税率征收增值税。

3）典当业一般纳税人销售死当物品。

死当商品往往没有进项凭证，典当业销售死当物品暂按简易办法依照3%税率征收增值税。

4）建筑企业一般纳税人提供建筑服务属于老项目，选择简易办法的。

建筑服务老项目是指2016年4月30日营改增之前开工的建筑工程项目。营改增之前的建筑工程老项目工程造价只包含3.48%的营业税，如果按照营改增后的较高的税率征收增值税，会造成工程造价计取税金与实际缴纳税金不一致，因此建筑企业一般纳税人可以选择简易办法依照3%税率征收增值税。

3.减按2%征收率

1）一般纳税人销售自己使用过的固定资产，如果原来没有抵扣进项税额的。已经抵扣的，就不能采用简易计税法，应当按照适用税率征收增值税。

2）小规模纳税人销售自己使用过的固定资产。

3）纳税人销售旧货。旧货是指进入二次流通的具有部分使用价值的货物，但不包括自己使用过的物品。销售旧货，通俗地说就是收购二手物品并进行销售来营利的经营行为。

思政园地

【税收的样子】

任务工单

编号	2-5-1	知识点	增值税税率		日期	
姓名		学号		班级	评分	

13%	
9%	
6%	
零税率	

增值税征收率		
	小规模纳税人	一般纳税人
5%		
3%		
减按2%		

编号	2-5-2	知识点	增值税税率和征收率	日期	
姓名		学号		班级		评分	

1. 填写任务工单2-3-1中的税率。
2. 思考：货物租赁为什么适用13%而不是9%的税率？

3. 王小宝将自己一年前购买的一套底商以100万元的价格出售。问：该笔交易适用的增值税税率是多少？

4. 不征税、免税、零税率，三者有什么区别？

5. 思考：为什么出口适用零税率？为什么进口征收增值税而出口却要退增值税？

6. 小规模纳税人"销售旧货"和"销售自己使用过的物品"适用不同的征收率，"旧货"（减按2%）和"物品"（3%）有什么区别？

7. 什么是劳务派遣？

8. 根据增值税法律制度的规定，一般纳税人销售的下列货物中，适用9%增值税税率的是（　　）。
A.洗衣液　　　　　B.文具盒　　　　　C.杂粮　　　　　D.蔬菜罐头
9. 根据增值税法律制度的规定，一般纳税人销售的下列货物中，适用9%增值税税率的有（　　）。
A.图书　　　　　B.粮食　　　　　C.电子出版物　　D.暖气
10. 根据增值税法律制度的规定，下列各项中，符合条件的一般纳税人，可以选择简易计税方式的有（　　）。
A.装卸搬运服务　　B.公共交通运输服务　　C.文化体育服务　D.电影放映服务
11. 根据增值税法律制度的规定，一般纳税人销售的下列货物中，可以选择简易计税方法计缴增值税的有（　　）。
A.食品厂销售的食用植物油　　　　B.县级以下小型水力发电单位生产的电力
C.自来水公司销售自产的自来水　　D.煤气公司销售的煤气
12. 根据增值税法律制度的规定，一般纳税人销售自产的特殊货物，可选择按照简易办法计税，选择简易办法计算缴纳增值税后一定期限内不得变更，该期限是（　　）个月。
13. （判断题）小规模纳税人，转让其取得的不动产，按照3%的征收率征收增值税。（　　）

编号	2-5-3	知识点		混合销售和兼营		日期	
姓名		学号		班级		评分	

1. 如何区分混合销售和兼营？

2. 以下销售为混合销售还是兼营？请说明原因。

（1）A公司从事货物的生产及批发零售业务，同时也提供产品的运输服务。其在销售货物时，与客户分别签订销售合同与运输合同，2020年1月取得货物销售收入80万元，运输收入6万元。

答：

（2）B公司从事货物的生产及批发零售业务，同时该公司车队也对外向其他公司提供运输服务。2020年1月公司取得货物销售收入80万元，对外运输服务收入100万元。

答：

（3）C公司从事（空调、电话、电视等）普通货物的生产及批发零售业务，同时也提供产品的安装服务。其在销售货物时，与客户分别签订销售合同与安装合同，2020年1月取得货物销售收入80万元，安装收入6万元。

答：

（4）D公司从事机器设备、活动板房、钢结构件等特殊货物（只需要记住这三类）的生产及批发零售业务，同时也提供产品的安装服务。其在销售货物时，与客户分别签订销售合同与安装合同，2020年1月取得货物销售收入80万元，安装收入6万元。

答：

（5）E酒店在客房内摆放有单独收费的食品（如方便面、火腿肠、饮料等），客人消费后，在房费中统一结算。2020年1月取得房费收入50万元，收费食品收入10万元。

答：

（6）F电脑公司销售电脑的同时对外提供软件开发服务。2020年1月取得电脑销售收入100万元，软件开发收入80万元。
答：

（7）G美容美发店在为客人提供美容美发服务的同时销售美容美发用品。2020年1月取得美容美发销售收入60万元，美容美发用品销售收入1万元。
答：

3. 根据增值税法律制度的规定，下列行为中，应当一并按销售货物征收增值税的有（ ）。
A.贸易公司销售电梯同时负责安装　　　　　B.百货商店销售商品同时负责运输
C.建材商店销售建材，并从事装修、装饰业务　D.餐饮公司提供餐饮服务的同时销售酒水

4. 根据增值税法律制度的规定，下列关于混合销售与兼营的说法中，错误的是（ ）。
A.混合销售是指一项销售行为既涉及货物又涉及服务
B.兼营是指纳税人的经营中包括销售货物、加工修理修配以及销售服务、无形资产或不动产
C.混合销售行为发生在一项销售行为中，兼营不发生在同一项销售行为中
D.兼营发生在一项销售行为中，混合销售行为不发生在同一项销售行为中

任务六　增值税应纳税额的计算

项目情境

1.某纺纱厂为增值税一般纳税人，2020年1月，该厂取得含税销售收入1 130万元，各项支出取得的增值税专用发票注明的税额合计为100万元，已知增值税税率为13%，计算该纺纱厂2020年1月增值税应纳税额。

2.某餐馆为小规模纳税人，2020年1月，该餐馆提供餐饮服务取得含税销售收入61.8万元，各项支出取得的增值税专用发票注明的税额合计为0.8万元，计算该餐馆2020年1月增值税应纳税额。

任务概要和任务目标

本任务学习增值税应纳税额的计算，包括一般计税方法应纳税额的计算、简易计税方法应纳税额的计算、扣缴义务人应纳税额的计算和进口货物应纳税额的计算四部分。

增值税一般计税方法应纳税额的计算是本部分的重点和难点。增值税一般计税方法应纳税额的计算包括进项税额的确定和销项税额的计算两个方面。要求能够准确地核定进项税额，能够正确地确定销售额，从而能够正确地核算销项税额。

对简易计税方法应纳税额的计算、扣缴义务人应纳税额的计算和进口货物应纳税额的计算，要求掌握其计算方法，能够进行税额的正确计算。

任务相关知识

一、一般计税方法应纳税额的计算

（一）一般计税方法应纳税额的计算公式

一般计税方法的应纳税额是指当期销项税额抵扣当期进项税额后的余额。应纳税额计算公式为：

$$应纳税额=当期销项税额-当期进项税额$$

当期进项税额大于当期销项税额的，差额部分可以结转下期继续抵扣，或者予以退还，具体办法由国务院财政、税务主管部门制定。

（二）销项税额

1.销项税额的概念和计算公式

销项税额，是指纳税人发生应税交易，按照销售额乘以税率计算的增值税额。

销项税额用公式表示为：

$$销项税额=销售额\times 税率$$

2.销售额的确定

销售额是指纳税人发生应税交易向对方收取的全部价款和价外费用。

价外费用是指价外收取的各种性质的收费，包括价外向购买方收取的手续费、补贴、基金、集资费、返还利润、奖励费、违约金、滞纳金、延期付款利息、赔偿金、代收款项、代垫款项、包装费、包装物租金、储备费、优质费、运输装卸费以及其他各种性质的价外收费。上述价外费用无论其会计制度如何核算，均应并入销售额计算销项税额。

代为收取或代为支付的代收代付费用不属于价外费用，如收取的增值税、代收代缴的消费税、代为收取并符合规定的政府性基金或者行政事业性收费、以委托方名义开具发票代委托方收取的车辆购置税、车辆牌照费等。

对于销售额的确定，相关法律做了如下规定：

1）增值税实行价外税，销售额不包括按照一般计税方法计算的销项税额和按照简易计税方法计算的应纳税额。如果含有销项数额或者应纳税额的，应当予以扣除。其计算公式为：

$$不含税销售额=含税销售额\div(1+增值税税率)。$$

2）视同发生应税交易以及销售额为非货币形式的，按照市场公允价格确定销售额。

3）纳税人销售额明显偏低或者偏高且不具有合理商业目的的，税务机关有权按照下列先后顺序确定销售额：

①按照纳税人最近时期销售同类服务、无形资产或者不动产的平均价格确定。

②按照其他纳税人最近时期销售同类服务、无形资产或者不动产的平均价格确定。

③按照组成计税价格确定。组成计税价格的公式为：

$$组成计税价格=成本\times(1+成本利润率^{①})$$

4）销售额以人民币计算。纳税人以人民币以外的货币结算销售额的，应当折合成人民币计算。折合率可以选择销售额发生的当天或者当月1日的人民币汇率中间价。纳税人应当在事先确定采用何种折合率，确定后规定时期内不得变更。

5）兼营销售额的确定。

纳税人兼营的，应当分别核算适用不同税率或者征收率的销售额，未分别核算销售额的，从高适用税率。

6）混合销售销售额的确定。

纳税人混合销售的，从主适用税率或者征收率。如空调企业制造销售空调并同时负责安装的，由于空调企业以制造空调为主，所以按照销售货物，以13%的税率计征增值税。

7）折扣销售销售额的确定。

折扣销售的，如果销售额和折扣额在同一张发票上分别注明，可按扣除折扣后的金额作为销售额计算销项税额；如果折扣额另开发票，不论会计上如何处理，都不得从销售额中扣除折扣额。折扣销售，即商业折扣，是指企业为促进商品销售而在商品标价上给予的价格扣除。因折扣是在实现销售时同时发生的，如果销售额和折扣额在同一张发票上分别注明，可按扣除折扣后的金额作为销售额计算销项税额；如果折扣额另开发票，不论会计上如何处理，都不得从销售额中扣除折扣额。

8）现金折扣销售销售额的确定。

销售商品涉及现金折扣的，应当按照扣除现金折扣前的金额确定销售商品收入金额（即按全额计算销项税额）。销售折扣，也就是通常所说的"现金折扣"，销售折扣是先销售后折扣，是指债权人为鼓励债务人在规定的期限内付款而向债务人提供的债务扣除。

9）以旧换新方式销售额的确定。

采取以旧换新方式销售货物，按照新货物同期销售价格确定销售额，不得扣减旧货物的收购价格。税法这样规定，是因为销售业务与收购业务是两种不同的业务活动，销售额与收购额不能相互抵减，同时也是为了防止销售额不实而减少纳税的现象。

但对于金银首饰以旧换新的，可以按销售方实际收取的不含税价款计算增值税。

10）还本销售方式销售额的确定。

还本销售方式销售，以原价作销售额，不得扣除还本支出。还本销售是企业销售货物后，在一定期限内将全部或部分销货款一次或分次无条件退还给购货方的一种销售方式。

11）以物易物方式销售额的确定。

以物易物方式销售，以物易物双方都应作购销处理，以各自发出的货物核算销售额并计算销项税额，以各自收到的货物按规定核算购货额并计算进项税额。

---

① 成本利润率由国家税务总局确定。

12）直销方式销售额的确定。

直销方式销售，直销企业先将货物销售给直销员，直销员再将货物销售给消费者的，直销企业的销售额为其向直销员收取的全部价款和价外费用。直销员将货物销售给消费者时，应按照现行规定缴纳增值税。

直销企业通过直销员向消费者销售货物，直接向消费者收取货款，直销企业的销售额为其向消费者收取的全部价款和价外费用。

13）包装物押金是否作为销售额的确定。

包装物押金，如单独记账核算，时间在1年以内，又未逾期的，不并入销售额征税；因逾期未收回包装物不再退还的押金，应并入销售额征税。

对酒类产品包装物押金：销售除啤酒、黄酒外的其他酒类产品，无论是否返还以及会计上如何核算，均应并入当期销售额征税。啤酒、黄酒押金按是否逾期处理。

14）贷款服务销售额的确定。

贷款服务，以提供贷款服务取得的全部利息及利息性质的收入为销售额。

15）直接收费金融服务销售额的确定。

直接收费金融服务，以提供直接收费金融服务收取的手续费、佣金、酬金、管理费、服务费、经手费、开户费、过户费、结算费、转托管费等各类费用为销售额。

16）金融商品转让销售额的确定。

金融商品转让，按照卖出价扣除买入价后的余额为销售额。

17）经纪代理服务销售额的确定。

经纪代理服务，以取得的全部价款和价外费用，扣除向委托方收取并代为支付的政府性基金或者行政事业性收费后的余额为销售额。

18）航空运输企业销售额的确定。

航空运输企业的销售额，不包括代收的机场建设费和代售其他航空运输企业客票而代收转付的价款。

19）客运场站服务销售额的确定。

客运场站服务，以其取得的全部价款和价外费用，扣除支付给承运方运费后的余额为销售额。

20）旅游服务销售额的确定。

旅游服务，可以选择以取得的全部价款和价外费用，扣除向旅游服务购买方收取并支付给其他单位或者个人的住宿费、餐饮费、交通费、签证费、门票费和支付给其他接团旅游企业的旅游费用后的余额为销售额。

21）建筑服务适用简易计税方法销售额的确定。

建筑服务适用简易计税方法的，以取得的全部价款和价外费用扣除支付的分包款后的余额为销售额。

22）房地产开发企业中的一般纳税人销售其开发的房地产项目采用一般计税方法计税时销售额的确定。

房地产开发企业中的一般纳税人销售其开发的房地产项目（选择简易计税方法的房地产老项目除外），以取得的全部价款和价外费用，扣除受让土地时向政府部门支付的土地价款后的余额为销售额。房地产老项目，是指《建筑工程施工许可证》注明的合同开工日期在2016年4月30日前的房地产项目。

3. 销项税额的调整

纳税人适用一般计税方法计税的，因销售折让、中止或者退回而退还给购买方的增值税额，应当从当期的销项税额中扣减；因销售折让、中止或者退回而收回的增值税额，应当从当期的进项税额中扣减。

销售折让是指企业因售出商品质量不符合要求等原因而在售价上给予的减让。企业将商品销售给买方后，如买方发现商品在质量、规格等方面不符合要求，可能要求卖方在价格上给予一定的减让。

（三）进项税额

1. 进项税额的概念

进项税额，是指纳税人购进的与应税交易相关的货物、服务、无形资产、不动产和金融商品支付或者负担的增值税额。

2. 可以扣除进项税额的凭证

进项税额应当凭合法有效凭证抵扣。可以扣除进项税额的扣税凭证有增值税专用发票、

【可以扣除进项税额的凭证】

税控机动车销售统一发票、海关进口增值税专用缴款书，以及农产品收购发票或者农产品销售发票。

3.购进农产品进项税额的确定

农产品是指规定范围内的初级农业产品。企业购进农产品，属于以下几种情况进项税额可抵扣：

1）取得一般纳税人开具的增值税专用发票或海关进口增值税专用缴款书的，以票面增值税额为进项税额。

2）取得小规模纳税人开具的增值税专用发票的，以增值税专用发票上注明的不含税金额乘以9%为进项税额；如果购进的农产品用于生产13%税率的货物，以取得发票上注明的金额乘以10%为进项税额。

3）取得自产农产品销售发票或收购发票的，以农产品销售发票或收购发票上注明的金额乘以9%为进项税额；如果购进的农产品用于生产13%税率的货物，以取得发票上注明的金额乘以10%为进项税额。

【农产品，到底该怎么抵扣进项税？】

4.购进国内旅客运输服务，进项税额的确定

纳税人购进国内旅客运输服务，其进项税额允许从销项税额中抵扣。纳税人未取得增值税专用发票的，暂按照以下规定确定进项税额：

1）取得增值税电子普通发票的，为发票上注明的税额；

2）取得注明旅客身份信息的航空运输电子客票行程单的（如图2-2所示），按照下列公式计算进项税额：

$$航空旅客运输进项税额=（票价+燃油附加费）÷（1+9\%）×9\%$$

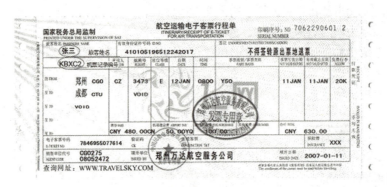

图2-2 航空运输电子客票行程单

3）取得注明旅客身份信息的铁路车票的，按照下列公式计算进项税额：

$$铁路旅客运输进项税额=票面金额÷（1+9\%）×9\%$$

4）取得注明旅客身份信息的公路、水路等其他客票的，按照下列公式计算进项税额：

$$公路、水路等其他旅客运输进项税额=票面金额÷（1+3\%）×3\%$$

【取得机票、火车票和汽车票咋抵扣？】　【最强国内交通客票抵扣攻略】　【发票抵扣增值税两大误区】

5.不得扣除的进项税额

下列项目的进项税额不得从销项税额中抵扣：

1）用于简易计税方法计税的购进项目。

进项税额适用于一般计税方法，简易计税方法不存在抵扣进项税额的问题。

2）用于免征增值税的购进项目。

免税商品免于征收增值税，自然不涉及抵扣进项税额的问题。

3）用于集体福利或者个人消费的购进项目。

购入用于集体福利或个人消费属于消费行为，而不是经营行为，不属于增值税的征收范围，从而不涉

及进项税额的抵扣问题。

4）非正常损失的购进货物，以及相关的加工修理修配劳务和交通运输服务。

非正常损失，是指因管理不善造成货物被盗、丢失、霉烂变质，以及因违反法律法规造成货物或者不动产被依法没收、销毁、拆除的情形。

正常的损失是生产增值过程中必不可少的一个环节，损失转化到新产品中，进项税额可以抵扣。非正常的损失，是由于纳税人的原因造成的，而不是生产过程中所必需的，这部分损耗没有转化到新产品当中，没有产生增值，不应当缴纳增值税，没有销项，所以也不能抵扣进项。另外，对此还可以解释为这部分商品在本环节消费，此时纳税人变成负税人，相应的进项税就不能抵扣了。

5）非正常损失的在产品、产成品所耗用的购进货物（不包括固定资产）、加工修理修配劳务和交通运输服务。

6）非正常损失的不动产，以及该不动产所耗用的购进货物、设计服务和建筑服务。

7）非正常损失的不动产在建工程所耗用的购进货物、设计服务和建筑服务。

纳税人新建、改建、扩建、修缮、装饰不动产，均属于不动产在建工程。

8）购进的贷款服务及相关投融资顾问费、手续费、咨询费等相关费用。

在我国，由于通货膨胀率高于存款利率，实际存款利率为负，所以我国当前对存款利息不征收增值税。在此背景下，我国规定对购入的贷款服务及相关费用不得抵扣进项税额，此举有助于增加税收。

9）购进的餐饮服务、居民日常服务和娱乐服务[①]。

一般情况下，旅客运输服务、餐饮服务、居民日常服务、娱乐服务主要接受对象是个人，属于最终消费。对于一般纳税人购买的上述四项服务难以准确界定接受劳务的对象是企业还是个人，因此，一般纳税人购入上述服务的进项税额不得从销项税额中抵扣。

10）财政部和国家税务总局规定的其他情形。

6. 关于无法划分不得抵扣的进项税额的情况

适用一般计税方法的纳税人，兼营简易计税方法计税项目、免征增值税项目而无法划分不得抵扣的进项税额，按照下列公式计算不得抵扣的进项税额：

不得抵扣的进项税额=当期无法划分的全部进项税额×（当期简易计税方法计税项目销售额+免征增值税项目销售额）÷当期全部销售额

7. 不应当抵扣而已经抵扣的进项税额的处理

应税交易出现不正常损失等不应当抵扣进项税额情形的，如果其进项税额已经被抵扣，已经抵扣的进项税额应当从当期进项税额中扣减。

购进货物无法确定其进项税额的，按照当期实际成本计算应扣减的进项税额。固定资产、无形资产或者不动产无法确定其进项税额的，按照下列公式计算不得抵扣的进项税额：

不得抵扣的进项税额=固定资产、无形资产或者不动产净值×适用税率

固定资产、无形资产或者不动产净值，是指纳税人根据财务会计制度计提折旧或摊销后的余额。

二、简易计税方法应纳税额的计算

1. 简易计税方法的概念和公式

简易计税方法的应纳税额，是指按照销售额和增值税征收率计算的增值税额，不得抵扣进项税额。应纳税额计算公式为：

应纳税额=销售额×征收率

一般计税方法的销售额不包括销项税额，纳税人采用销售额和销项税额合并定价方法的，按照下列公式计算销售额：

销售额=含税销售额÷（1+税率）

[①] 娱乐服务，是指为娱乐活动同时提供场所和服务的业务。具体包括：歌厅、舞厅、夜总会、酒吧、台球、高尔夫球、保龄球、游艺（包括射击、狩猎、跑马、游戏机、蹦极、卡丁车、热气球、动力伞、射箭、飞镖）。

2.简易计税方法的销售额

（1）销售额的组成

简易计税方法的销售额不包括其应纳税额，纳税人采用销售额和应纳税额合并定价方法的，按照下列公式计算销售额：

$$销售额=含税销售额÷（1+征收率）$$

（2）销售额的调整

因销售折让、中止或者退回而退还给购买方的销售额，应当从当期销售额中扣减。扣减当期销售额后仍有余额造成多缴的税款，可以从以后的应纳税额中扣减。

三、扣缴义务人扣缴税额的计算

境外单位或者个人在境内发生应税行为，在境内未设有经营机构的，扣缴义务人按照下列公式计算应扣缴税额：

$$应扣缴税额=购买方支付的价款÷（1+税率）×税率$$

四、进口货物应纳税额的计算

纳税人进口货物，按照组成计税价格和税法规定的税率计算应纳税额。组成计税价格和应纳税额计算公式：

$$组成计税价格=关税计税价格+关税+消费税$$
$$应纳税额=组成计税价格×税率$$

纳税人按照国务院规定可以选择简易计税方法的，计税方法一经选择，36个月内不得变更。

思政园地

【税款的旅行】

任务工单

| 编号 | 2-6-1 | 知识点 | 增值税应纳税额的计算 | 日期 | | 姓名 | | 学号 | | 班级 | | 评分 | |

一、一般计税方法增值税应纳税额的计算（应纳税额＝销项税额－进项税额）

（一）销项税额

1. 计算公式：销项税额＝销售额 × 适用税率

【例题】甜蜜果品加工厂为增值税一般纳税人，该厂生产销售高档果脯礼盒，同时提供货物运输服务。2020年1月经济行为如下所述。计算甜蜜果品加工厂2020年1月增值税应纳税额。（货物13%税率，服务6%税率）

+销项／-进项税额

（1）销售额及（2）含税销售额的换算

1. 向A公司销售礼盒1万箱，售价每箱100元（不含增值税价）；另收取优质费6 000元，包装物租金5 000元，礼盒运输托盘押金4 000元（A公司一周内返还托盘，返还托盘时果品加工厂"退还托盘押金"），代收货物运输运输保险费500元。

（3）视同销售货物的销售额

按顺序确定销售额：

2. 向全厂200名员工每人发放礼盒一箱，该礼盒生产成本70元，市场售价100元。

3. 将50箱售价为100元的礼盒以80元/盒的价格促销给某商场，该商场某商家同类产品平均售价为90元。

4. 甜蜜果品加工厂经过科研攻关，研制成功某款新型果脯，该款新型果脯赠送给某大型连锁超市，首批100千克作为试吃品无偿赠送给某大型连锁超市。该新型果脯的成本为40元/千克，利润率为10%。

（4）混合销售

5. 向B公司销售1万箱，取得货款100万元，同时向该公司收取运输服务费2万元。

（5）兼营

6. 向C公司销售5千箱，取得货款50万元。另外收取运输费1万元。运输费1万元。运费1万元对应的其他货物运输服务3万元。

（6）特殊销售

折扣方式销售 — 商业折扣

7. 向D公司销售礼盒2万箱，每箱100元。由于D公司订购量大，给予D公司10%货款折扣。

折扣方式销售 — 现金折扣

8. 向E公司销售礼盒1万箱，每箱100元。合同约定如果E公司收到货物一周内付款则给予E公司5%货款折扣，E公司收到货物第五天支付95万元，结清货款。

折扣方式销售 — 销售折让

9. 向F公司销售礼盒2万箱，每箱100元。后发现果脯存在质量瑕疵，果品加工厂向F公司返还10万元。

以旧换新方式销售

10. 采取以旧换新方式向G商场销售500箱。收回的陈旧果脯作价10元/箱。

还本销售方式销售

11. 向H公司销售礼盒5万箱，每箱200元（含增值税）。合同约定H公司加工厂1年后向H公司返还全部货款。

以物易物方式销售

12. 用1万箱礼盒向某包装厂置换10万套果脯包装箱。包装厂另外向果脯加工厂支付1万元作为置换差价。

（7）包装物押金的处理

13. 向A公司收取的4 000元托盘押金到期，包装厂逾期没有退回托盘。

续表

			项目	内容
（二）进项税额	1.准予计算抵扣的进项税额	（1）发票注明的进项税额		14.从某化工厂购进食品添加剂一批，取得增值税专用发票，注明的金额为1 000元。
				15.从某文教用品商店购买办公用品，取得增值税普通发票，注明的金额为6 000元。
				16.向M农场（一般纳税人）购买香蕉，取得增值税专用发票注明的金额为8万元。
			①从一般纳税人购进或进口取得增值税专用发票或海关缴款书的	17.从国外进口芒果10吨，取得海关缴款书注明的金额为20万元。
		（2）购进农产品	②取得小规模纳税人开具的增值税专用发票的	18.向N农场（小规模纳税人）收购橘子，增值税专用发票金额6万元，其中一半用于加工生产果脯后销售。
			③从农民购买自产农产品取得销售发票或自开/代开收购发票的	19.向某农民购进自产苹果，果品加工厂自开购货发票金额6万元，其中一半进行简单清洗后销售，另外一半加工生产果脯后销售。
		（3）购进国内旅客运输服务未取得增值税专用发票的	取得增值税电子普通发票的	20.发生差旅费用：租车增值税电子普通发票，注明的税额为2万元，高速路通行费电子普通发票，税额500元；航空行程单飞机票价6万元，机场建设基金1万元，燃油附加费3万元，其中500元为手写车票，公交车小票200元。
			取得注明身份的航空行程单的	
			取得注明身份的铁路客票的	
			取得注明身份的公路、水路客票的	
	2.不得抵扣的进项税额			21.向M农场（一般纳税人）购买的香蕉由于保管不善，造成10%腐烂损失。
				22.从国外进口的芒果由于发生百年不遇的台风倒仓导致车损失，造成1吨芒果损失。
				23.将1吨芒果作为福利发给员工。
				24.宴请客户，取得增值税普通发票，金额为1万元。
				25.支付银行贷款利息10万元，增值税专用发票注明的手续费的金额为1万元，咨询费为2万元。
	3.无法划分的项目			26.果品厂购买3吨白糖，增值税专用发票注明用于加工生产的应税商品，另一部分用于加工生产的免税产品，具体数量无法在两者之间准确划分。果品加工厂应税产品和免税产品的比例为9∶1。

二、简易计税方法应纳税额的计算　　销项税额：

三、进口货物应纳税额的计算　　进项税额：

编号	2-6-2	知识点	一般计税方法和简易计税方法的比较		日期	
姓名		学号		班级	评分	
项目	一般计税方法		简易计税方法			
概念						
计算公式						
计算	某纺纱厂为增值税一般纳税人，2020年1月取得含税销售收入1 130万元，各项支出取得的增值税专用发票注明的税额合计为100万元，已知增值税税率为13%，计算该纺纱厂2020年1月增值税应纳税额。 解：		某餐馆为小规模纳税人，2020年1月，该餐馆提供餐饮服务取得含税销售收入61.8万元，各项支出取得的增值税专用发票注明的税额合计为0.8万元，计算该餐馆2020年1月增值税应纳税额。 解：			
适用范围						

编号	2-6-3	知识点	增值税应纳税额的计算（综合训练1）	日期	
姓名		学号		班级		评分	

1. 在采用一般计税方法计算增值税税额时，哪些款项不能计入销售额？

2. 在以旧换新销售方式下，如何确定销售额？

3. 可以抵扣进项税额的凭证有哪些？是否存在增值税普通发票也可以抵扣进项税额的情况？

4. 收购农产品时如何确定进项税额？

5. 一般纳税人从小规模纳税人购进农产品，取得增值税专用发票。一般纳税人在确定进项税额时，为什么不直接适用增值税专用发票注明的税额，而是需要按照发票金额和9%或10%的适用税率计算进项税额？

6. 一般纳税人从小规模纳税人购进农产品并取得增值税专用发票。一般纳税人在计算进项税额时，如何选择适用税率？

续表

7.购进旅客运输服务如何确定进项税额?

8.用于简易计税方法计税的购进项目为什么不能抵扣进项税额?

9.用于免征增值税的购进项目为什么不能抵扣进项税额?

10.用于集体福利或者个人消费的购进项目为什么不能抵扣进项税额?

11.非正常损失的购进货物为什么不能抵扣进项税额?

12.购进的餐饮服务、居民日常服务和娱乐服务为什么不能抵扣进项税额?

13.在增值税计算中,如果同时存在可以抵扣和不得抵扣的进项税额,如何确定两者的数额?

14.在增值税计算中,如果抵扣了不应当抵扣的进项税额,该如何处理?

编号	2-6-4	知识点	增值税应纳税额的计算（分项训练）	日期	
姓名		学号		班级	评分

知识点	练习
1.销售额	1.根据增值税法律制度的规定，下列各项中，应计入增值税应税销售额的有（　　）。 A.向购买方收取的违约金 B.销售货物的同时代办保险而向购买方收取的保险费 C.因销售货物向购买方收取的手续费 D.受托加工应征消费税的消费品所代收代缴的消费税 2.根据增值税法律制度的规定，纳税人销售货物向购买方收取的下列款项中，属于价外费用的有（　　）。 A.延期付款利息　　B.赔偿金　　C.手续费　　D.包装物租金 3.某商业银行2019年第四季度取得含增值税贷款利息收入6 360万元，支付存款利息1 590万元；销售一批债券，卖出价805.6万元，该批债券买入价795万元。问：该银行提供贷款服务的销售额是多少？该银行销售债券的销售额是多少？
2.含税销售额的换算	4.某棉纺厂（增值税一般纳税人）2020年1月销售纱线一批，取得纱线含税销售额11.3万元，另外收取纱线运输托盘租金1.13万元，纱线包装纸箱押金2.26万元，该批货物的增值税应税销售额是多少？ 解： 5.甲公司为增值税一般纳税人，2017年5月取得咨询服务不含税收入318万元，另收取奖励费5.3万元。已知咨询服务增值税税率为6%，计算甲公司业务增值税销项税额。 解：
3.视同销售货物的销售额	6.某棉纺厂（增值税一般纳税人）2020年1月将一批采用新材料研制开发的新型纱线作为试用品无偿赠送给客户。已知该批纱线的生产成本为5万元，市场无同类产品销售，纱线的成本利润率为10%，计算该批货物的增值税应税销售额。 解： 7.甲服装厂（增值税一般纳税人）2019年1月将自产的100件新型羽绒服作为福利发给本厂职工，该新型羽绒服生产成本为1 160元/件，无同类销售价格。已知增值税税率为13%，成本利润为10%，计算甲服装厂当月该笔业务增值税销售额。 解：

3.视同销售货物的销售额	8.甲公司（增值税一般纳税人）本月将两台自产的A型洗衣机奖励给职工，已知A型洗衣机的生产成本为1 500元/台，成本利润率为10%，市场最高不含税售价为2 500元/台，平均不含税售价为2 200元/台，计算甲公司当月该笔业务增值税销售额。 解：	
4.商业折扣销售	9.甲公司（增值税一般纳税人）2020年1月采取折扣方式销售一批货物，该批货物不含税销售额10万元，折扣额1万元，销售额和折扣额在同一张发票的金额栏分别注明。已知增值税税率为13%，甲公司当月该笔业务增值税销项税额为多少？ 解： 10.甲公司（增值税一般纳税人）2018年10月采取折扣方式销售一批货物，该批货物不含税销售额166 000元，因购买数量大，给予购买方10%的价格优惠，销售额和折扣额在同一张发票上分别注明。已知增值税税率为13%，求甲公司当月该笔业务增值税销项税额。 解：	
5.现金折扣	11.某纺纱厂（增值税一般纳税人）2020年1月销售纱线一批，销售价款为100万元，销售合同约定客户在合同签订后一周内付款纱厂将给予10%的折扣，后客户在合同签订后第五天支付货款90万元，结清货款，问该批货物的增值税应税销售额为多少？ 解：	
6.销售折让	12.某纺纱厂（增值税一般纳税人）2020年1月销售纱线一批，取得销售价款100万元。后因发现纱线存在质量问题，纱厂退还客户价款20万元，纱厂按照规定开具红字增值税专用发票。问纱厂此批货物的增值税应税销售额是多少？ 解：	
7.以旧换新方式销售	13.某家电超市（增值税一般纳税人）为了扩大销售收入，决定采用以旧换新方式销售彩电，新彩电售价2 000元一台，收购的旧彩电按照100元/台进行折抵。2020年1月销售新家电100台，同时收购旧家电100台，问该超市当月的增值税应税销售额是多少？ 解： 14.甲公司（增值税一般纳税人）2018年6月销售新型冰箱50台，每台含税价格5 800元，采取以旧换新方式销售同型号冰箱20台，收回的旧冰箱每台作价232元，实际每台收取款项5 568元。计算甲公司当月增值税销售额。 解：	

续表

7.以旧换新方式销售	15.甲首饰店（增值税一般纳税人）2018年11月采取以旧换新方式销售一批金项链，该批金项链含增值税售价为139 200元，换回的旧项链作价127 600元，甲首饰店实际收取差价款11 600元。已知增值税税率为13%，计算甲首饰店当月该笔业务增值税的销项税额。 解：
8.还本销售方式销售	16.某纺纱厂（增值税一般纳税人）2020年1月采用还本销售方式销售一批纱线，取得销售价款100万元，合同约定后期将其中10万元返还客户，问该批货物增值税应税销售额是多少？ 解：
9.以物易物方式销售	17.某纺纱厂（增值税一般纳税人）2020年1月以价款为100万元的纱线和某贸易公司交换棉花一批，贸易公司另行支付纺纱厂差价20万元，求纺纱厂该批货物的增值税应税销售额。 解：
10.从农民购买取得自产农产品	18.某大型水果超市（增值税一般纳税人）某日从农民手中收购一批苹果，农产品收购发票上注明的收购价款为8 000元，该超市对苹果做了清洗包装后，出售给了甲企业，开具增值税专用发票上注明的金额为12 000元。已知该超市销售农产品适用的税率为9%，计算该超市应缴纳的增值税税额。 解：
11.销项税额	19.甲公司（增值税一般纳税人）2017年5月取得咨询服务不含税收入318万元，另收取奖励费5.3万元。已知咨询服务增值税税率为6%，计算甲公司5月业务增值税销项税额。 解： 20.甲公司（增值税一般纳税人）2019年10月将两台自产的A型洗衣机奖励给职工，已知A型洗衣机的生产成本为1 500元/台，成本利润率为10%，市场最高不含税售价为2 500元/台，平均不含税售价为2 200元/台，计算甲公司当月该笔业务增值税销项税额。 解： 21.甲公司（增值税一般纳税人）2019年9月销售啤酒取得含税价款226万元，另收取包装物租金1.13万元，包装物押金3.39万元。已知增值税适用税率为13%，计算甲公司当月上述业务增值税销项税额。 解：

	续表
11. 销项税额	22. 甲公司（增值税一般纳税人）2019年10月采取折扣方式销售一批货物，该批货物不含税销售额为166 000元，因购买数量大，给予购买方10%的价格优惠，销售额和折扣额在同一张发票上分别注明。已知增值税税率为13%，计算甲公司当月该笔业务增值税销项税额。 解：
12. 进项税额	23. 某纺纱厂（增值税一般纳税人）2019年12月购进原料一批，价款为8万元，进项税额已当月抵扣，2020年1月该批原料因管理不善而报废。求该批原料的进项税转出额。 解： 24. 甲公司（增值税一般纳税人）2020年1月从外地购入一批原材料，取得增值税专用发票注明金额10万元、税额1.3万元，该批原材料在运回甲公司途中因管理不善丢失了5%，又因遇不可抗力毁损了30%。求该批原料的进项税转出额。 解：
13. 无法划分的项目	25. 某律师事务所（增值税一般纳税人）2020年1月发生以下业务：提供应税服务取得收入200万元，提供免税服务取得收入60万元，提供简易计税项目服务取得收入40万元，当月发生的进项税额共计24万元，但无法在各服务之间进行准确划分。该律所当月可以抵扣的进项税额是多少？（以上收入均为不含税收入） 解： 26. 某制药厂（增值税一般纳税人）3月份购入生产用原材料一批，取得的增值税专用发票上注明税款6.8万元，该制药厂用当月购入的原材料生产并销售抗生素药品100万元（不含税），生产并销售免税药品50万元，抗生素药品与免税药品无法划分耗料情况，则该批原料当月可以抵扣的进项税额为（　　）万元。 27. 某制药厂（增值税一般纳税人）2019年8月销售抗生素药品，不含增值税的销售额为100万元，销售免税药品，销售额为50万元，当月购入生产用原材料一批，取得的增值税专用发票上注明税款6.8万元，已知抗生素药品与免税药品无法划分耗料情况，抗生素药品适用税率为13%，计算该制药厂当月增值应纳税额。 解：
14. 简易计税方法应纳税额的计算	【提示：应纳税额=销售额×征收率；销售额=含税销售额÷（1+征收率）】 28. 甲便利店（增值税小规模纳税人）2016年第四季度零售商品取得收入10.3万元，将一批外购商品无偿赠送给物业公司用于社区活动，该批商品的含税价格为721元。已知增值税征收率为3%，计算甲便利店第四季度增值税应纳税额。 解：

	续表
14.简易计税方法应纳税额的计算	29.某小吃店（小规模纳税人）2020年1月发生以下业务：多次购入食材原材料共计12万元，增值税专用发票注明的增值税税额共计为1.38万元；提供餐饮服务取得含税销售收入25万元。计算该小吃店2020年1月的增值税应纳税额。 解： 30.甲设计公司（增值税小规模纳税人）2014年6月提供设计服务取得含增值税价款206 000元，因服务中止，退还给客户含增值税价款10 300元。已知小规模纳税人增值税征收率为3%，计算甲设计公司当月增值税应纳税额。 解：
15.进口货物应纳税额的计算	【提示：应纳税额=组成计税价格×税率；组成计税价格=关税完税价格+关税+消费税】 31.某企业（增值税一般纳税人）2020年1月从国外进口一批普通货物，经海关核定的关税完税价格为200万元。已知进口关税税率10%，增值税率为13%，计算该公司进口环节增值税应纳税额。 解： 32.某小规模纳税人2020年1月进口化妆品，关税完税价70万元，进口关税7万元，进口消费税33万元，增值税税率13%，计算该小规模纳税人增值税应纳税额。 解： 33.某企业（增值税一般纳税人）2020年1月从国外进口一批高档化妆品，经海关核定的关税完税价格为300万元，已缴纳进口关税40万元。已知消费税税率为15%，增值税税率为13%，计算该企业进口环节增值税应纳税额。 解： 34.甲公司2020年5月（增值税一般纳税人）进口一批设备，关税完税价格为150万元。已知关税税率为5%；增值税税率为13%，计算甲公司当月该笔业务增值税应纳税额。 解： 35.甲公司（增值税一般纳税人）2019年9月进口一批货物，海关审定的关税完税价格为116万元。已知增值税税率为13%，关税税率为10%，计算甲公司当月该笔业务增值税应纳税额。 解：

编号	2-6-5	知识点	增值税应纳税额的计算(综合训练2)	日期	
姓名		学号		班级	评分

1.冰雪电冰箱制造有限责任公司主要生产和销售电冰箱,是增值税一般纳税人。2020年8月,冰雪电冰箱制造有限责任公司有关经济业务如下:

(1)购进一批原材料,取得增值税专用发票上注明的税额为50万元;支付运输费,取得增值税专用发票上注明的税额1万元。

(2)购进低值易耗品,取得增值税普通发票上注明的税额为2万元。

(3)销售A型电冰箱500台,含增值税销售单价6 780元/台;另收取优质费5万元、包装物租金2万元。

(4)采取以旧换新方式销售A型电冰箱50台,旧电冰箱作价113元/台。

(5)向优秀职工发放A型电冰箱10台,生产成本2 000元/台。

已知:增值税税率为13%,上期留抵增值税税额6万元,取得的增值税专用发票已通过税务机关认证。

问1.冰雪电冰箱制造有限责任公司下列增值税进项税额中,准予抵扣的是(　　)。

A.购进低值易耗品的进项税额2万元　　B.上期留抵的增值税税额6万元

C.购进原材料的进项税额50万元　　　D.支付运输费的进项税额1万元

问2.计算冰雪电冰箱制造有限责任公司当月销售A型电冰箱的增值税销项税额。

解:

问3.计算冰雪电冰箱制造有限责任公司当月以旧换新方式销售A型电冰箱的增值税销项税额。

解:

问4.计算冰雪电冰箱制造有限责任公司当月向优秀职工发放A型电冰箱的增值税销项税额。

解:

2. 日照银行为增值税一般纳税人，2019年第四季度，日照银行发生以下业务：

(1) 购进设备5台，取得增值税专用发票注明的金额为40万元，增值税为5.2万元。

(2) 租入一处底商作为营业部，租金总额为105万元，取得增值税专用发票注明的金额为100万元，增值税为5万元。

(3) 办理公司业务，收取结算手续费（含税）31.8万元，收取账户管理费（含税）26.5万元。

(4) 办理贷款业务，取得利息收入（含税）1.06亿元。

(5) 吸收存款8亿元。

已知：提供金融服务适用的增值税税率为6%，计算日照银行2019年第四季度增值税应纳税额。

解：

3. 金丝纺纱厂是增值税一般纳税人，2020年1月，该纺纱厂发生以下业务：

(1) 购进原料一宗，取得增值税专用发票注明的金额为50万元，增值税为6.5万元。为此支付运费，取得增值税普通发票注明的金额为2万元，增值税为0.18万元。

(2) 承接其他企业投资转入材料一批，取得增值税专用发票注明的金额为100万元，增值税为13万元。

(3) 购进低值易耗品，取得增值税专用发票注明的金额6万元，增值税为0.78万元。

(4) 销售产品一批，取得不含税销售额200万元，另外收取包装物租金1.13万元。

(5) 采取以旧换新方式销售产品，新产品含税售价7.91万元，旧产品作价2万元。

(6) 因管理不善造成原料报废一批，该批报废原料原来购入价款为8万元（购入进项税额已抵扣）

已知：购进和销售产品适用的增值税税率为13%，求金丝纺纱厂2020年1月增值税应纳税额。

解：

4. 金平律师事务所为增值税小规模纳税人，2020年1月，该律师事务所发生以下业务：

(1) 向某一般纳税人企业提供咨询服务，取得含增值税销售额3.09万元。

(2) 向某小规模纳税人提供注册信息服务，取得含增值税销售额1.03万元。

(3) 购进办公用品，支付价款2.06万元，取得增值税普通发票。

已知增值税征收率为3%，计算该律师事务所2020年1月增值税应纳税额。

解：

任务七 增值税税收优惠

任务情境

1. 大学生小张将自己用过的一堆旧书以200元的价格卖给废品收购站，小张需要为此缴纳增值税吗？
2. 大学生小李将自己发明的一套污水处理技术以2万元的价格转让给一家企业，小李需要为此缴纳增值税吗？
3. 个体户小王在某小区门房开了一个理发店，每月应税销售额不超过为0.5万元，个体户小需要为此缴纳增值税吗？
4. 2020年，农民梁满仓完成以下货物销售，问哪些销售需要缴纳增值税？
（1）1月，在本村收购小麦销售给县面粉厂，取得销售款项10万元。
（2）2月，在本村收购玉米销售给县饲料厂，取得销售款项11万元。
（3）3月，将自己种植的高粱销售给县酿酒厂，取得销售款项12万元。
（4）4月，购买新拖拉机，将旧拖拉机对外出售，取得销售款项13万元。
（5）5月，购买本村的一台旧拖拉机对外出售，取得销售款项14万元。
（6）6月，将自己演唱录制的一首歌曲的国内发行权出售给某国内唱片公司，取得销售款项15万元。
（7）7月，将自己演唱录制的一首歌曲的国外发行权出售给美国某唱片公司，该唱片公司只能在美国发行该歌曲，取得销售款项16万元。
（8）8月，在县城购地自建自用的一套住房对外转让，取得销售款项17万元。
5. 2020年5月，王小宝分别出售以下几套房产，问哪套房产需要缴纳增值税？
（1）位于北京市的一套底商，该房产购于2018年4月。
（2）位于北京市的一套普通住宅，该房产购于2018年4月。
（3）位于北京市的一套普通住宅，该房产购于2018年6月。
（4）位于天津市的一套别墅，该房产购于2018年4月。
（5）位于北京市的一套别墅，该房产购于2018年4月。

任务概要和任务目标

本任务增值税税收优惠学习增值税的起征点、增值税的减免和即征即退三部分内容。

增值税的起征点仅适用于自然人，要注意区分起征点和免征额两个概念的区别。要求掌握增值税起征点的幅度。

增值税的减免是本任务学习的重点。增值税的减免包括减免增值税的范围、小规模纳税人增值税减免规定和增值税减免的适用规定。要求能够准确判断减免增值税的货物、不动产、无形资产。由于减免增值税的服务内容较多，重点把握国家对服务减免增值税的指导思想。小规模纳税人增值税减免规定和增值税减免的适用规定也是本部分需要重点掌握的内容。

管道运输增值税的即征即退是本任务的一个难点。要求掌握管道运输增值税即征即退税的计算方式，能够正确核算即征即退的增值税税额。

任务相关知识

一、增值税的起征点

增值税只对自然人纳税人的应税交易规定了起征点。自然人纳税人发生应税交

【增值税起征点】

易未达到起征点的，免征增值税；达到起征点的，全额计算缴纳增值税。

增值税应税交易的起征点由各省、自治区、直辖市税务局在规定的幅度内，根据本地区的实际情况确定，并报财政部和国家税务总局备案。

增值税应税交易起征点的幅度为：

1）按期缴纳的，月应税交易额5 000~20 000元。
2）按次缴纳的，每次（日）应税交易额300~500元。

二、增值税的减免

（一）免征增值税的货物

根据法律规定，下列货物免征增值税：

1）农业生产者销售的自产农产品。
2）避孕药品和用具。
3）古旧图书。古旧图书，是指向社会收购的古书和旧书。
4）直接用于科学研究、科学试验和教学的进口仪器、设备。
5）外国政府、国际组织无偿援助的进口物资和设备。
6）由残疾人组织直接进口供残疾人专用的物品。
7）销售自己使用过的物品。自己使用过的物品是指其他个人自己使用过的物品。

（二）免征增值税的服务

根据政策，以下应税交易免征增值税：

1）托儿所、幼儿园提供的保育和教育服务。托儿所、幼儿园，包括公办和民办的托儿所、幼儿园、学前班、幼儿班、保育院、幼儿院。超过规定收费标准的收费，以开办实验班、特色班和兴趣班等为由另外收取的费用以及与幼儿入园挂钩的赞助费、支教费等超过规定范围的收入，不属于免征增值税的收入。
2）养老机构提供的养老服务。养老机构，是指依法设立并依法办理登记的为老年人提供集中居住和照料服务的各类养老机构；养老服务，是指按照规定为收住的老年人提供的生活照料、康复护理、精神慰藉、文化娱乐等服务。
3）残疾人福利机构提供的育养服务。
4）婚姻介绍服务。
5）殡葬服务。
6）残疾人员本人为社会提供的服务。
7）医疗机构提供的医疗服务。
8）从事学历教育的学校提供的教育服务。
9）学生勤工俭学提供的服务。
10）农业机耕、排灌、病虫害防治、植物保护、农牧保险以及相关技术培训业务，家禽、牲畜、水生动物的配种和疾病防治。
11）纪念馆、博物馆、文化馆、文物保护单位管理机构、美术馆、展览馆、书画院、图书馆在自己的场所提供文化体育服务取得的第一道门票收入。
12）寺院、宫观、清真寺和教堂举办文化、宗教活动的门票收入。
13）行政单位之外的其他单位收取的符合规定条件的政府性基金和行政事业性收费。
14）个人转让著作权。
15）个人销售自建自用住房。
16）纳税人提供技术转让、技术开发和与之相关的技术咨询、技术服务。
17）政府举办的从事学历教育的高等、中等和初等学校（不含下属单位），举办进修班、培训班取得的全部归该学校所有的收入。

18）家政服务企业由员工制家政服务员提供家政服务取得的收入。
19）福利彩票、体育彩票的发行收入。
20）涉及家庭财产分割的个人无偿转让不动产、土地使用权。
21）提供社区养老、抚育、家政服务取得的收入。

（三）免征增值税的无形资产

根据法律规定，向境外单位提供的完全在境外消费的无形资产免征增值税，但财政部和国家税务总局规定适用增值税零税率的除外。

（四）免征增值税的不动产

根据法律规定，个人将购买不足2年的住房对外销售的，按照5%的征收率全额缴纳增值税；个人将购买2年以上（含2年）的住房对外销售的，免征增值税。

以上政策对北京市、上海市、广州市和深圳市四个城市不完全适用，在这四个城市，个人将购买2年以上（含2年）的非普通住房对外销售的，以销售收入减去购买住房价款后的差额按照5%的征收率缴纳增值税。

（五）小规模纳税人免税

根据财政部和税务总局《关于实施小微企业普惠性税收减免政策的通知》（财税〔2019〕13号），自2019年1月1日至2021年12月31日，对月销售额10万元以下（含本数）的增值税小规模纳税人，包括小型微利企业、个体工商户和其他个人的小规模纳税人，免征增值税。

小型微利企业是指从事国家非限制和禁止行业，且同时符合年度应纳税所得额不超过300万元、从业人数不超过300人、资产总额不超过5 000万元等三个条件的企业。

（六）增值税减免税的适用

1.兼营增值税减税、免税项目应纳税额的计算

纳税人兼营增值税减税、免税项目的，应当单独核算增值税减税、免税项目的销售额；未单独核算的项目，不得减税、免税。

2.免税、减税的选择适用

纳税人发生应税行为适用免税、减税规定的，可以放弃免税、减税，依照规定缴纳增值税。放弃免税、减税后，36个月内不得再申请免税、减税。

3.免税和零税率的选择适用

纳税人发生应税行为同时适用免税和零税率规定的，纳税人可以选择适用免税或者零税率。

三、增值税即征即退

（一）即征即退的概念

即征即退，是税收优惠的一种形式，通俗讲就是税务机关先把税款征收，随后再全部或部分返还给纳税人。

（二）一般纳税人提供管道运输服务即征即退

根据规定，一般纳税人提供管道运输服务，对其增值税实际税负超过3%的部分实行增值税即征即退政策。

在这里，"实际税负"是指纳税人当期实际缴纳的增值税税额占纳税人当期提供应税服务取得的全部价款和价外费用的比例，比例数越大，纳税人的负担越重，比例数越小，纳税人的税收负担越轻。

对增值税实际税负超过3%的部分即征即退，就是对超过全部价款和价外费用3%的实际缴纳的税额即征即退，计算公式为：

即征即退的税额=实际缴纳的税额-（全部价款+价外费用）×3%

【例题】某管道运输公司为增值税一般纳税人。2020年1月该公司运输原油共取得不含税收入5 000万元，当月发生可抵扣的增值税进项税额为130万元。已知管道运输适用的增值税税率为9%，计算该公司可申请办理即征即退的金额。

【解析】

1.销项税额=5 000×9%=450（万元）；

2.进项税额：130万元；

3.应缴纳的增值税=450-130=320（万元）；

4.当期实际税负3%的部分：5 000×3%=150（万元）；

5.即征即退的税额=320-150=170（万元）。

答：管道运输公司可申请办理即征即退的金额为170万元。

思政园地

【与您同行】

任务工单

编号	2-7	知识点	增值税税收优惠	日期	
姓名		学号		班级		评分	

1. 免征增值税的货物有哪些？
答：

2. 免征增值税的服务项目有哪些特点？
答：

3. 免征增值税的无形资产有哪些？
答：

4. 免征增值税的不动产有哪些？
答：

5. 哪些小规模纳税人能够享受增值税免税优惠？哪些小型微利企业能够享受小规模纳税人的增值税免税优惠？
答：

6. 增值税即征即退有何意义？既然"即退"为什么还要"即征"？
答：

7. 2020年，农民梁满仓完成以下货物销售，问哪些销售需要缴纳增值税？（　　）
A. 1月，在本村收购小麦销售给县面粉厂，取得销售款项10万元。
B. 2月，在本村收购玉米销售给县饲料厂，取得销售款项11万元。
C. 3月，将自己种植的高粱销售给县酿酒厂，取得销售款项12万元。
D. 4月，购买新拖拉机，将旧拖拉机对外出售，取得销售款项13万元。
E. 5月，购买本村的一台旧拖拉机对外出售，取得销售款项14万元。
F. 6月，将自己演唱录制的一首歌曲的国内发行权出售给某国内唱片公司，取得销售款项15万元。

G. 7月，将自己演唱录制的一首歌曲的国外发行权出售给美国某唱片公司，该唱片公司只能在美国发行该歌曲，取得销售款项16万元。

F. 8月，在县城购地自建自用的一套住房对外转让，取得销售款项17万元。

8. 2020年5月，王小宝分别出售以下几套房产，问哪套房产需要缴纳增值税？（　　）

A. 位于北京市的一套底商，该房产购于2018年4月。

B. 位于北京市的一套普通住宅，该房产购于2018年4月。

C. 位于北京市的一套普通住宅，该房产购于2018年6月。

D. 位于天津市的一套别墅，该房产购于2018年4月。

E. 位于北京市的一套别墅，该房产购于2018年4月。

9. 根据增值税法律制度的规定，下列各项中，属于免税项目的是（　　）。

A. 超市销售保健品　　B. 外贸公司进口供残疾人专用的物品

C. 商场销售儿童玩具　D. 外国政府无偿援助的进口物资

10. 根据增值税法律制度的规定，一般纳税人销售下列货物或者应税劳务适用免税规定的是（　　）。

A. 农产品　　B. 避孕药品　　C. 图书　　D. 自己使用过的汽车

11. （判断题）私营企业进口残疾人专用的物品免征增值税。（　　）

12. （填空题）根据增值税法律制度的规定，纳税人销售货物适用免税规定的，可以放弃免税。放弃免税后，在一定期限内不得再申请免税。该期限为（　　　　　）。

13. 根据增值税法律制度的规定，下列各项中，不属于免税项目的是（　　）。

A. 养老机构提供的养老服务　　B. 装修公司提供的装饰服务

C. 婚介所提供的婚姻介绍服务　D. 托儿所提供的保育服务

14. 根据增值税法律制度的规定，下列各项中，不属于增值税免税项目的是（　　）。

A. 培训机构开设考前培训班取得的收入　B. 个人转让著作权取得的收入

C. 发行福利彩票取得的收入　　　　　　D. 农业生产者销售自产农产品取得的收入

15. 根据增值税法律制度的规定，下列服务中，免征增值税的有（　　）。

A. 学生勤工俭学提供的服务　　　B. 残疾人福利机构提供的育养服务

C. 婚姻介绍所提供的婚姻介绍服务　D. 火葬场提供的殡葬服务

16. 根据增值税法律制度的规定，下列各项中，免征增值税的有（　　）。

A. 婚姻介绍所提供的婚姻介绍服务　B. 医疗机构提供医疗服务

C. 电信公司提供语音通话服务　　　D. 科研机构进口直接用于科学研究的仪器

17. 某管道运输公司为增值税一般纳税人。2018年12月该公司向客户运输天然气共取得不含税收入2 000万元，同时随同天然气输送向客户收取管道维护费50万元，当月发生可抵扣的增值税进项税额为100万元。计算该公司12月可申请办理即征即退的增值税额。

任务八 纳税时间和纳税地点

任务情境

1.某自行车制造厂为增值税一般纳税人。2020年1月,该自行车制造厂采用预收货款方式销售自行车3万辆,每辆自行车不含税销售价格为1 000元。1月20日,自行车制造厂收到全部货款。1月25日,自行车制造厂发出1万辆自行车,其余2万辆于2月5日发出。问:2020年1月该自行车制造厂应当就多少销售额缴纳增值税?自行车制造厂应当于何时缴纳增值税?

2.2020年1月1日,日照的王小宝将在青岛购置的一套底商以100万元的价格出售。问:王小宝应当何时申报缴纳增值税?王小宝应当向哪个地方的税务机关申报纳税?

任务概要和任务目标

本任务学习增值税的纳税义务发生时间、纳税期限、纳税申报期限和纳税地点。

纳税义务发生时间、纳税期限和纳税申报期限是三个不同的概念。纳税义务发生时间是指纳税人纳税义务的起始时间,纳税期限是指纳税人缴纳税款的周期,纳税申报期限是指纳税人在纳税期满后向税务机关进行申报并缴纳税款的时间。

增值税纳税义务原则上以"收讫销售款项、取得索取销售款项凭据或者发票开具时间"三个时间中最早的一个为纳税义务发生时间,在此原则下,落实到不同的销售方式中有各自具体的规定。进口货物以报关进口日为纳税义务发生时间。

增值税的纳税期限分别为1日、3日、5日、10日、15日、1个月或者1个季度,纳税人具体适用哪种纳税期限由主管税务机关根据纳税人的实际情况核定。

增值税的申报期限原则上也是15日,该15日具体从哪天开始起算,不同的纳税申报期限规定有所不同。

关于增值税的纳税地点,不同的纳税人纳税地点有所区别,在学习中容易混淆,要注意区分。

要求理解增值税纳税义务发生时间、纳税期限、纳税申报期限三个概念的含义,掌握增值税纳税义务发生时间的一般规定和货物、服务等不同应税交易项目纳税义务发生时间的具体规定;掌握增值税纳税期限和纳税申报期限;掌握增值税纳税义务发生地点,能够选择正确的地点申报缴纳增值税。

任务相关知识

一、增值税纳税义务发生时间、纳税期限和纳税申报期限

(一)纳税义务发生时间、纳税期限和纳税申报期限的概念

纳税义务发生时间、纳税期限和纳税申报期限是三个不同的概念。

纳税义务发生时间是指纳税人纳税义务的起始时间,是一个时间点。纳税期限是指纳税人缴纳税款的周期,指纳税人多长时间交一次税,纳税期限一般为一个时间段。纳税申报期限是指纳税人在纳税期满后向税务机关进行申报并缴纳税款的时间,一般为一个时间段。例如,某增值税一般纳税人以一个月为纳税期限,2020年1月10日,该纳税人销售一批货物,则该笔业务的纳税期限为2020年1月,从2019年1月10日起该纳税人对该笔业务产生纳税义务,该纳税人应当于2月1日至15日纳税申报期限就该笔业务向税务机关缴纳增值税。

（二）纳税义务发生时间

1.增值税纳税义务发生时间的一般规定

关于增值税纳税义务发生时间，总的来讲，销售行为以"收讫销售款项、取得索取销售款项凭据或者发票开具时间"三者之中最先者为纳税义务发生时间；进口货物以"报关进口的当天"为纳税义务发生时间。

【增值税纳税义务发生时间】

2.销售货物、劳务纳税义务发生时间

（1）直接收款销售

纳税人采取直接收款方式销售货物的，不论货物是否发出，均为收到销售款或者取得索取销售款凭据的当天。

（2）赊销方式销售

纳税人采取赊销方式销售货物，签订了书面合同的，为书面合同约定的收款日期的当天；无书面合同的或者书面合同没有约定收款日期的，为货物发出的当天。

（3）分期收款方式销售

纳税人采取分期收款方式销售货物，签订了书面合同的，为书面合同约定的收款日期的当天；无书面合同的或者书面合同没有约定收款日期的，为货物发出的当天。

（4）预收货款方式销售

纳税人采取预收货款方式销售货物（特定货物除外）的，为货物发出的当天。纳税人采取预收货款方式，生产销售生产工期超过12个月的大型机械设备、船舶、飞机等特定货物的，为收到预收款或者书面合同约定的收款日期的当天。

（5）委托代销方式销售

纳税人委托其他纳税人代销货物的，为收到代销单位的代销清单或者收到全部或者部分货款的当天；未收到代销清单及货款的，为发出代销货物满180天的当天。

（6）销售劳务

纳税人销售加工、修理修配劳务的，为提供劳务同时收讫销售款或者取得索取销售款的凭据的当天。

3.销售服务、无形资产、不动产纳税义务发生时间

纳税人销售服务、无形资产或者不动产，签订了书面合同并确定了付款日期的，为书面合同确定的付款日期的当天；签订了书面合同但未确定付款日期的，为服务、无形资产转让完成的当天或者不动产权属变更的当天；未签订书面合同的，为服务、无形资产转让完成的当天或者不动产权属变更的当天。

纳税人从事金融商品转让的，为金融商品所有权转移的当天。

4.视同销售纳税义务发生时间

纳税人发生视同销售货物行为的，为货物移送的当天。纳税人发生视同销售服务、无形资产、不动产的，为服务、无形资产转让完成的当天或者不动产权属变更的当天。

5.进口货物纳税义务发生时间

纳税人进口货物的，为报关进口的当天。

6.代扣代缴纳税义务发生时间

增值税扣缴义务发生时间为被代扣税款的纳税人增值税纳税义务发生的当天。

（三）增值税的纳税期限

增值税的纳税期限分别为1日、3日、5日、10日、15日、1个月或者1个季度。纳税人的具体纳税期限，由主管税务机关根据纳税人应纳税额的大小分别核定。

以1个季度为纳税期限的规定适用于小规模纳税人、银行、财务公司、信托投资公司、信用社，以及财政部和国家税务总局规定的其他纳税人。不能按照固定期限纳税的，可以按次纳税。

（四）增值税的申报期限

纳税人以1个月或者1个季度为1个纳税期的，自期满之日起15日内申报纳税。

以1日、3日、5日、10日或者15日为1个纳税期的，自期满之日起5日内预缴税款，于次月1日起15日内申报纳税并结清上月应纳税款。

纳税人进口货物，应当自海关填发海关进口增值税专用缴款书之日起15日内缴纳税款。

以上期限适用于扣缴义务人解缴税款的期限。

二、增值税纳税地点

增值税纳税地点，按下列规定确定：

1.固定业户

固定业户应当向其机构所在地或者居住地主管税务机关申报纳税。总机构和分支机构不在同一县（市）的，应当分别向各自所在地的主管税务机关申报纳税；经财政部和国家税务总局或者其授权的财政和税务机关批准，可以由总机构汇总向总机构所在地的主管税务机关申报纳税。

2.非固定业户

非固定业户应当向应税行为发生地主管税务机关申报纳税；未申报纳税的，由其机构所在地或者居住地主管税务机关补征税款。

3.其他个人

其他个人提供建筑服务，销售或者租赁不动产，转让自然资源使用权，应向建筑服务发生地、不动产所在地、自然资源所在地主管税务机关申报纳税。

4.进口货物

进口货物，由进口人或其代理人向报关地海关申报纳税。

5.扣缴义务人

扣缴义务人向其机构所在地或者居住地主管税务机关申报缴纳扣缴的税款。

思政园地

【法——幸福的守护】

任务工单

编号	2-8-1	知识点	增值税纳税时间	日期	
姓名		学号		班级		评分	

增值税纳税期限和纳税申报期限	概念		
	总体规定		
	具体规定	货物	
		服务、无形资产、不动产	
		进口	
		扣缴	

	概念	分类
纳税期限		
纳税申报期限		

综合练习题	某自行车商店为增值税一般纳税人，2020年1月，该商店发生以下业务：1月1日，购进100辆自行车，增值税专用发票注明的单价为900元；1月5日，采用直接收款方式销售40辆自行车，不含税单价1 300元；1月8日，采用赊销方式销售20辆自行车，合同约定1月27日收款；1月25日，采用预收货款方式销售30辆自行车，货款已经收到，其中10辆自行车于25日发出，其余20辆于2月5日发出；1月27日，收1月8日的20辆自行车货款。问：该纳税人2020年1月增值税应纳税款为多少？纳税人应当于何时申报纳税？

编号	2-8-2	知识点	增值税纳税地点	日期	
姓名		学号		班级	评分	

固定业户	纳税地点	
	异地分支机构	
	外地经营的	
非固定业户		
其他个人		
进口货物		
扣缴义务人		

选择题

1. 李某户籍所在地在A市，居住地在B市，工作单位在C市。2018年9月李某将位于D市的住房出售，则出售该住房增值税的纳税地点是（ ）。
   A. A市税务机关　　B. B市税务机关　　C. C市税务机关　　D. D市税务机关

2. 根据增值税法律制度的规定，下列关于固定业户纳税地点的表述中，不正确的有（ ）。
   A. 销售商标使用权，应当向商标使用权购买方所在地税务机关申报纳税
   B. 销售采矿权，应当向矿产所在地税务机关申报纳税
   C. 销售设计服务，应当向设计服务发生地税务机关申报纳税
   D. 销售广告服务，应当向机构所在地税务机关申报纳税

项目三 消费税法律制度

项目情境

消费税是以特定消费品为征税对象的一种税,属于流转税的范畴。消费税在对货物普遍征收增值税的基础上,选择部分消费品再征收一道消费税。

国家为什么要征收消费税?我们每天都在消费,我们每天都在承受消费税吗?在我们日常生活中,哪些产品含有消费税?消费税对谁征收?何时征收?征收多少?

通过本项目的学习,你能够找到以上问题的答案。

项目简介

本项目由两个任务组成:

任务一 消费税的概念、征税范围、税目、税率和纳税人。学习消费税的概念、征税范围、税目、税目对应的税率及消费税纳税人。

任务二 消费税应纳税额的计算和消费税税收管理。学习如何计算消费税应纳税额,以及何时何地缴纳消费税。

通过本项目的学习,你应当能够掌握消费税的概念、征税范围、税目、税率、纳税人等各项构成要素,另外还要能够正确核算和缴纳消费税。

项目目标

一、知识目标

1.理解消费税的概念、征税范围、税目、税率和纳税人。
2.掌握消费税纳税义务发生时间、纳税期限和纳税地点。

二、技能目标

1.掌握消费税的三种计税方式,能够正确计算消费税应纳税额。
2.掌握已纳消费税的扣除方法,能够正确核算准予扣除的已纳消费税税款。
3.掌握消费税的税收管理,能够正确及时缴纳消费税。

三、素质目标

1.培养勤俭节约、艰苦朴素的素质。
2.培养与他人合作共事的能力,能增强与同伴的交往和联系。
3.培养自主学习、分析问题、解决问题的能力。

四、思政目标

1. 树立正确的世界观、价值观、人生观。
2. 树立正确的消费观。
3. 培养遵守社会公德和学生道德的美德。

任务一　消费税的概念、征税范围、税目、税率和纳税人

任务情境

1. 我国对哪些商品征收消费税？生活中哪些商品含有消费税？你负担过消费税吗？
2. 某男生花6元在某超市购买了一瓶啤酒，问：该瓶啤酒含有消费税吗？
3. 某女士花100元在某超市购买了一瓶15毫升的防晒霜，问：该瓶防晒霜含有消费税吗？

任务概要和任务目标

本任务学习消费税的概念、征税范围、税目、税率和纳税人等税法构成要素。

消费税是对在中华人民共和国境内销售、委托加工和进口应税消费品的单位和个人就应税消费品的流转额所征收的一种间接税。消费税的征税对象限定于生产销售应税消费品，批发卷烟，零售金银首饰、铂金首饰、钻石和钻石饰品、超豪华小汽车，委托加工应税消费品和进口应税消费品等五种行为，从事以上五种行为的单位和个人即为消费税的纳税人。消费税的税目共有15个，《消费税税目及税率表》列明了各税目适用的税率。

对以上内容，消费税的概念、税目、税率和纳税人需要理解，消费税的征税范围需要重点掌握。

任务相关知识

我国目前关于消费税的最主要法律规范是《中华人民共和国消费税暂行条例》及其实施细则。2019年12月3日，财政部和国家税务总局公布了《中华人民共和国消费税法（征求意见稿）》，公开向社会各界征求意见。目前，征求意见期已经结束，《中华人民共和国消费税法》将被制定实施。①

【中华人民共和国消费税暂行条例】

【中华人民共和国消费税暂行条例实施细则】

【中华人民共和国消费税法（征求意见稿）】

【消费税政策】

一、消费税的概念

消费税是对在中华人民共和国境内销售、委托加工和进口应税消费品的单位和个人就应税消费品的流转额所征收的一种间接税。消费税以境内销售、委托加工和进口的应税消费品为征税对象。从以上概念可以看出：

1）消费税的征税对象是境内销售、委托加工和进口的应税消费品；
2）消费税以消费品的流转额为征税依据，消费税是一种流转税；
3）消费税是一种间接税，和增值税一样，纳税人在缴纳税款后将税负转嫁给消费者，税负最终由消费者承担；
4）消费税的纳税人是境内销售、委托加工和进口的应税消费品的单位和个人。

---

① 见2020年3月30日国家税务总局网站：《中华人民共和国消费税法（征求意见稿）》征求意见。http://www.chinata×.gov.cn/chinata×/n810356/n810961/c5140457/content.html。

二、消费税的征税范围

消费税以境内销售、委托加工和进口的应税消费品为征税对象。其中，境内销售的应税消费品限定于生产销售应税消费品、批发销售应税消费品（仅限于卷烟）和零售应税消费品（仅限于金银首饰、铂金首饰、钻石和钻石饰品、超豪华小汽车），因此，消费税的征税对象限定于以下范围：

1.生产销售应税消费品

生产销售应税消费品有三种形式：

1）实际生产并实际销售，在销售环节征收消费税。

2）实际生产并视同销售。将生产的应税消费品没有销售，而是用于生产非应税消费品、职工福利、奖励等其他方面的，视同销售。视同销售在移送使用时征收消费税。纳税人将生产的应税消费品没有销售，而是用于连续生产应税消费品的，不纳税。

3）视同生产销售。工业企业以外的单位和个人，将外购的消费税非应税产品以应税产品对外销售的，以及将外购的低税率应税产品以高税率应税产品对外销售的，视为应税消费品的生产行为，征收消费税。

2.批发卷烟

卷烟在生产环节和批发环节两次征收消费税。

批发卷烟是指烟草批发企业将卷烟批发给零售企业；将卷烟批发给其他批发企业的，不缴纳消费税。

3.零售金银首饰、铂金首饰、钻石和钻石饰品、超豪华小汽车

（1）金银首饰、铂金首饰、钻石和钻石饰品

对金银首饰、铂金首饰、钻石和钻石饰品，消费税由在生产（进口）环节征收改为在零售环节征收。

（2）超豪华小汽车

超豪华小汽车是指每辆零售价格130万元（不含增值税）及以上的乘用车和中轻型商用客车，即乘用车和中轻型商用客车子目中的超豪华小汽车。

对超豪华小汽车，在生产（进口）环节征收消费税的基础上，在零售环节加征消费税。

4.委托加工应税消费品

委托加工的应税消费品，由受托方在向委托方交货时代收代缴税款，但受托方为个人的，由委托方收回后缴纳消费税。

委托方收回委托加工的应税产品以后，以不高于受托方计税价格直接出售的，不再缴纳消费税；以高于受托方的计税价格出售的，需按照规定申报缴纳消费税，已纳税款准予按规定抵扣；将委托加工的应税消费品用于连续生产应税消费品的，已纳税款准予按规定抵扣。

委托加工的应税消费品，是指由委托方提供原料和主要材料，受托方只收取加工费和代垫部分辅助材料加工的应税消费品。对于由受托方提供原材料生产的应税消费品，或者受托方先将原材料卖给委托方，然后再接受加工的应税消费品，以及由受托方以委托方名义购进原材料生产的应税消费品，不论在财务上是否作销售处理，都不得作为委托加工应税消费品，而应当按照销售自制应税消费品缴纳消费税。

5.进口应税消费品

对进口应税消费品，在报关进口时征收消费税。

三、消费税税目

消费税税目共有15个，具体内容如下：

1）烟。本税目下设卷烟、雪茄烟、烟丝三个子目。

卷烟包括甲类卷烟和乙类卷烟。甲类卷烟是指每标准条（200支）调拨价格在70元（不含增值税）以上（含70元）的卷烟。乙类卷烟是指每标准条（200支）调拨价格在70元（不含增值税）以下的卷烟。

2）酒。本税目下设白酒、黄酒、啤酒、其他酒四个子目。不包括料酒。

白酒包括粮食白酒和薯类白酒。黄酒包括各种原料酿制的黄酒和酒度超过12度（含12度）的土甜酒。啤酒包括对啤酒屋利用啤酒生产设备生产的啤酒。其他酒是指除以上粮食白酒、薯类白酒、黄酒、啤酒以外

的各种酒。

3）高档化妆品。

高档化妆品包括高档美容、修饰类化妆品、高档护肤类化妆品和成套化妆品。本税目不包括：舞台、戏剧、影视演员化妆用的上妆油、卸妆油、油彩、发胶和头发漂白剂等。

高档美容、修饰类化妆品和高档护肤类化妆品是指生产（进口）环节销售（完税）价格（不含增值税）在10元/毫升（克）或15元/片（张）及以上的美容、修饰类化妆品和护肤类化妆品。

4）贵重首饰及珠宝玉石。本税目包括宝石坯。

5）鞭炮、焰火。本税目包括各种鞭炮、焰火。体育上用的发令纸、鞭炮药引线，不按本税目征收。

6）成品油。本税目包括汽油、柴油、石脑油、溶剂油、航空煤油、润滑油、燃料油等7个子目。甲醇汽油、乙醇汽油、生物柴油也属于本税目征收范围。

7）摩托车。本税目包括气缸容量250毫升的摩托车和250毫升（不含）以上的摩托车两种。

8）小汽车。本税目包括乘用车、中轻型商用客车和超豪华小汽车3个子目。

乘用车是指含驾驶员座位在内最多不超过9个座位（含）的乘用车。中轻型商用客车是指含驾驶员座位在内的座位数在10至23座（含23座）的各类中轻型商用客车。车身长度大于7米（含），并且座位在10至23座（含）以下的商用客车，不属于中轻型商用客车征税范围，不征收消费税。超豪华小汽车是指每辆零售价格130万元及以上的乘用车和中轻型商用客车。对于购进乘用车或中轻型商用客车整车改装生产的汽车，应按规定征收消费税。

本税目不包括电动汽车、沙滩车、雪地车、卡丁车、高尔夫车、货车或厢式货车改装生产的商务车、卫星通信车等专用汽车。

9）高尔夫球及球具。本税目包括高尔夫球、高尔夫球杆、高尔夫球包（袋）。

10）高档手表。高档手表是指销售价格（不含消费税）每只在10 000元（含）以上的各类手表。

11）游艇。游艇是指船身长度大于8米小于90米的游艇。

12）木制一次性筷子。

13）实木地板。包括各种规格的实木地板、素板、实木指接地板、实木复合地板及实木装饰板。

14）电池。包括原电池、蓄电池、燃料电池、太阳能电池和其他电池。对无汞原电池、氢镍蓄电池、锂原电池、锂离子蓄电池、太阳能电池、燃料电池和全钒液流电池免征消费税。

15）涂料。对施工状态下挥发性有机物（VOC）含量低于420克/升（含）的涂料免征消费税。

四、消费税税率

消费税的税目及适用税率如表3-1所示。

表3-1 消费税税目及税率

税 目	税 率
一、烟	
1.卷烟	
（1）甲类卷烟	56%加0.003元/支
（2）乙类卷烟	36%加0.003元/支
（3）批发卷烟	11%加0.005元/支
2.雪茄烟	36%
3.烟丝	30%

续表

税　目	税　率
二、酒及酒精	
1.白酒	20%加0.5元/500克（或者500毫升）
2.黄酒	240元/吨
3.啤酒	
（1）甲类啤酒	250元/吨
（2）乙类啤酒	220元/吨
4.其他酒	10%
三、高档化妆品	15%
四、贵重首饰及珠宝玉石	
1.金银首饰、铂金首饰和钻石及钻石饰品	5%
2.其他贵重首饰和珠宝玉石	10%
五、鞭炮、焰火	15%
六、成品油	
1.汽油	1.52元/升
2.柴油	1.20元/升
3.航空煤油	1.20元/升
4.石脑油	1.52元/升
5.溶剂油	1.52元/升
6.润滑油	1.52元/升
7.燃料油	1.20元/升
七、摩托车	
1.气缸容量（排气量，下同）在250毫升（含250毫升）以下的	3%
2.气缸容量在250毫升以上的	10%
八、小汽车	
1.乘用车	
（1）气缸容量（排气量，下同）在1.0升（含1.0升）以下的	1%
（2）气缸容量在1.0升以上至1.5升（含1.5升）的	3%
（3）气缸容量在1.5升以上至2.0升（含2.0升）的	5%
（4）气缸容量在2.0升以上至2.5升（含2.5升）的	9%
（5）气缸容量在2.5升以上至3.0升（含3.0升）的	12%
（6）气缸容量在3.0升以上至4.0升（含4.0升）的	25%
（7）气缸容量在4.0升以上的	40%
2.中轻型商用客车	5%
九、高尔夫球及球具	10%
十、高档手表	20%
十一、游艇	10%
十二、木制一次性筷子	5%
十三、实木地板	5%
十四、电池	4%
十五、涂料	4%

五、消费税的纳税人

根据消费税的征税范围,消费税的纳税人包括以下5类:
1)在中华人民共和国境内生产规定的消费品的单位和个人;
2)在中华人民共和国境内批发卷烟的单位和个人;
3)在中华人民共和国境内零售金银首饰、铂金首饰、钻石和钻石饰品、超豪华小汽车的单位和个人;
4)在中华人民共和国境内委托加工规定的消费品的单位和个人;
5)在中华人民共和国境内进口规定的消费品的单位和个人。

在中华人民共和国境内,是指生产、委托加工和进口属于应当缴纳消费税的消费品的起运地或者所在地在境内。

单位,是指企业、行政单位、事业单位、军事单位、社会团体及其他单位。个人,是指个体工商户及其他个人。

思政园地

孔子治税[①]

孔子不仅是我国古代杰出的思想家、教育家,也是举世公认的世界文化名人。他曾经当过两年税务官,而且干得很出色。孔子20岁时,经朋友推荐,当上了鲁国大夫孟懿子的税务官。过去,一些税官和家臣农佃私通作弊,田赋大半饱入私囊。孔子上任后,决心整治赋税混乱状况。他初来乍到,对存在的利弊摸不着头绪,前任移交下来的人,他一概留用。哪知这些人,以为孔子年少可欺,便和一些种田纳税人作弊,借口灾荒,不肯纳税。孔子派人催征,非但不交,反而要求免税。孔子早已查清,本年收成颇好,五谷丰登,怎能惊呼免税?原来是有两个下属,用大斗征粮,农民不愿交,便捏造荒情,拖欠抗税。孔子查清此事,严惩了两个下属,革除了旧部属,恢复用标准斗征粮。公布纳税期限,期限之前交的,只交九成,期限之内交完的,纳九成五;期限外交完的加一成;抗税的,收回土地另召他人耕种;欠税的,须将欠税交完方可继续耕种。这样,农民争先恐后交税。期限未满,早已收足。经孟懿子检查,收入非但不少,反而比历年多出二成。孟懿子大为赞赏。

[①] 芳舟,树清.古代文人治税故事[J].辽宁税务高等专科学校学报,1993(1).

任务工单

编号	3-1-1	知识点	消费税的概念、征税范围和税目	日期	
姓名		学号		班级		评分	

1.什么是消费税？为什么要收消费税？应税消费品有什么特点？
答：

2.根据我国消费税法，消费税的征税对象是什么？消费者的征税范围包括哪些？
答：

3.根据我国消费税法，消费税的税目有哪些？
答：

4.根据我国消费税法，哪些消费品在零售环节征收消费税？

编号	3-1-2	知识点	消费税的征税范围、税目、税率和纳税人	日期	
姓名		学号		班级	评分

1.根据消费税法律制度的规定，下列各项中，属于消费税征税范围的有（　　）。
A.黄酒　　　　　　　B.调味料酒　　　　　C.白酒　　　　　　　D.啤酒

2.根据消费税法律制度的规定，下列各项中，属于消费税征税范围的有（　　）。
A.私人飞机　　　　　B.高档手表　　　　　C.珠宝玉石　　　　　D.游艇

3.根据消费税法律制度的规定，下列各项中，不属于消费税征税范围的是（　　）。
A.成品油　　　　　　B.酒精　　　　　　　C.烟丝　　　　　　　D.实木地板

4.根据消费税法律制度的规定，下列各项中，需征收消费税的有（　　）。
A.晾晒烟叶　　　　　B.批发烟叶　　　　　C.生产烟丝　　　　　D.生产卷烟

5.下列各项中，应按照"高档化妆品"税目计缴消费税的有（　　）。
A.高档护肤类化妆品　　B.成套化妆品
C.高档修饰类化妆品　　D.高档美容类化妆品

6.（判断题）企业加工生产的宝石坯不属于消费税的征税范围。（　　）

7.根据规定，企业将自产应税消费品用于下列情形中，不缴纳消费税的是（　　）。
A.地板厂将自产的实木地板用于装修办公室
B.摩托车厂将自产的摩托车用于赞助
C.化妆品厂将自产的高档化妆品用于广告
D.卷烟厂将自产的烟丝用于连续生产卷烟

8.根据消费税法律制度的规定，下列行为中，应缴纳消费税的是（　　）。
A.卷烟厂销售自产的卷烟
B.汽车厂销售自产的载货汽车
C.外贸公司进口高档电器产品
D.银行销售金银纪念币

9.根据消费税法律制度的规定，下列各项中，属于消费税纳税人的是（　　）。
A.白酒批发商　　　　B.卷烟生产商　　　　C.钻石进口商　　　　D.高档化妆品零售商

10.根据消费税法律制度的规定，下列各项中，在零售环节加征消费税的是（　　）。
A.电池　　　　　　　B.高档手表　　　　　C.游艇　　　　　　　D.超豪华小汽车

11.根据消费税法律制度的规定，下列情形中，属于消费税征税范围的有（　　）。
A.甲服装厂生产销售服装　　B.丙烟草批发企业将卷烟销售给其他烟草批发企业
C.丁商场零售金银首饰　　　D.乙汽车贸易公司进口小汽车

12.（判断题）委托加工的应税消费品，除受托方为个人之外，应由受托方在向委托方交货时代收代缴消费税。（　　）

13.根据消费税制度的规定，下列应税消费品中，采取比例税率和定额税率复合征收形式的有（　　）。
A.白酒　　　　　　　B.雪茄烟　　　　　　C.卷烟　　　　　　　D.黄酒

14.根据消费税法律制度的规定，下列应税消费品中，采用从量计征办法计缴消费税的有（　　）。
A.黄酒　　　　　　　B.葡萄酒　　　　　　C.啤酒　　　　　　　D.药酒

15.下列各项中，采取从价计征消费税的有（　　）。
A.高档手表　　　　　B.高尔夫球　　　　　C.烟丝　　　　　　　D.黄酒

16.根据消费税法律制度的规定，下列各项中，属于消费税纳税人的有（　　）。
A.委托加工白酒的超市
B.进口白酒的贸易商
C.销售白酒的商场
D.生产白酒的厂商

任务二 消费税应纳税额的计算及消费税的征收管理

任务情境

1. 某女生花2 260元（含增值税260元）在某商店购买了一条金项链，问：该条金项链含有多少消费税？
2. 甲烟草批发企业向乙卷烟零售店销售卷烟200标准条，取得不含增值税销售额2万元；向丙烟草批发企业销售卷烟300标准条，取得不含增值税销售额为3万元。已知卷烟批发环节消费税比例税率为11%，定额税率为0.005元/支，每标准条200支卷烟，甲烟草批发企业上述业务应缴纳多少消费税？

任务概要和任务目标

本任务包括两部分：消费税应纳税额的计算和消费税的征税管理。

消费税应纳税额的计算包括生产销售应税消费品应纳税额的计算、委托加工应税消费品应纳税额的计算、进口应税消费品应纳税额的计算和已纳税款的扣除四部分。

生产销售应税消费品应纳税额的计算、委托加工应税消费品应纳税额的计算和进口应税消费品应纳税额的计算三种计算方式都有从价定率计税、从量定额计税和复合计税三种计税方式。从价定率计税即根据销售额或组成计税价格为计税依据；从量定额计税以销售数量为计税依据；复合计税应纳税额等于销售数量乘以定额税率再加上销售额乘以比例税率，这里需要注意的是，按照组成计税价格复合计税计算销售额时，从量部分的税额应当计入从价部分的销售额。

学完本任务应当能够正确计算消费税应纳税额，符合扣除准予扣除已纳消费税款的，应当能够正确核算准予扣除的已纳消费税税款。

消费税税收管理包括消费税纳税义务发生时间、消费税纳税期限和消费税纳税地点，对这些内容应当能够掌握。

任务相关知识

依据《消费税税目及税率表》，消费税共有从价定率计税、从量定额计税和复合计税三种计税方式。

依据《消费税税目及税率表》，15种税目中，卷烟和白酒适用复合计税方式，黄酒、啤酒和成品油适用从量计税方式，其他应税消费品适用从价计税方式。

依据《消费税税目及税率表》，黄酒、啤酒以吨为税额单位，成品油以升为税额单位。根据《中华人民共和国消费税暂行条例实施细则》的规定，在计算税额时，当需要进行税额单位换算时，按照如下换算标准进行换算：

（1）啤酒1吨=988升
（2）黄酒1吨=962升
（3）汽油1吨=1 388升
（4）柴油1吨=1 176升
（5）航空煤油1吨=1 246升
（6）石脑油1吨=1 385升
（7）溶剂油1吨=1 282升
（8）润滑油1吨=1 126升
（9）燃料油1吨=1 015升

一、生产销售应税消费品应纳税额的计算

（一）从价定率计税

1.从价定率计税的含义及公式

生产销售应税消费品从价定率计税，以产品的销售额乘以适用的比例税率来计算消费税税额，计算公式为：

$$应纳税额 = 销售额 \times 比例税率$$

在上述公式中，税率的确定比较简单，销售额的确定相对比较复杂。

2.生产销售应税消费品从价定率计税销售额的确定

（1）生产销售应税消费品销售额的含义

此处的销售额包括纳税人销售应税消费品向购买方收取的全部价款和价外费用。

价外费用，是指价外向购买方收取的手续费、补贴、返还利润、奖励费、违约金、滞纳金、延期付款利息、赔偿金、包装费、包装物租金、储备费、优质费、运输装卸费以及其他各种性质的价外收费。

白酒生产企业向商业销售单位收取的"品牌使用费"，并入白酒的销售额中缴纳消费税。

价外费用不包括符合规定条件的代为收取的政府性基金或者行政事业性收费以及代垫的运输费用。

（2）不含税销售额的确定

销售额不包括应向购买方收取的增值税税款，如果销售额中含有增值税款的，在计算消费税时，应当换算为不含增值税税款的销售额，换算公式为：

$$应税消费品的销售额 = 含增值税的销售额 \div (1+增值税税率或者征收率)$$

【例题】2020年1月，大美化妆品厂销售高档应税化妆品一批，取得含增值税销售收入3.39万元。已知高档化妆品适用的消费税税率是15%，求大美化妆品厂销售该批高档应税化妆品应纳多少消费税。

【解析】应纳消费税=33 900÷（1+13%）×15%=4 500（元）

（3）视同销售销售额的确定

将生产的应税消费品用于生产非应税消费品等其他方面的，视同销售，在移送使用时征收消费税。

纳税人生产应税消费品视同销售的，按照纳税人生产的同类消费品的销售价格计算纳税。没有同类消费品销售价格的，按照组成计税价格计算纳税。由于消费税是价内税，也就是计税价格包括税款本身，因此，纳税人自产自用消费品的组成计税价格计算公式为：

$$组成计税价格 = (成本+利润) \div (1-比例税率)$$

因此，纳税人自产自用消费品的应纳税额计算公式为：

$$应纳税额 = (成本+利润) \div (1-比例税率) \times 比例税率$$

成本，是指应税消费品的产品生产成本。利润，是指根据应税消费品的全国平均成本利润率计算的利润。应税消费品全国平均成本利润率由国家税务总局确定。

【例题】大美化妆品厂为增值税一般纳税人。2020年2月，该化妆品厂发生如下业务：第一，生产A款高档香水1万瓶，销售8 000瓶，取得不含税销售收入80万元，剩余2 000瓶赠送给客户；第二，将新研发成功尚未对外销售的一批B款高档化妆品用于集体福利，该批化妆品的生产成本为2万元。

已知高档化妆品的成本利润率是5%，消费税税率是15%，问：2020年2月该化妆品厂应纳多少消费税？

【解析】

1.A款高档香水应纳消费税额：（8 000+2 000）×100×15%=150 000（元）；

2.用于集体福利的B款高档化妆品：20 000×（1+5%）÷（1-15%）×15%=3 705.88（元）。

（4）换取生产资料和消费资料、投资入股和抵偿债务等方面的应税消费品的销售额的确定

纳税人用于换取生产资料和消费资料、投资入股和抵偿债务等方面的应税消费品，应当以纳税人同类应税消费品的最高销售价格作为计税依据计算消费税。

【例题】大美化妆品厂为增值税一般纳税人。2020年3月，该化妆品厂将1万瓶高档香水作价80万元对外抵偿债务，该种香水本月最低售价为每瓶60元，最高售价为每瓶120元，平均售价为每瓶100元。已知高档化妆品的消费税税率是15%，问：大美化妆品厂对1万瓶高档香水应当缴纳多少消费税？

【解析】应纳消费税额：10 000×120×15%=180 000（元）

（5）非独立核算门市部销售自产应税消费品的销售额的确定

纳税人通过自设非独立核算门市部销售的自产应税消费品，应当按照门市部对外销售额或者销售数量征收消费税。

（6）以旧换新（含翻新改制）方式销售的金银首饰的销售额的确定

纳税人采用以旧换新（含翻新改制）方式销售的金银首饰，按实际收取的不含增值税的全部价款确定计税依据征收消费税。

（7）计税价格明显偏低并无正当理由的销售额的确定

纳税人应税消费品的计税价格明显偏低并无正当理由的，由主管税务机关核定其计税价格。烟、白酒和小汽车的计税价格由国家税务总局核定，送财政部备案；其他应税消费品的计税价格由省、自治区和直辖市国家税务局核定；进口的应税消费品的计税价格由海关核定。

（8）包装物押金的销售额的确定

包装物押金不计入销售额，但因逾期未收回的包装物不再退还的押金、已收取的时间超过12个月的押金，以及除黄酒、啤酒以外的酒类包装物押金计入销售额。

（9）外币销售额的换算

纳税人销售的应税消费品，以人民币计算销售额。以人民币以外的货币结算销售额的，其销售额的人民币折合率可以选择销售额发生的当天或者当月1日的人民币汇率中间价。折合率确定后1年内不得变更。

（二）从量定额计税

生产销售应税消费税从量定额计税是指以应税消费品的销售数量乘以适用的定额税率计算应纳税额，计算公式为：

$$应纳税额=销售数量×定额税率$$

自产自用应税消费品视同销售的，以移送使用的数量为销售数量，计算公式为：

$$应纳税额=自产自用数量×定额税率$$

（三）复合计税

消费税复合计税是指分别适用销售额从价定率计税和销售数量从量定额计税，以两者之和为应纳税额，计算公式为：

$$应纳税额=销售额×比例税率+销售数量×定额税率$$

【例题】醉翁美酒厂为增值税一般纳税人。2020年4月，该厂自制粮食白酒4吨对外销售，取得不含税销售收入10万元，另收取包装物押金（单独核算）1.13万元。计算醉翁美酒厂应当缴纳的消费税税额。

【解析】从量计征=4×2 000×0.5=4 000（元）；

从价计征=[100 000+11 300÷（1+13%）]×20%=22 000（元）；

共计消费税=4 000+22 000=26 000（元）

自产自用应税消费品视同销售复合计税的，从价定率计税部分适用组成计税价格计算应纳税额。值得注意的是，在从价定率计税时，从量定额计税部分的消费税也都要计入计税价格。从量定额计税部分的消费税为自产自用数量乘以定额税率，因此，自产自用应税消费品视同销售复合计税的，其从价部分的组成计税价格计算公式为：

$$组成计税价格=（成本+利润+自产自用数量×定额税率）÷（1-比例税率）$$

从价定率部分应纳税额计算公式为：

$$从价定率部分应纳税额=（成本+利润+自产自用数量×定额税率）÷（1-比例税率）×比例税率$$

自产自用应税消费品视同销售复合计税应纳税额计算公式为：

$$应纳税额=（成本+利润+自产自用数量×定额税率）÷（1-比例税率）×比例税率+自产自用数量×定额税率$$

【例题】醉翁美酒厂为增值税一般纳税人。2020年5月，该酒厂将50千克自产65°原浆白酒加工成医用酒精对外销售，65°原浆白酒无同类白酒的销售价格，生产成本为40元/千克。已知白酒的成本利润率为10%，适用的税率为20%加0.5元/500克（或者500毫升），计算该笔业务的应纳消费税税额。

【解析】销售自产应税消费品，无同类白酒的销售价格的，按照组成计税价格计税。

应纳税额=（成本+利润+自产自用数量×定额税率）÷（1-比例税率）×比例税率+自产自用数量×定额税率=［40×（1+10%）×50+0.5×100］÷（1-20%）×20%+100×0.5=612.50（元）。

二、委托加工应税消费品应纳税额的计算

（一）从价定率计税

委托加工应税消费品，按照受托方的同类消费品的销售价格计算销售额，乘以适用的比例税率来计算消费税税额，计算公式为：

应纳税额=按照受托方的同类消费品的销售价格计算的销售额×比例税率

受托方没有同类消费品销售价格的，按照组成计税价格计算纳税。组成计税价格计算公式：

组成计税价格=（材料成本+加工费）÷（1-比例税率）

应纳税额计算公式为：

应纳税额=（材料成本+加工费）÷（1-比例税率）×比例税率

上述公式中，材料成本是指委托方所提供加工材料的实际成本。

【例题】2020年6月，甲实木地板厂（增值税一般纳税人）购买一批原木，增值税专用发票注明的金额为10万元，甲实木地板厂将该批材料委托乙实木地板厂加工成素板（实木地板的一种），乙实木地板厂收取加工费和辅料费不含增值税价款4.25万元。实木地板适用的消费税税率为5%，计算乙实木地板厂代收代缴的消费税税额。

【解析】材料成本：100 000元；加工费：42 500元；

组成计税价格：（100 000+42 500）÷（1-5%）=150 000（元）；

代收代缴的消费税税额=150 000×5%=7 500（元）。

（二）从量定额计税

委托加工从量定额计税，以纳税人收回的应税消费品数量为计税依据，乘以适用的定额税率计算应纳税额，计算公式为：

应纳税额=纳税人收回的应税消费品数量×定额税率

（三）复合计税

委托加工复合计税，从价定率计税部分的销售额按照受托方的同类消费品的销售价格计算，受托方没有同类消费品销售价格的，按照组成计税价格计算纳税。组成计税价格包含从量定额计税部分的消费税额，从量定额计税部分的消费税额为委托加工的数量乘以定额税率。因此，委托应税消费品视同销售复合计税的，其从价定率计税部分的组成计税价格计算公式为：

从价定率计税部分组成计税价格=（成本+利润）÷（1-比例税率）+
（委托加工数量×定额税率）÷（1-比例税率）
=（成本+利润+委托加工数量×定额税率）÷（1-比例税率）

从价定率计税部分计算公式为：

应纳税额=（材料成本+加工费+委托加工数量×定额税率）÷（1-比例税率）×比例税率

从量定额计税部分计算公式为：

应纳税额=委托加工数量×定额税率

复合计税计算公式：

应纳税额=（材料成本+加工费+委托加工数量×定额税率）÷（1-比例税率）×比例税率+
委托加工数量×定额税率

【例题】2020年7月，甲酿酒厂（增值税一般纳税人）购买一批高粱，增值税专用发票注明的金额为42万元，甲酿酒厂将该批材料委托乙酿酒厂加工成500克瓶装高度白酒7万瓶，乙酿酒厂收取加工费和辅料费不含增值税价款5万元。该批白酒适用的消费税税率为20%，计算乙酿酒厂代收代缴的消费税税额。

【解析】材料成本：42万元；加工费：5万元；

应纳税额＝（材料成本＋加工费＋委托加工数量×定额税率）÷（1－比例税率）×比例税率＋委托加工 数量×定额税率

＝（420 000＋50 000＋70 000×0.5）÷（1－20%）×20%＋70 000×0.5＝161 250（元）。

三、进口应税消费品应纳税额的计算

（一）从价定率计税

进口的应税消费品，按照组成计税价格计算纳税。进口货物组成计税价格包括关税，因此进口货物从价计税组成计税价格公式为：

组成计税价格＝（关税完税价格＋关税）÷（1－比例税率）

进口的应税消费品从价定率计税应纳税额计算公式为：

应纳税额＝（关税完税价格＋关税）÷（1－比例税率）×比例税率

【例题】2020年8月，黄金卷烟厂进口烟丝一批，海关审定完税价格为10万元，黄金卷烟厂为此缴纳关税4万元。已知该批烟丝适用的消费税比例税率为30%，计算黄金卷烟厂进口这批卷烟丝应当缴纳的消费税税额。

【解析】应纳税额＝（关税完税价格＋关税）÷（1－比例税率）×比例税率

＝（100 000＋40 000）÷（1－30%）×30%＝140 000（元）。

（二）从量定额计税

进口应税消费品从量定额计税应纳税额计算公式为：

应纳税额＝进口数量×定额税率

（三）复合计税

进口货物复合计税的，从价定率计税部分包含从量定额计税部分的消费税。进口货物复合计税应纳税额计算公式为：

应纳税额＝（关税完税价格＋关税＋进口数量×定额税率）÷（1－比例税率）×比例税率＋进口品数量×定额税率

【例题】2020年9月，黄金卷烟厂进口卷烟100标准条（每标准条200支），海关审定完税价格为30 000元，黄金卷烟厂为此缴纳关税12 000元。已知该批卷烟适用的消费税比例税率为36%，定额税率为0.003元/支，计算黄金卷烟厂进口这批卷烟应当缴纳的消费税额。

【解析】应纳税额＝（关税完税价格＋关税＋进口数量×定额税率）÷（1－比例税率）×比例税率＋进口品数量×定额税率

＝（30 000＋12 000＋100×200×0.003）÷（1－36%）×36%＋100×200×0.003＝23 718.75（元）。

四、已纳税款的扣除

根据规定，将外购的消费品连续生产应税消费品的，可以扣除原料已纳的消费税税款，以避免出现重复征税问题。

根据规定，委托加工应税消费品的，委托方收回委托加工的应税消费品以后，将委托加工的应税消费品用于连续生产应税消费品的，所纳税款准予按规定抵扣。

【连续生产应税消费品的抵扣】

(一)准予扣除的项目

需要注意的是,并非所有外购和委托加工的消费品用于连续生产都可以扣除已纳的消费税税款,准予扣除的只限于消费税法列举的税目。

消费税法规定,外购和委托加工的消费品用于连续生产可以扣除已纳消费税税款的税目不包括酒、小汽车、高档手表、游艇、电池、涂料等6个税目,外购和委托加工的消费品用于连续生产可以扣除已纳消费税税款的税目限于下列9个:

1)已税烟丝生产的香烟;
2)已税高档化妆品生产的高档化妆品;
3)已税珠宝玉石生产的贵重首饰、珠宝玉石;
4)已税鞭炮和焰火生产的鞭炮和焰火;
5)已税高尔夫部件生产的高尔夫球杆;
6)已税木制一次性筷子生产的木制一次性筷子;
7)已税实木地板生产的实木地板;
8)已税石脑油、润滑油、燃料油为原料生产的成品油;
9)已税汽油、柴油为原料生产的成品油。

(二)外购应税消费品已纳税额的扣除

外购消费品已纳消费税税款的扣除,采用的是实耗扣税法而不是购进扣税法,即只有在当期被生产领用的已税消费品才可以扣除其已纳消费税税款。

当期准予扣除的外购应税消费品的已纳消费税税款,按当期生产领用数量计算。由于原材料的采购和使用是连续的,所以在计算生产领用量时,应根据期初库存数量加当期外购数量减期末库存数量来进行推算。

准予扣除的税款计算公式为:

准予扣除的税款=当期准予扣除的外购应税消费品买价×外购应税消费品适用税率

当期准予扣除的外购应税消费品买价=期初库存的外购应税消费品买价+当期购进的应税消费品的买价-期末库存的外购应税消费品买价

上述公式中"外购应税消费品买价"是指购货发票上注明的销售额(不包括增值税税款)。

【例题】天工玉石加工厂(增值税一般纳税人)2020年10月库存及生产销售情形如下:

10月1日,库存外购原料玉石的进价成本为48.6万元;10月8日,从某石矿购入原料玉石一批,增值税专用发票注明的价款为20万元;10月30日,企业库存外购原料玉石的进价成本为49.2万元;10月向外销售加工玉石后取得不含税销售收入56万元。

计算天工玉石加工厂当期实际应纳消费税税款。

【解析】天工玉石加工厂当期准予扣除的外购应税消费品的已纳税款为:

当期准予扣除的外购应税消费品买价=486 000+200 000-492 000=194 000(元);

当期准予扣除的外购应税消费品的已纳税款=194 000×10%=19 400(元);

按当期销售收入计算的应纳税额为:应纳税额=560 000×10%=56 000(元);

则该玉石加工厂当期实际消费税应纳税款为:当期实际应纳税款=按当期销售收入计算的应纳税额-当期准予扣除的外购应税消费品的已纳税款=56 000-19 400=36 600(元)。

(三)委托加工收回的应税消费品已纳税额的扣除

委托加工的应税消费品,委托方收回委托加工的应税消费品以后,以高于受托方的计税价格出售,以及将委托加工的应税消费品用于连续生产应税消费品的,已纳税款准予按规定抵扣。

纳税人用委托加工的已税珠宝玉石生产的改在零售环节征收消费税的金银首饰(镶嵌首饰),在计税时一律不得扣除委托加工珠宝玉石的已纳税款。

当期准予扣除的委托加工收回的应税消费品的已纳消费税税款，按照当期生产领用的数量计算。计算公式为：

当期准予扣除的委托加工应税消费品已纳税款＝期初库存的委托加工应税消费品已纳税款＋当期收回的委托加工应税消费品已纳税款－期末库存的委托加工应税消费品已纳税款

【例题】2020年11月，甲实木地板厂（增值税一般纳税人）购买一批原木，增值税专用发票注明的金额为10万元，甲实木地板厂将该批材料委托乙实木地板厂加工成素板（实木地板的一种），乙实木地板厂收取加工费和辅料费不含增值税价款4.25万元，甲实木地板厂收回素板后，将其中80%继续加工成实木地板成品销售，取得不含税销售收入15万元。已知实木地板适用的消费税率为5%，计算甲实木地板厂销售实木地板成品应纳的消费税税额。

【解析】
1.甲实木地板厂被代收代缴的消费税
（1）委托加工素板的组成计税价格＝（100 000+42 500）÷（1–5%）=150 000（元）；
（2）乙实木地板厂代收代缴的消费税=150 000×5%=7 500（元）。
2.甲实木地板厂销售实木地板成品应纳消费税=150 000×5%–7 500×80%=1 500（元）。

五、消费税税收管理

（一）纳税义务发生时间

消费税纳税义务发生时间以货款结算方式或行为发生时间分别确定。

1）纳税人销售应税消费品的，根据不同的销售方式，纳税义务发生时间为：

①采取赊销和分期收款结算方式的，为书面合同约定的收款日期的当天，书面合同没有约定收款日期或者无书面合同的，为发出应税消费品的当天；

②采取预收货款结算方式的，为发出应税消费品的当天；

③采取托收承付和委托银行收款方式的，为发出应税消费品并办妥托收手续的当天；

④采取其他结算方式的，为收讫销售款或者取得索取销售款凭据的当天。

2）纳税人自产自用应税消费品的，为移送使用的当天。

3）纳税人委托加工应税消费品的，为纳税人提货的当天。

4）纳税人进口应税消费品的，为报关进口的当天。

（二）纳税期限

消费税的纳税期限分别为1日、3日、5日、10日、15日、1个月或者1个季度。纳税人的具体纳税期限，由主管税务机关根据纳税人应纳税额的大小分别核定；不能按照固定期限纳税的，可以按次纳税。

纳税人以1个月或者1个季度为1个纳税期的，自期满之日起15日内申报纳税；以1日、3日、5日、10日或者15日为1个纳税期的，自期满之日起5日内预缴税款，于次月1日起15日内申报纳税并结清上月应纳税款。纳税人进口应税消费品，应当自海关填发海关进口消费税专用缴款书之日起15日内缴纳税款。

（三）纳税地点

1）纳税人销售的应税消费品，以及自产自用的应税消费品，除国务院财政、税务主管部门另有规定外，应当向纳税人机构所在地或者居住地的主管税务机关申报纳税。

2）委托加工的应税消费品，除受托方为个人外，由受托方向机构所在地或者居住地的主管税务机关解缴消费税税款。

3）委托个人加工的应税消费品，由委托方向其机构所在地或者居住地主管税务机关申报纳税。

4）进口的应税消费品，由进口人或者其代理人向报关地海关申报纳税。

5）纳税人到外县（市）销售或者委托外县（市）代销自产应税消费品的，于应税消费品销售后，向机构所在地或者居住地主管税务机关申报纳税。

6）纳税人的总机构与分支机构不在同一县（市）的，应当分别向各自机构所在地的主管税务机关申报纳税；经财政部、国家税务总局或者其授权的财政、税务机关批准，可以由总机构汇总向总机构所在地的主管税务机关申报纳税。

7）出口的应税消费品办理退税后，发生退关，或者国外退货进口时予以免税的，报关出口者必须及时向其机构所在地或者居住地主管税务机关申报补缴已退的消费税税款。

8）纳税人直接出口的应税消费品办理免税后，发生退关或者国外退货，进口时已予以免税的，经机构所在地或者居住地主管税务机关批准，可暂不办理补税，待其转为国内销售时，再申报补缴消费税。

9）纳税人销售的应税消费品，如因质量等原因由购买者退回时，经机构所在地或者居住地主管税务机关审核批准后，可退还已缴纳的消费税税款。

思政园地

朱元璋严税制杀驸马[①]

洪武末年，驸马都尉欧阳伦"奉使至川、陕"，眼见川茶私运出境可赚大钱，便利令智昏，自恃皇亲国戚，不顾茶禁之严，"数遣私人贩茶出境"，派管家周保做起私茶生意来。对欧阳伦这种明目张胆的犯法行径，边疆大吏都不敢过问，陕西布政使还趁机巴结，为其"开放绿灯"，并提供运茶车辆等种种方便。周保更狐假虎威，乘机搜刮百姓，骚扰民生。一次贩私茶至兰县渡口，河桥司巡检依法前往稽查，反被辱打。这位河桥小吏气愤不过，便大胆上书向明太祖朱元璋告发。欧阳伦是安庆公主的丈夫，安庆公主是朱元璋极为宠幸的马皇后所生，按理应是朱元璋的爱婿，但朱元璋懂得"有法必行，无信不立"的道理，毅然将欧阳伦赐死，将周保等诛杀，茶货没收入官。

[①] 严砾.古代帝王治税轶事[J].吉林财税, 2003（7）: 62.

任务工单

编号	知识点	日期	姓名	学号	班级	评分
3-2-1	消费税的纳税人、征税范围、税目和税额的计算					

消费税纳税人为在中国境内

纳税人

征税范围

1. 生产销售

(1) 按照销售价格和数量计算销售额。
(2) 通过自设非独立核算门市部销售的：_____。
(3) 自产外用（视同销售）（用于交换、投资入股、偿还债务）：同类销售价格*（移送环节征收）。
(4) 自产自用（视同销售）（生产非应税消费品、在建工程、管理部门、协作单位、非生产机构、提供劳务、样品、福利、广告、馈送、赞助等）：首先：同类产品价格；其次：组成计税价格*。
(5) 非工业企业的下列行为视同为应税消费品生产行为，也同样征收消费税：
① 外购应税消费品以低税率产品对外销售；
② 外购应税消费品以低税率产品对外销售。

2. 批发销售 卷烟批发

3. 零售
(1) 金银首饰（金银首饰、金银基合金首饰、金银和金银基合金的镶嵌首饰）(2) 钻石及钻石饰品 (3) 铂金首饰

委托加工

1. 委托加工是指委托方提供原料和辅助材料。
2. 按照_____价格纳税。
3. 委托加工的数量为_____的数量。

进口

报关进口时缴纳

税额的计算

1. 从价定率计税：

应纳税额 = 销售额 × 税率

* (1) 销售额代收代垫的费用（同增值税一样）；
但不包括代收代垫的费用（同增值税一样）；
(2) 销售额不包括增值税；
(3) 销售额包括包装物价款；
(4) _____的押金计入销售额，其他押金一律不计。

2. 从量定额计税（_____）：

应纳税额 = 销售数量 × 定额税率

** 自产自用的销售数量为_____的数量；
委托加工的销售数量为_____的数量。

3. 从价从量复合计税（_____）：

应纳税额 = 销售额 *** × 税率 + 销售数量 × 定额税率

*** _____收取的"品牌使用费"计入销售额。

【例题】黄金卷烟厂为增值税一般纳税人，2019年12月发生业务如下：（业务均为假设；乙类卷烟消费税比例税率36%，定额税率0.003元/支）

1. 生产销售A卷烟150条（乙类，200支/条），取得含增值税销售收入8 475元。
2. 向自设独立门市部和非独立门市部各销售A卷烟1 000条，分别取得含税销售收入3万元和1万元，甲乙门市部对外销售各取得不含税收入5万元。
3. 将A卷烟100条用于偿还某企业所欠的烟叶款。该卷烟最高不含税售价为60元/条，最低不含税售价为40元/条，正常不含税售价为50元/条。
4. 开发新品种卷烟500条（乙类），没有对外销售，400条赞助给某关联企业，100条用于本单位业务接待消费。该卷烟成本为20元，利润率为5%。
5. 从国外收购某种似烟类烟草的植物进行切割后以烟丝对外销售，取得不含税销售收入100万元；以30元/条当作甲类卷烟以200元/条的价格对外销售，取得不含税销售收入7 500元。
6. 由烟草批发机构向某烟草批发公司批发A卷烟1万条，取得不含增值税销售收入40万元；向某烟草零售企业批发A卷烟2万元，取得不含增值税销售收入80万元。
7. 委托某卷烟厂加工A、B两种卷烟各1万条，两种卷烟耗用原料均为不含税价款12万元，加工费均为8万元（不含税）。黄金卷烟厂A、B两种卷烟的每条售价分别为50元和48元，甲类烟厂A卷烟的售价为45元/条，未销售过B卷烟。
8. 进口烟丝一批，海关审定完税价格为10万元，关税税率40%，消费税率30%。

（续左下1）

（续左下2）

续表

已纳消费税的扣除

	外购应税消费品应纳税额的扣除	委托加工收回的应税消费品已纳税款的扣除
含义	使用外购已纳消费税消费品生产应税消费品，计征消费税时外购已纳消费税额准予扣除。	委托加工的应税消费品经由被委托加工方代收代缴，委托方收回用于继续加工生产应税消费品的，计税时的已纳税准予扣除。

准予扣除的范围

1. 已税烟丝生产的香烟。
2. 已税化妆品生产的高档化妆品。
3. 已税珠宝玉石生产的贵重首饰、珠宝玉石。
4. 已税鞭炮和焰火生产的鞭炮和焰火。
5. 已税高尔夫球杆杆柄生产的高尔夫球杆。
6. 已税木制一次性筷子生产的木制一次性筷子。
7. 已税实木地板生产的实木地板。
8. 已税石脑油、润滑油、燃料油为原料生产的成品油。
9. 已税汽油、柴油为原料生产的成品油。
（总结：不包括酒类、小汽车、高档手表、游艇、电池、涂料）

公式：

准予扣除的税款 = 当期准予扣除的外购应税消费品买价 × 税率

$$当期准予扣除的外购应税消费品买价 = \frac{应税消费品的期初库存买价 + 应税消费品的当期购进买价 - 应税消费品的期末库存买价}{}$$

10. 某制筷子厂外购木筷子，含增值税价款为113万元，用来加工生产木制一次性高档筷子进行销售，取得不含增值税销售收入200万元。已知消费税率为13%，计算消费税应纳税额。

11. 金星化工厂在某冶炼厂委托加工生产汽油，支付加工费6万元（不含增值税）。后金星化工厂将收回的汽油全部用于深加工生产高标号汽油，并全部销售并取得不含增值税销售收入200万元。已知消费税率为5%，消费税率为13%，计算该厂应纳税额。

消费税的征收管理

	纳税义务发生时间	纳税期限
纳税地点	原理同增值税	同增值税
	销售、外地销售或委托外县代销自产应税消费品：机构所在地。 委托加工：受委托方所在地（受委托方为个人的委托人所在地）。	

应税消费品

一、烟
1. 卷烟
2. 雪茄烟
3. 烟丝

二、酒
1. 白酒
2. 黄酒
3. 啤酒
4. 其他酒

三、高档化妆品

四、贵重首饰及珠宝玉石

五、鞭炮和焰火

六、成品油

七、摩托车

八、小汽车

九、高尔夫球及球具

十、高档手表

十一、游艇

十二、木制一次性筷子

十三、实木地板

十四、电池

十五、涂料

承右上1：委托加工应纳税额的计算

1. 从价定率计税：

组成计税价格 = (材料成本 + 加工费) ÷ (1 - 比例税率)

应纳税额 = 组成计税价格 × 比例税率

2. 复合计税：

组成计税价格 = (材料成本 + 加工费 + 委托加工数量 × 定额税率) ÷ (1 - 比例税率)

应纳税额 = 组成计税价格 × 比例税率 + 委托加工数量 × 定额税率

承右上2：进口应纳税额的计算

1. 从价定率计税：

组成计税价格 = (关税完税价格 + 关税) ÷ (1 - 比例税率)

应纳税额 = 组成计税价格 × 比例税率

2. 从量定额计税：

应纳税额 = 进口数量 × 定额税率

3. 复合计税：

组成计税价格 = (关税完税价格 + 关税 + 进口数量 × 定额税率) ÷ (1 - 比例税率)

纳税单位和个人

机关、事业、企业、军事等各种单位

个体户、其他个人

编号	3-2-2	知识点	消费税税额的计算		日期	
姓名		学号		班级	评分	

选择题、判断题

1. 根据消费税法律制度的规定，下列各项中，包装物押金计入销售额的有（　　）。
   A. 因逾期未收回的包装物不再退还的押金　　B. 已收取的时间超过12个月的押金
   C. 黄酒、啤酒包装物押金　　D. 除黄酒、啤酒以外的酒类包装物押金

2. 甲酒厂主要从事白酒生产销售业务，该酒厂销售白酒取得的下列款项中，应并入销售额缴纳消费税的有（　　）。
   A. 向甲公司收取的产品优质费　　B. 向乙公司收取的包装物租金
   C. 向丙公司收取的品牌使用费　　D. 向丁公司收取的储备费

3. （判断题）某卷烟厂通过自设独立核算门市部销售自产卷烟，应当按照门市部对外销售额或销售数量计算征收消费税。（　　）

4. （判断题）纳税人采用以旧换新方式销售的金银首饰，应按差价征收消费税。（　　）

5. （判断题）纳税人采用翻新改制方式销售的金银首饰，按实际收取的不含增值税的全部价款确定计税依据征收消费税。（　　）

6. 根据消费税法律制度的规定，企业发生下列事项，应根据企业同类应税消费品最高计税价格计征消费税的是（　　）。
   A. 用于职工福利的自产高档化妆品　　B. 用于运输车队的自产柴油
   C. 用于抵偿债务的自产小汽车　　D. 用于广告宣传的自产白酒

7. 根据消费税法律制度的规定，下列各项中，可以按当期生产领用数量计算准予扣除外购的应税消费品已纳消费税税款的是（　　）。
   A. 外购已税白酒生产的药酒　　B. 外购已税烟丝生产的卷烟
   C. 外购已税翡翠生产加工的金银翡翠首饰　　D. 外购已税钻石生产的高档手表

8. 2020年1月，某酒厂生产白酒220吨，对外销售180吨，取得不含增值税销售额2 000万元，增值税税额260万元。该酒厂当月销售白酒计算消费税的计税依据为（　　）。
   A. 2 000万元　　B. 2 260万元　　C. 220吨　　D. 180吨

9. 2020年2月，某啤酒厂生产150吨啤酒，销售100吨，取得不含增值税销售额30万元，增值税税额3.9万元。甲啤酒厂当月销售啤酒消费税计税依据为（　　）。
   A. 33.9万元　　B. 30万元　　C. 150吨　　D. 100吨

计算题

1. 甲公司为增值税小规模纳税人，2020年3月销售自产葡萄酒，取得含增值税销售额150 174元。已知增值税征收率为3%；葡萄酒消费税税率为10%，计算甲公司当月该笔业务应缴纳的消费税税额。

2. 甲公司为增值税一般纳税人，主要从事柴油加工和销售业务。2020年4月，甲公司销售自产柴油1 000吨，赠送客户自产柴油10吨，本公司工程车辆领用自产柴油20吨。已知柴油1吨=1 176升，消费税税率为1.2元/升，计算甲公司当月上述业务消费税应纳税额。

3.某酒厂为增值税一般纳税人,2020年5月,该酒厂销售白酒50吨,取得含增值税销售额113万元,已知增值税税率为13%,白酒消费税比例税率为20%,定额税率为0.5元/500克。计算该酒厂当月应当应纳消费税税额。

4.某摩托车生产企业为增值税一般纳税人。2020年6月,该摩托车生产企业将生产的某型号摩托车100辆,以每辆出厂价1万元(不含增值税)给自设非独立核算的门市部,门市部又以每辆16 950元的价格(含增值税)全部销售给消费者。已知该型号摩托车适用的消费税税率为10%,计算该摩托车生产企业2020年6月份消费税应纳税额。

5.甲公司为增值税一般纳税人。2020年7月,甲公司将1辆生产成本5万元的自产小汽车用于抵偿债务,同型号小汽车含增值税平均售价11.3万元/辆,含增值税最高售价13.56万元/辆。已知增值税税率为13%,消费税税率为5%,计算甲公司当月该笔业务应缴纳的消费税税额。

6.甲酒厂为增值税一般纳税人。2020年8月,甲酒厂销售自产红酒,取得含增值税价款56.5万元,另收取包装物押金3.39万元、手续费2.26万元。已知红酒增值税税率为13%,消费税税率为10%,计算甲酒厂该笔业务消费税应纳税额。

7. 2020年国庆节前夕,某白酒厂将新研制的白酒1 000千克作为过节福利发放给员工饮用,该种白酒无同类产品市场销售价格。已知该批白酒生产成本为10万元,成本利润率为5%,适用的消费税比例税率为20%,定额税率为0.5元/500克,计算该批白酒消费税应纳税额。

8. 2020年11月,某酒厂将自产的2 000千克粮食白酒作为福利发放给职工,市场没有同类白酒销售,该批白酒的成本为20万元。已知适用的消费税税率为20%,单位税额为0.5元/500克,粮食白酒的平均利润率为10%,计算该批白酒消费税应纳税额。

9. 2020年12月，某汽酒进口公司进口一批汽酒，已知该批汽酒的关税完税价格为1万元，消费税税率为10%，关税税率为14%。计算该批汽酒进口环节应缴纳的消费税税额。

10. 某企业进口某种卷烟100标准条，海关审定完税价格5万元，该企业缴纳关税2万元。已知该种卷烟适用的消费税比例税率为36%，定额税率为0.003元/支，计算该企业应缴纳的消费税税额。

11. 甲卷烟厂为增值税一般纳税人，受托加工一批烟丝，委托方提供的烟叶成本含税价5.65万元，甲卷烟厂收取含增值税加工费2.26万元。已知增值税税率为13%，消费税税率为30%，无同类烟丝销售价格，计算甲卷烟厂该笔业务应代收代缴的消费税税额。

12. 某企业委托某卷烟厂加工卷烟100标准条，卷烟耗用原料含税价款为2.1万元，加工费为1.29万元。已知受托加工厂未销售过该种卷烟，该种卷烟消费税比例税率为56%，定额税率为0.003元/支，计算受委托加工厂代收代缴的消费税税额。

13. 甲企业为增值税一般纳税人。2020年2月，甲企业月初库存烟丝不含增值税买价5万元，本月外购烟丝不含增值税买价40万元，月末库存烟丝不含增值税买价10万元，领用的烟丝当月全部用于连续生产卷烟。已知烟丝消费税税率为30%，计算甲企业本月准予扣除的外购烟丝已缴纳消费税税额。

14. 甲卷烟厂为增值税一般纳税人。2020年1月，甲卷烟厂将增值税专用发票注明金额为20万元的一批烟叶委托乙卷烟厂加工成烟丝。加工后，乙卷烟厂收取加工费和辅料费不含增值税价款1.85万元，乙卷烟厂无同类烟丝销售。甲卷烟厂收回烟丝后，全部加工成甲类卷烟100标准条对外销售，取得不含税销售收入35万元。已知烟丝的成本利润率为5%，消费税率为30%，计算甲厂销售卷烟应缴纳的消费税税额。

项目四 企业所得税法律制度

项目情境

中国企业所得税的前世今生[①]

企业所得税是我国第二大税种。2019年，全国企业所得税税收收入37 300亿元，占全国组织税收总收入的26%多。

企业所得税不仅是国家财政收入的重要来源，还是国家贯彻国家产业政策和社会政策，实施宏观调控的重要政策工具。企业所得税有收入减免税、减计收入、加计扣除、加速折旧、减免所得、抵扣应纳税所得额、减免税额、抵免税额等多种税收优惠措施，通过这些措施的实施，国家对产业结构进行调整，有助于我国经济又好又快的发展。

中国所得税制度的创建始于20世纪初。清末宣统年间，清政府曾经起草过《所得税章程》，但是未能公布实施。1943年，国民政府公布《所得税法》，但没能很好地实施。

中华人民共和国成立后，在改革开放初期，我国分别针对内资企业和外资企业建立了两套不同的所得税制度，对外商投资企业和外国企业的所得税法相对宽松，例如，内资企业的平均实际税负为25%，而外资企业的平均实际税负只有15%。

我国加入世界贸易组织后，针对外企的税收优惠成了"超国民待遇"，使内资企业处于一个不平等的竞争地位，影响到了国民经济的健康运行。在此背景下，2008年1月1日，我国开始实施新的《中华人民共和国企业所得税法》和《中华人民共和国企业所得税法实施条例》。新税法的实施对扩大我国的财政收入，促进经济和社会调控发挥了重要作用。

【中华人民共和国企业所得税法】

【中华人民共和国企业所得税法实施条例】

项目简介

本项目由三个任务组成：

任务一 企业所得税的概念、纳税人和征税对象。学习企业所得税的含义、居民企业纳税人和非居民企业纳税人的含义及征税对象，以及企业收入境内外来源的确定。

任务二 企业所得税应纳税所得额和应纳税额的计算。学习如何计算企业所得税应纳税所得额和应纳税额，其中企业所得税应纳税所得额包括收入总额、不征税收入、免税收入、各项扣除、以前年度亏损、减免所得、抵扣应纳税所得额等几个知识点，应纳税额包括适用税率、减免税额和抵免税额等几个知识点。

任务三 企业所得税的税收管理。学习企业所得税的纳税期限、纳税时间和纳税申报方法。

本项目内容提要如表4-1所示。

[①] 参考20200403看点快报。http://kuaibao.qq.com/s/20200312A0Q37Z00。

表 4-1 项目内容提要

注意：个体工商户、个人独资企业、合伙企业名为企业实为个人，两者之所得交个人所得税，不是企业所得税纳税人

			二、征税对象（1.中国企业及外国企业境内机构取得的境内外全部收入；2.纯境外企业仅来源于中国的收入）	
			（一）境内所得（在中国赚的钱）	（二）境外所得（赚国外的钱）
企业所得税	（一）纳税人（我国境内的企业和其他取得收入的组织）	（一）居民企业	1. 在中国境内设立的企业（如在青岛成立的海尔集团） 2. 实际管理机构在中国境内注册的外国企业（如美国公司驻中国办事处，该类常设机构不具有法人资格）	√（25%）	√（25%）
		（二）非居民企业	1. 在中国境内设立机构、场所（即国外常设机构）的外国企业（如在英属开曼岛注册的腾讯、百度和阿里巴巴）	该机构取得的境内收入 √（25%） 非该机构取得的境内收入 对权益性投资、利息、租金、特许权使用费、转让财产及其他所得由支付款项的扣缴义务人源泉扣缴 √（20%）	该机构取得的境外收入 √（25%） 非该机构取得的境外收入 ×
			2. 在中国境外未设立机构、场所但取得收入的外国企业（如境外企业销售中国境内房产）	√（20%，减按10%）	×
	（三）应纳税所得额	=收入总额（≈毛收入）和 – 不征税收入 – 免税收入（税收优惠措施） – 各项扣除 – 以前年度亏损			

收入总额：
1. 收入的形式：包括（1）货币形式 和（2）非货币形式
2. 收入种类及收入的确认
3. 收入的确认

（1）销售货物
① 以交易活动发生地确认国内收入。
② 分期付款的按照合同约定的日期确认收入。

（2）销售劳务
① 以劳务发生地确认国内收入。
② 提供劳务期间超过12个月的按年度完工进度确认收入。

（3）转让财产
① 转让不动产的按照不动产所在地确认国内收入。
② 转让动产的按照动产所在地确认收入。

生产经营所得、其他所得、资产溢余收入、逾期未退包装物押金收入、确实无法偿付的应付款项、违约金收入和清算所得（清算后剩余财产大于投资额的部分）

不征税收入：
1. 财政拨款；
2. 财政管理的行政事业性收费、政府性基金

免税收入（税收优惠措施）：
1. 国债利息；
2. 地方政府债券利息收入；
3. 居民企业之间投资性收益；
4. 非居民企业取得居民企业的投资性收益；
5. 非营利组织的收入；
6. 境外机构投资者从境内债券市场取得的债券利息收入

各项扣除：
1. 成本 [注意：研发费用加计50%扣除（税收优惠措施）]

2. 费用（及其扣除标准）
(1) 工资、薪金支出（残疾人加计）
(2) 职工福利（限额工薪14%内）
(3) 工会经费（限2%）
(4) 职工教育经费（限8%）
(8) 汇兑损失
(9) 业务招待费（按60%计且限营业收入5‰）
(10) 广告、业务宣传费（限15%）
(15) 公益捐赠（利润限12%，剩余可3年结转）
(16) 有关资产费用
(17) 总机构分摊费用

以前年度亏损：
1. 最长不超过5年；
2. 高新、科技、型中小企业2018年1月1日起亏损可以向后结转，但最长不超过10年

续表

	③权益性资产按照被投资企业所在地确认	(4) 股息、红利等权益性投资 (5) 利息 (6) 租金 (7) 特许权使用费 (8) 接受捐赠	分配支付企业所在地
		(5) 保险（基本社保：5%；补充社保：5%；商业保险：×；职工保险×交通工具人身意外）	(11) 环保专项资金 (12) 企业财产保险费	(18) 资产损失 (19) 手续费及佣金（限合同金额5%；财险为余额15%，人寿为余额10%）
		(6) 利息费用（按银行利息）	(13) 租赁费	
		(7) 借款费用	(14) 劳保费	
	(9) 其他收入（如资产溢余收入等）	由财政、税务部门确定		
	一减免的应纳税所得（税收优惠措施） 1. 农林牧渔项目所得；2. 国家重点扶持的公共基础设施所得；3. 环保节能节水项目所得；4. 技术转让所得；5. 境外投资机构投资资产转让所得	右侧为不得扣除项目	不得扣除项目 1. 向投资者支付利息股息等投资性收益 2. 企业所得税税款 3. 税收滞纳金 4. 罚款、罚金 5. 超过标准的捐赠 6. 赞助支出 7. 未经核定准备金 8. 企业之间管理费、内部机构之间租金、特许费、利息	
	一抵扣的应纳税所得（税收优惠措施） 1. 创投企业直接投资投资额一定比例抵扣；2. 有限合伙制创投企业投资按一定比例抵扣。			
	×（二）适用税率 1. 25%基本税率 2. 20%低税率（实际减按10%征收）： (1) 设立常设机构取得的非居民企业； (2) 未设常设机构的非居民企业境内收入			
	一（三）减免税额（税收优惠措施） 1. 小型微利企业（所得额不超过100万元部分：所得额25%，按20%税率；100~300万元：所得额减50%，按20%税率）；2. 重点扶持高新企业（减按15%）；3. 技术先进型服务企业（减按15%）；4. 集成电路设计企业、软件企业（2年免、3年减半）；5. 经营性文化企业（免5年）；6. 民族自治地方的企业（地方可以决定地方分成部分的减或免）			
四、应纳税额 征收的一种税	一（四）抵免税额（税收优惠措施） 1. 由于境外收入的收入合并境内纳税，所以：已在境外缴纳的所得税交税，所以从当期应纳税额中限额抵免（属于重复交税，超过限额的部分可以在5个年度内以后年度抵免当年余额逐年补）。2. 安全生产、环保、节能节水设备（按投资额的10%）			
	纳税地点：居民企业为登记注册地/实际管理机构所在地；非居民企业为机构所在地/扣缴义务人所在地			
五、征收管理	纳税期限：按年计征，分月或分季度预缴，年终汇算清缴	纳税申报：月份/季度终了15日内		

项目目标

一、知识目标

1. 理解企业所得税的概念。
2. 掌握企业所得税居民企业纳税人和非居民企业纳税人的含义及征收对象。
3. 掌握企业所得税的各项优惠政策和措施。

二、技能目标

1. 掌握居民企业企业所得税应纳税额的计算方法,能够正确计算居民企业企业所得税应纳税额。
2. 掌握非居民企业企业所得税应纳税额的计算方法,能够正确计算非居民企业企业所得税应纳税额。
3. 掌握企业所得税的申报方法,能够正确进行企业所得税纳税申报。

三、素质目标

1. 培养主动获取和应用知识信息的能力、独立思考能力和创新能力。
2. 培养良好的承受挫折和痛苦的能力、心理自我调节能力。
3. 培养良好的人际沟通能力、合作共事能力、环境适应能力。

四、思政目标

1. 培养马克思主义的世界观、正确的政治观、科学的人生价值观和社会主义道德观。
2. 树立理想和奋斗目标,培养坚强的意志和坚定的信念。
3. 培养良好的伦理道德和职业道德。

任务一　企业所得税的概念、纳税人和征税对象

任务情境

1. 王小宝到市场监督管理部门注册成立了一个个体商店，在校园出售饮料方便面等食品，问：王小宝的个体商店需要缴纳企业所得税吗？为什么？
2. 英国某公司为进入中国市场，在上海设立临时办事处进行经营。问：该临时办事处需要为其取得的收入缴纳企业所得税吗？
3. 英国某公司撤销在中国的临时办事处，经过清算，扣除实缴资本之后尚有部分剩余财产，问：该公司需要为此缴纳企业所得税吗？
4. 英国某公司将在上海购买的一处房产出售给法国某公司，问：英国公司需要为出售该房产而取得的收入缴纳企业所得税吗？
5. 我国某海运公司一艘远洋船舶发生故障，聘请日本某船舶维修厂前来中国维修，支付10万美元。后该船舶航行到国外某港口时发生船舶碰撞，再次聘请日本船舶维修厂进行维修，支付20万美元。问：对两次船舶维修该日本船舶维修厂需要缴纳企业所得税吗？
6. 美国某航空公司将一架正在使用中的飞机销售给中国某航空公司，问：该美国航空公司需要为此缴纳企业所得税吗？
7. 日本某公司在中国境内股票市场投资1 000万元购入中国某公司的股份，不久该日本公司将该批股份销售给美国某公司，取得收入1 500万元，问：日本公司需要为此缴纳企业所得税吗？

任务概要和任务目标

本任务学习企业所得税的概念、纳税人和征税对象。企业所得税是对企业的所得所征收的一种税，企业所得税征收的对象是企业的所得。这里的企业，也就是企业所得税的纳税人，包括境内的企业和其他取得收入的组织。我国企业所得税法将企业所得税的纳税人分为居民企业和非居民企业，居民企业和非居民企业的纳税义务有所区别。

学习本任务应当理解企业所得税的概念，掌握企业所得税纳税人的分类方法，能够对企业所得税的纳税人进项正确的分类。掌握企业所得税的征税对象，并且能够正确判断收入的境内、境外来源。

任务相关知识

一、企业所得税的概念

所得税，是指以所得额为征税对象的一种税。

我国目前有企业所得税和个人所得税两种所得税。

企业所得税，简单地说，就是对企业就其所得所征收的一种税。这里的企业包括企业和其他取得收入的组织。这里的所得，在实质上，是纳税人的收入总额扣除各项成本、费用、税金、损失等支出之后的净所得额，并非企业实现的会计利润额；在来源上，包括销售货物所得、提供劳务所得、转让财产所得、股息红利等权益性投资所得、利息所得、租金所得、特许权使用费所得、接受捐赠所得和其他所得；在类型上，包括生产经营所得、其他所得和清算所得。

二、企业所得税的纳税人

在中华人民共和国境内，企业和其他取得收入的组织为企业所得税的纳税人。

从全世界范围来看，企业所得税实际上是法人所得税，由于个体工商户、个人独资企业和合伙企业不是法人组织，我国税法规定个体工商户、个人独资企业和合伙企业就其所得缴纳个人所得税，所以，在我国个体工商户、个人独资企业和合伙企业是个人所得税的纳税人，而不是企业所得税的纳税人。

根据《中华人民共和国企业所得税法》，作为企业所得税纳税人的企业分为居民企业和非居民企业。

（一）居民企业

居民企业，是指依法在中国境内成立，或者依照外国（地区）法律成立但实际管理机构在中国境内的企业。

实际管理机构，是指对企业的生产经营、人员、账务、财产等实施实质性全面管理和控制的机构。企业一般是指以营利为目的，运用各种生产要素（土地、劳动力、资本、技术和企业家才能等），向市场提供商品，实行自主经营、自负盈亏、独立核算的法人或其他社会经济组织。

（二）非居民企业

非居民企业，是指依照外国（地区）法律成立且实际管理机构不在中国境内，但在中国境内设立机构、场所的，或者在中国境内未设立机构、场所，但有来源于中国境内所得的企业。

机构、场所，是指在中国境内从事生产经营活动的机构、场所，包括：
1）管理机构、营业机构、办事机构；
2）工厂、农场、开采自然资源的场所；
3）提供劳务的场所；
4）从事建筑、安装、装配、修理、勘探等工程作业的场所；
5）其他从事生产经营活动的机构、场所。

非居民企业委托营业代理人在中国境内从事生产经营活动的，包括委托单位或者个人经常代其签订合同，或者储存、交付货物等，该营业代理人视为非居民企业在中国境内设立的机构、场所。

三、企业所得税的征税对象

（一）居民企业的征税对象

居民企业应当就其来源于中国境内、境外的所得缴纳企业所得税。

（二）非居民企业的征税对象

非居民企业在中国境内设立机构、场所的，应当就其所设机构、场所取得的来源于中国境内的所得，以及发生在中国境外但与其所设机构、场所有实际联系的所得，缴纳企业所得税。

非居民企业在中国境内未设立机构、场所的，或者虽设立机构、场所但取得的所得与其所设机构、场所没有实际联系的，应当就其来源于中国境内的所得缴纳企业所得税。

（三）收入来源的确定

1）销售货物的所得，交易发生地在中国境内的，属于中国境内所得。
2）提供劳务的所得，劳务发生地在中国境内的，属于中国境内所得。

例如，境内甲公司聘请境外A企业为甲公司在境外提供产品推广服务，因为推广业务发生在境外，所以境外A企业从甲公司取得的报酬并非来源于中国境内，A企业从而没有在中国缴纳企业所得税的义务，甲公司向A企业支付款项时不需要代扣代缴企业所得税。

3）转让不动产的所得，不动产在中国境内的，属于中国境内所得。

例如，境外B企业在中国境内有一房产转让，其取得的转让不动产的所得属于来源于中国境内的所得。

4）转让动产的所得，由转让动产的企业所在地确定纳税地点。

转让动产的企业或机构、场所在中国境内的，那么转让所得属于来源于中国境内的所得。

5）股权等权益性投资资产转让所得，被投资企业属于中国境内企业的，则该所得属于来源于中国境内的所得。

例如，境外C公司是境内丙公司的股东，2019年12月，C公司将持有的丙公司的股权转让给境外D公司，C公司转让所得属于来源于中国境内的所得，要在中国缴纳企业所得税。

6）取得的股息、红利所得，如果被投资企业在中国境内，则属于来源于中国境内的所得。

7）取得的利息、租金和特许权使用费所得，支付或负担利息、租金和特许权使用费的企业、个人或机构、场所在中国境内的，则该所得属于来源于中国境内的所得。

8）其他所得，由国务院财政、税务主管部门确定。

思政园地

康熙治税分文不宥[①]

康熙年间，苏州一带绅士逃税之风甚烈，经查涉案者共达13 517人。康熙深知江浙乃中央政府财政收入主要来源地，治税不严后患无穷，于是下旨将情节严重者3 000人交刑部论处，其余有功名者一律取消功名。时有在顺治年间高中"探花"的昆山才子叶子蔼，欠税折银一两。叶探花上书求情："所欠一厘，准令制钱一文"，料想会受恩准。然而，康熙皇帝还是照样革除了他的功名。从此，江南一带出了一句民谣："探花不值一文。"

---

① 严砾.古代帝王治税轶事[J].吉林财税，2003（7）：62.

任务工单

编号	4-1-1	知识点	企业所得税的概念、纳税人和征税对象	日期	
姓名		学号		班级		评分	

1.如何理解企业所得税的"所得"？

2.如何理解企业所得税的"企业"？

3.试从征税对象的角度比较分析企业所得税中的居民企业和非居民企业。

4.王小宝到市场监督管理部门注册成立了一个个体商店，在校园出售饮料方便面等食品，问：王小宝的个商店需要缴纳企业所得税吗？为什么？

5.美国甲公司为进入中国市场，在上海设立临时办事处进行经营。问：该临时办事处需要为其取得的收入缴纳企业所得税吗？

6.美国某公司撤销在中国的临时办事处，经过清算，尚有部分剩余资产，问：美国公司需要为此缴纳企业所得税吗？

7.英国某公司将在上海购买的一处房产出售给法国某公司，问：英国公司需要为出售该房产而取得的收入缴纳企业所得税吗？

8.我国某海运公司一艘远洋船舶发生故障，聘请日本某船舶维修厂前来中国维修，支付10万美元。后该船舶航行到国外某港口时发生船舶碰撞，再次聘请日本船舶维修厂进行维修，支付20万美元。问：对两次船舶维修该日本船舶维修厂需要缴纳企业所得税吗？

9.美国某航空公司将一架正在使用中的飞机销售给中国某航空公司，问：该美国航空公司需要为此缴纳企业所得税吗？

10.日本某公司在中国境内股票市场投资1 000万元购入中国某公司的股份，不久该日本公司将该批股份销售给美国某公司，取得收入1 500万元，问：日本公司需要为此缴纳企业所得税吗？

编号	4-1-2	知识点	企业所得税的概念、纳税人和征税对象	日期	
姓名		学号		班级		评分	

1. 名称解释：居民企业、非居民企业

2. 根据企业所得税法律制度的规定，下列各项中，说法正确的有（　　）。
A. 企业所得税的所得，是纳税人的收入总额扣除各项成本、费用、税金、损失等支出之后的净所得额。
B. 企业所得税的所得，是企业的会计利润额。
C. 企业所得税的所得，包括销售货物所得、提供劳务所得、转让财产所得、股息红利等权益性投资所得、利息所得、租金所得、特许权使用费所得、接受捐赠所得和其他所得。
D. 企业所得税的所得，在类型上，包括生产经营所得、其他所得和清算所得。

3. 根据企业所得税法律制度的规定，下列各项中，属于企业所得税纳税人的是（　　）。
A. 个体工商户　　　B. 个人独资企业　　C. 合伙企业　　D. 一人有限责任公司

4. 根据企业所得税法律制度的规定，下列各项中，说法正确的有（　　）。
A. 非居民企业在中国境内设立机构、场所的，应当就其所设机构、场所取得的来源于中国境内的所得缴纳企业所得税。
B. 非居民企业在中国境内设立机构、场所的，应当就其发生在中国境外但与其所设机构、场所有实际联系的所得，缴纳企业所得税。
C. 非居民企业在中国境内未设立机构、场所的，应当就其来源于中国境内的所得缴纳企业所得税。
D. 非居民企业在中国境内虽设立机构、场所但取得的所得与其所设机构、场所没有实际联系的，应当就其来源于中国境内的所得缴纳企业所得税。

5.（判断题）企业所得税非居民企业委托营业代理人在中国境内从事生产经营活动，该营业代理人视为非居民企业在中国境内设立的机构、场所。（　　）

6.（判断题）非居民企业在中国境内未设立机构、场所的，应当就其来源于中国境内的所得缴纳企业所得税。（　　）

7. 根据企业所得税法律制度的规定，下列所得中，属于企业所得税征税对象的是（　　）。
A. 在中国境内设立机构场所的非居民企业，其机构场所来源于中国境内的所得。
B. 居民企业来源于境外的所得
C. 在中国境内未设立机构场所的非居民企业来源于境外的所得
D. 居民企业来源于境内的所得

8. 根据企业所得税法律制度的规定，下列关于所得来源地的确定，正确的有（　　）。
A. 销售货物所得，按照交易活动发生地确定
B. 不动产转让所得，按照转让不动产的企业或者机构、场所所在地确定
C. 权益性投资资产转让所得，按照投资企业所在地确定
D. 租金所得，按支付所得的企业所在地确定

■ 任务二　企业所得税应纳税额的计算

任务情境

某居民企业2019年发生下列业务：销售产品取得销售收入2 000万元；接受捐赠材料一批，取得赠出方开具的增值税发票，注明价款10万元，增值税1.7万元；转让一项商标所有权，取得营业外收入60万元；收取当年让渡资产使用权的专利实施许可费，取得其他业务收入10万元；取得国债利息2万元；全年销售成本1 000万元；销售税金及附加100万元；全年销售费用500万元，含广告费400万元；全年管理费用200万元，含招待费80万元；全年财务费用50万元；全年营业外支出40万元，含通过政府部门向灾区捐款20万元；直接向私立小学捐款10万元；违反政府规定被市场监督管理部门罚款2万元。

该企业2019年应当缴纳多少企业所得税？

任务概要和任务目标

企业所得税应纳税额的计算包括居民企业和非居民企业应纳税额的计算两部分，其中，居民企业应纳税额的计算是本任务学习的重点和难点。

企业所得税应纳税所得额是居民企业企业所得税的计税依据。居民企业企业所得税应纳税所得额在理论上为居民企业每一纳税年度的收入总额，减除不征税收入、免税收入、各项扣除以及允许弥补的以前年度亏损后的余额。另外，居民企业企业所得税应纳税所得额还存在减免应纳税所得和抵扣应纳税所得额的优惠措施。因此，企业所得税应纳税所得额可以通过收入总额减除不征税收入、免税收入、各项扣除、允许弥补的以前年度亏损、减免的应纳税所得、抵扣的应纳税所得额的方法来计算求得，其公式为：优惠后的实际应纳税所得额=收入总额−不征税收入−免税收入−各项扣除−允许弥补的以前年度亏损−减免的应纳税所得−抵扣的应纳税所得额。这种方法是计算居民企业企业所得税应纳税所得额的直接计算法。这部分需要学习的知识点包括收入总额、不征税收入、免税收入、各项扣除、允许弥补的以前年度的亏损、减免的应纳税所得和抵扣的应纳税所得额等等。在实践中，居民企业企业所得税应纳税所得额的计算通常采用通过调整利润总额的间接计算方式来进行计算。这种通过调整利润总额的方式来计算应纳税所得额的方法被称为计算居民企业企业所得税应纳税所得额的间接计算法。在居民企业企业所得税应纳税所得额的计算部分同时学习这两种方法。

企业所得税采用比例税率，居民企业企业所得税应纳税额为企业所得税应纳税所得额和适用税率的乘积。居民企业企业所得税在税额部分也存在减免税额和抵免税额的优惠措施，所以居民企业企业所得税应纳税额为应纳税所得额和适用税率的乘积减除减免税额和抵免税额后的余额。

学习本任务应当掌握居民企业企业所得税应纳税所得额和应纳税额的计算方法，能够正确计算企业所得税应纳税所得额和应纳税额。

任务相关知识

企业所得税的计税依据是企业的应纳税所得额。企业所得税纳税人根据应纳税所得额乘以适用的税率来计算应纳税额。

企业所得税应纳税所得额的计算可以采用直接法或间接法。直接法就是用收入减去支出的方法计算应纳税所得额。间接法就是以企业会计利润为基础，根据税法和会计的差异，对会计利润进行调整，以调整后的结果作为应纳税所得额。

企业所得税是国家进行经济宏观调控的重要工具，国家通过对企业所得税的减免来对经济进行调整。减免企业所得税的优惠措施很多，包括对特定收入免税、减计收入、加计扣除、加速折旧、减免所得、抵扣应纳税所得额、降低税率、减税、免税、抵扣税额等。这些优惠措施分布在企业所得税应纳税所得额、税率和应纳税额等多个部分,这使企业所得税应纳税所得额和应纳税额的计算显得纷繁复杂。

一、企业所得税应纳税额的直接计算方法

企业所得税以应纳税所得额为计税依据。由于企业所得税应纳税所得额可以扣除减免的税额以及抵扣的税额,因此,企业所得税的应纳税额为企业所得税应纳税所得额乘以适用税率,减除规定的减免税额和抵免税额后的余额,计算公式为:

$$应纳税额 = 应纳税所得额 \times 适用税率 - 减免税额 - 抵免税额$$

二、居民企业应纳税所得额

【提示:应纳税额=**应纳税所得额**×适用税率−减免税额−抵免税额】

(一)应纳税所得额的计算方法

企业所得税应纳税所得额为企业每一纳税年度的收入总额,减除不征税收入、免税收入、各项扣除以及允许弥补的以前年度亏损后的余额,用公式表示为:

$$应纳税所得额 = 收入总额 - 不征税收入 - 免税收入 - 各项扣除 - 允许弥补的以前年度亏损$$

另外,企业所得税法还规定了减免应纳税所得和抵扣应纳税所得额的优惠措施,因此,在实际计算企业所得税应纳税额时,优惠后的实际应纳税所得额等于企业每一纳税年度的收入总额,减除不征税收入、免税收入、各项扣除以及允许弥补的以前年度亏损后的余额,再减去减免的应纳税所得和抵扣的应纳税所得额,即:

$$优惠后的实际应纳税所得额 = 收入总额 - 不征税收入 - 免税收入 - 各项扣除 - 允许弥补的以前年度亏损 - 减免的应纳税所得 - 抵扣的应纳税所得额$$

(二)应纳税所得额的确定原则

企业所得税应纳税所得额的确定以权责发生制为原则。

权责发生制要求,属于当期的收入和费用,不论款项是否收付,均作为当期的收入和费用;不属于当期的收入和费用,即使款项已经在当期收付,均不作为当期的收入和费用。

(三)收入总额

【提示:优惠后的实际应纳税所得额=**收入总额**−不征税收入−免税收入−各项扣除−允许弥补的以前年度亏损−减免的应纳税所得−抵扣的应纳税所得额】

1.收入总额的含义

收入总额为企业以货币形式和非货币形式从各种来源取得的收入。

2.收入总额的内容和形式

收入总额包括销售货物收入、提供劳务收入、转让财产收入、股息和红利等权益性投资收益、利息收入、租金收入、特许权使用费收入、受捐赠收入和其他收入。

收入总额的形式包括货币形式和非货币形式。货币形式的收入是指具体金额确定的收入,包括现金、存款、应收账款、应收票据、准备持有至到期的债券投资及债务的豁免等。非货币形式的收入是指具体金额难以确定的收入,包括固定资产、生物资产、无形资产、股权投资、存货、不准备持有至到期的债券投资、劳务及有关权益等。企业以非货币形式取得的收入,应当按照公允价值确定收入定额。公允价值是指在公平交易中,熟悉情况的当事人自愿据以进行资产交换或负债清偿的金额,也就是根据市场价格确定的价值。

3.销售货物收入

(1)销售货物收入的概念

销售货物收入,是指企业销售商品、产品、原材料、包装物、低值易耗品以及其他存货取得的收入。

（2）特殊销售方式下销售收入实现的确认

符合收入确认条件，采取特殊方式销售商品的，按照以下规定确认销售收入：

1）销售商品采用托收承付方式的，在办妥托收手续时确认收入。

2）销售商品采取预收款方式的，在发出商品时确认收入。

3）销售商品需要安装和检验的，在购买方接受商品以及安装和检验完毕时确认收入。如果安装程序比较简单，可在发出商品时确认收入。

4）销售商品采用支付手续费方式委托代销的，在收到代销清单时确认收入。

5）采用售后回购方式销售商品的，销售的商品按售价确认收入，回购的商品作为购进商品处理。

6）销售商品以旧换新的，销售商品应当按照销售商品收入确认条件确认收入，回收的商品作为购进商品处理。

7）企业为促进商品销售而在商品价格上给予的价格扣除属于商业折扣，商品销售涉及商业折扣的，应当按照扣除商业折扣后的金额确定销售商品收入金额。

8）债权人为鼓励债务人在规定的期限内付款而向债务人提供的债务扣除属于现金折扣，销售商品涉及现金折扣的，应当按扣除现金折扣前的金额确定销售商品收入金额，现金折扣作为财务费用扣除。

9）企业因售出商品的质量不合格等原因而在售价上给的减让属于销售折让；企业因售出商品质量、品种不符合要求等原因而发生的退货属于销售退回。企业已经确认销售收入的售出商品发生销售折让和销售退回，应当在发生当期冲减当期销售商品收入。

10）企业以买一赠一等方式组合销售本企业商品的，不属于捐赠，应将总的销售金额按各项商品的公允价值的比例来分摊确认各项的销售收入。例如，某服装企业规定以每套200元（不含增值税价）购买A西服的客户可获赠一条B领带，A西服正常出厂价格200元，B领带正常出厂价格10元，当期该服装企业销售组合西服领带收入10 000元，则A西服销售收入为：

$$10\ 000 \times 200/（200+10）=9\ 523.81（元）$$

11）以分期收款方式销售货物的，按照合同约定的收款日期确认收入的实现。

12）采取产品分成方式取得收入的，以企业分得产品的时间确认收入的实现，收入额按产品公允价值确定。

13）企业发生非货币性资产交换，以及将货物、财产、劳务用于捐赠、偿债、赞助、集资、广告、样品、职工福利和进行利润分配等用途，应当视同销售货物、转让财产和提供劳务。

（3）综合利用规定的资源生产规定的产品减计收入

作为一项企业所得税税收优惠措施，企业以《资源综合利用企业所得税优惠目录》规定的资源作为主要原材料，生产国家非限制和禁止并符合国家和行业相关标准的产品取得的收入，减按90%计入收入总额。

4. 提供劳务收入

（1）提供劳务收入的概念

提供劳务收入，是指企业从事建筑安装、修理修配、交通运输等劳务服务活动取得的收入。

（2）提供劳务收入的确认

企业在各个纳税期末，提供劳务交易的结果能够可靠估计的，应采用完工进度（完工百分比）法确认提供劳务收入。

企业受托加工制造大型机械设备、船舶、飞机，以及从事建筑、安装、装配工程业务或者提供其他劳务等，持续时间超过12个月的，按照纳税年度内完工进度或者完成的工作量确认收入的实现。

（3）具体收入、成本金额的确认

企业应按照从接受劳务方已收或应收的合同或协议价款确定劳务收入总额，根据纳税期末提供劳务收入总额乘以完工进度扣除以前纳税年度累计已确认提供劳务收入后的金额，确认为当期劳务收入；同时，按照提供劳务估计总成本乘以完工进度扣除以前纳税期间累计已确认劳务成本后的金额，结转为当期劳务成本。

（4）提供社区养老、托育、家政服务取得的收入减计收入

作为一项企业所得税税收优惠措施，自2019年6月1日起至2025年12月31日，提供社区养老、托育、家政服务取得的收入，在计算应纳税所得额时，减按90%计入收入总额。

5.转让财产收入

转让财产收入应当按照从财务受让方已收或者应收的合同或协议价款确认收入。

6.股息、红利等权益性投资收益

除另有规定外,股息、红利等权益性投资收益按照被投资方作出利润分配决定的日期确认收入的实现。

7.利息收入

利息收入,按照合同约定的债务人应付利息的日期确认收入的实现。

8.租金收入

租金收入,按照合同约定的承租人应付租金的日期确认收入的实现。

9.特许权使用费收入

特许权使用费收入,按照合同约定的特许权使用人应付特许权使用费的日期确认收入的实现。

10.接受捐赠收入

接受捐赠收入,按照实际收到捐赠资产的日期确认收入的实现。

11.其他收入

其他收入,包括企业资产溢余收入、逾期未退包装物押金收入、确实无法偿付的应付款项、已作坏账损失处理后又收回的应收款项、债务重组收入、补贴收入、违约金收入、汇兑收益等。

(四)不征税收入

【提示:优惠后的实际应纳税所得额=收入总额–**不征税收入**–免税收入–各项扣除–允许弥补的以前年度亏损–减免的应纳税所得–抵扣的应纳税所得额】

不征税收入指那些本身就不在征税范围内的收入。由于不征税收入不属于计税项目,所以不征税收入用于支出的费用及所形成资产的折旧、摊销都不能在计算应纳税所得额时扣除。下列收入为不征税收入:

1)财政拨款。

财政拨款,是指各级人民政府对纳入预算管理的事业单位、社会团体等组织拨付的财政资金,但国务院和国务院财政、税务主管部门另有规定的除外。

2)依法收取并纳入财政管理的行政事业性收费、政府性基金。

行政事业性收费,是指依照规定,向特定对象收取并纳入财政管理的费用。政府性基金,是指企业依照法律、行政法规等有关规定,代政府收取的具有专项用途的财政资金。

3)国务院规定的其他不征税收入。

(五)免税收入

【提示:优惠后的实际应纳税所得额=收入总额–不征税收入–**免税收入**–各项扣除–允许弥补的以前年度亏损–减免的应纳税所得–抵扣的应纳税所得额】

免税收入是指那些本身在征税范围内,但是由于税收优惠政策而免除纳税义务的收入,免税收入用于支出的费用及所形成资产的折旧、摊销可以在税前扣除。企业的下列收入为免税收入:

1)国债利息收入。

2)地方政府债券利息收入。

3)符合条件的居民企业之间的股息、红利等权益性投资收益。

股息、红利等权益性投资收益,不包括连续持有居民企业公开发行并上市流通的股票不足12个月取得的投资收益。

居民企业在缴纳企业所得税之后才能发放股息、红利等权益性投资收益,因此,股息、红利等权益性投资收益已经缴纳过企业所得税,所以,居民企业之间的股息、红利等权益性投资收益是免税收入。

4)在中国境内设立机构、场所的非居民企业从居民企业取得与该机构、场所有实际联系的股息、红利等权益性投资收益。

股息、红利等权益性投资收益,不包括连续持有居民企业公开发行并上市流通的股票不足12个月取得的投资收益。

5) 符合条件的非营利组织的收入。

非营利组织的免税收入包括非营利组织接受的捐赠收入、财政贴息、税收返还、无偿划拨非货币性资金、按省级以上民政财政部门规定收取的会费、不征税收入和免税收入滋生的利息收入、其他收入。

符合条件的非营利组织的收入,不包括非营利组织从事营利性活动取得的收入,如医院的医疗收入、药品收入、住院收入等,属于医院从事营利性活动取得的收入,不属于免税收入。

6) 境外机构投资者投资境内债券市场取得的债券利息收入。

自2018年11月7日起至2021年11月6日止,境外机构投资境内债券市场取得的债券利息收入暂免征收企业所得税和增值税。暂免征收企业所得税的范围不包括境外机构在境内设立的机构、场所取得的与该机构、场所有实际联系的债券利息。

【企业所得税年度纳税申报表填报表单–A107010免税、减计收入及加计扣除优惠明细表】   【企业所得税的不征税收入与免税收入】

(六) 各项扣除

【提示:优惠后的实际应纳税所得额 = 收入总额 – 不征税收入 – 免税收入 – **各项扣除** – 允许弥补的以前年度亏损 – 减免的应纳税所得 – 抵扣的应纳税所得额】

计算应纳税所得额时,企业实际发生的与取得收入有关的、合理的支出准予扣除。企业发生的支出应当区分收益性支出和资本性支出。企业发生的收益性支出在发生当期直接扣除;资本性支出应当分期扣除或者计入有关资产成本,不得在发生当期直接扣除。企业的不征税收入用于支出所形成的费用或者财产,不得扣除或者计算对应的折旧、摊销扣除。

1. 准予扣除的支出

(1) 准予扣除的收益性支出项目

准予扣除的收益性支出包括成本、费用、税金、损失和其他支出5个项目。

1) 成本,是指企业在生产经营活动中发生的销售成本、销货成本、业务支出以及其他耗费。

2) 费用,包括销售费用、管理费用和财务费用,已经计入成本的有关费用除外。

3) 税金,是指企业发生的除企业所得税和允许抵扣的增值税以外的各项税金及其附加。

4) 损失,是指企业在生产经营活动中发生的固定资产和存货的盘亏、毁损、报废损失,转让财产损失,呆账损失,坏账损失,自然灾害等不可抗力因素造成的损失以及其他损失。

5) 其他支出,是指除成本、费用、税金、损失外,企业在生产经营活动中发生的与生产经营活动有关的、合理的支出。

(2) 不得扣除的收益性支出项目

不得扣除的收益性支出项目包括:向投资者支付的股息、红利等权益性投资收益款项;企业所得税税款;税收滞纳金;罚金、罚款和被没收财物的损失;企业所得税法第九条[①]规定以外的捐赠支出;赞助支出;未经核定的准备金支出;与取得收入无关的其他支出。

2. 支出的扣除标准

(1) 工资、薪金支出

工资、薪金,包括基本工资、奖金、津贴、补贴、年终加薪、加班工资,以及与任职或者受雇有关的其

---

① 《中华人民共和国企业所得税法》第九条:企业发生的公益性捐赠支出,在年度利润总额12%以内的部分,准予在计算应纳税所得额时扣除;超过年度利润总额12%的部分,准予结转以后三年内在计算应纳税所得额时扣除。

他支出。企业发生的合理的工资、薪金支出准予据实扣除。

企业安置残疾人员所支付的工资，按照支付给残疾职工工资的100%加计扣除。

（2）职工福利费

企业发生的职工福利费支出，不超过工资薪金总额14%的部分准予扣除。

企业职工福利费，包括向职工发放的各项补贴和非货币性福利，以及尚未实行分离办社会职能的企业内设福利部门所发生的各项费用，如职工食堂的费用、食堂工作人员的工资等。企业发生的职工福利费，应该单独设置账册，进行准确核算。

（3）工会经费

企业拨缴的工会经费，不超过工资薪金总额2%的部分准予扣除。

（4）党组织工作经费

党组织工作经费，实际支出不超过职工年度工作薪金总额1%的部分，可以据实扣除。

（5）职工教育经费

职工教育经费支出，不超过工资薪金总额8%的部分准予扣除，超过部分准予结转以后纳税年度扣除。

（6）五险一金

五险一金准予据实扣除。

（7）补充养老保险费、补充医疗保险费

企业为投资者或者职工支付的补充养老保险费、补充医疗保险费，不超过工资薪金总额5%的部分准予扣除。

（8）商业保险

企业财产保险的保险费，以及为特殊工种职工支付的人身安全保险费和符合规定的商业保险费准予扣除。企业为投资者或者职工支付的商业保险费，不得扣除。

自2019年度开始，企业职工因公出差乘坐交通工具发生的人身意外保险费支出，准予企业在计算应纳税所得额时扣除。

（9）利息费用

非金融企业向金融企业借款的利息支出，以及向非金融企业借款的利息支出不超过按照金融企业同期同类贷款利率计算的数额的部分，可据实扣除，超过部分不许扣除。

企业由于投资者投资未到位而发生的利息由企业投资者负担，不得在计算企业应纳税所得额时扣除。

企业向股东或其他与企业有关联关系的自然人借款的利息支出，根据规定的条件计算企业所得税扣除额。企业向除股东或其他与企业有关联关系的自然人以外的内部职工或其他人员借款的利息支出，符合条件的，其利息支出不超过按照金融企业同期同类贷款利率计算的数额的部分，准予扣除。

（10）借款费用

企业在生产经营活动中发生的合理的不需要资本化的借款费用，准予扣除。

（11）汇兑损失

企业在货币交易中的汇兑损失，准予扣除。

（12）业务招待费

企业发生的与生产经营活动有关的业务招待费支出，按照发生额的60%扣除，但最高不得超过当年销售（营业）收入的5‰。企业在筹建期间，发生的与筹办活动有关的业务招待费支出，可按实际发生额的60%计入企业筹办费，并按有关规定在税前扣除。

（13）广告费和业务宣传费

企业发生的广告费和业务宣传费支出，不超过当年销售（营业）收入15%的部分，准予扣除；超过部分，准予结转以后纳税年度扣除，另有规定除外。

自2021年1月1日起至2025年12月31日止，对化妆品制造或销售、医药制造和饮料制造（不含酒类制造）企业发生的广告费和业务宣传费支出，不超过当年销售（营业）收入30%的部分，准予扣除；超过部分，准予在以后纳税年度结转扣除。

烟草企业的烟草广告费和业务宣传费支出，一律不得在计算应纳税所得额时扣除。

（14）环境保护专项资金

企业依照法律、行政法规有关规定提取的用于环境保护、生态恢复等方面的专项资金，准予扣除。

（15）租赁费

企业以经营租赁方式租入固定资产发生的租赁费支出，按照租赁期限均匀扣除。以融资租赁方式租入固定资产发生的租赁费支出，按照规定构成融资租入固定资产价值的部分应当提取折旧费用，分期扣除。

（16）劳动保护费

企业发生的合理的劳动保护支出，准予扣除。

（17）公益性捐赠支出

企业通过公益性社会团体或者县级（含县级）以上人民政府及其部门发生的公益性捐赠支出，不超过年度利润总额12%的部分，准予扣除。超过年度利润总额12%的部分，准予以后三年内在计算应纳税所得额时结转扣除。

（18）总机构分摊的费用

非居民企业在中国境内设立的机构、场所，就其中国境外总机构发生的与该机构、场所生产经营有关的费用，能够证明并合理分摊的，准予扣除。

（19）手续费及佣金支出

企业发生的与生产经营有关的手续费及佣金支出，限额以内的部分，准予扣除。财产保险企业按当年全部保费收入扣除退保金等后余额的15%计算限额。人身保险企业按当年全部保费收入扣除退保金等后余额的10%计算限额。其他企业按与具有合法经营资格中介服务机构或个人（不含交易双方及其雇员、代理人和代表人等）所签订服务协议或合同确认的收入金额的5%计算限额。

（20）研究开发费用

企业研发费用未形成无形资产计入当期损益的，在2018年1月1日至2020年12月31日期间按照实际发生额的75%在税前加计扣除；形成无形资产的，按照无形资产成本的175%在税前摊销，但该优惠政策不适用于烟草制造业、住宿和餐饮业、批发和零售业、房地产业、租赁和商务服务业、娱乐业及财政部和国家税务总局规定的其他行业。

【研发费用加计扣除】

【企业所得税年度纳税申报表填报表单—A107012研发费用加计扣除优惠明细表】

（21）有关资产的支出扣除

企业按规定计算的固定资产折旧费、无形资产和递延资产的摊销费，准予扣除。

1）准予税前计算折旧、摊销和扣除的资产种类。

准予在税前计算折旧、摊销和扣除的资产，包括固定资产、生产性生物资产、无形资产、长期待摊费用、投资资产、存货和资产损失。

2）资产折旧、摊销和扣除的计税基础。

企业的各项资产以历史成本为计税基础在税前折旧、摊销和扣除。历史成本，是指企业取得该项资产时实际发生的支出。

3）固定资产的折旧费扣除。

固定资产，是指企业为生产产品、提供劳务、出租或者经营管理而持有的、使用时间超过12个月的非货币性资产，包括房屋、建筑物、机器、机械、运输工具以及其他与生产经营活动有关的设备、器具、工具等。

①不予计算折旧进行扣除的固定资产。

按照规定，不得计算折旧扣除的固定资产包括：房屋、建筑物以外未投入使用的固定资产；以经营租赁方式租入的固定资产；以融资租赁方式租出的固定资产；已足额提取折旧仍继续使用的固定资产；与经营活动无关的固定资产；单独估价作为固定资产入账的土地；其他不得计算折旧扣除的固定资产。

②固定资产计算折旧的计税基础。

根据规定，外购的固定资产，以购买价款和支付的相关税费以及直接归属于使该资产达到预定用途发生的其他支出为计税基础；自行建造的固定资产，以竣工结算前发生的支出为计税基础；融资租入的固定资产，以租赁合同约定的付款总额和承租人在签订租赁合同过程中发生的相关费用为计税基础，租赁合同未约定付款总额的,以该资产的公允价值和承租人在签订租赁合同过程中发生的相关费用为计税基础;盘盈的固定资产,以同类固定资产的重置完全价值为计税基础;通过捐赠、投资、非货币性资产交换、债务重组等方式取得的固定资产,以该资产的公允价值和支付的相关税费为计税基础;改建的固定资产,除规定的支出外,以改建过程中发生的改建支出增加计税基础。

③固定资产计算折旧的方法。

固定资产按照直线法计算折旧。直线法又称为平均年限法,是指将固定资产按预计使用年限平均计算折旧均衡地分摊到各期的一种方法。企业应当自固定资产投入使用月份的次月起计算折旧;停止使用的固定资产,应当自停止使用月份的次月起停止计算折旧。

④固定资产的折旧年限。

根据规定,除另有规定外,房屋、建筑物计算折旧的最低年限为20年,飞机、火车、轮船、机器、机械和其他生产设备计算折旧的最低年限为10年,与生产经营活动有关的器具、工具、家具等计算折旧的最低年限为5年,飞机、火车、轮船以外的运输工具计算折旧的最低年限为4年,电子设备计算折旧的最低年限为3年。

⑤固定资产缩短折旧年限或者加速折旧。

根据规定,因为技术进步而产品更新换代较快的固定资产,常年处于强震动、高腐蚀状态的固定资产,以及制造业企业新购进的固定资产,可以缩短折旧年限或者加速折旧。

⑥固定资产的一次性扣除。

自2018年1月1日至2020年12月31日,企业新购进单位价值不超过500万元的设备、器具可一次性在税前扣除

4)生产性生物资产。

生产性生物资产,是指企业为生产农产品、提供劳务或者出租等而持有的生物资产,包括经济林、薪炭林、产畜和役畜等。

①生产线生物资产的计税基础。

外购的生产性生物资产,以购买价款和支付的相关税费为计税基础。通过捐赠、投资、非货币性资产交换、债务重组等方式取得的生产性生物资产,以该资产的公允价值和支付的相关税费为计税基础。

②生产线生物资产的折旧方法。

生产性生物资产按照直线法计算折旧。企业应当自生产性生物资产投入使用月份的次月起计算折旧;停止使用的生产性生物资产,应当自停止使用月份的次月起停止计算折旧。

③生产线生物资产的折旧年限。

林木类生产性生物资产计算折旧的最低年限为10年,畜类生产性生物资产为3年。

5)无形资产。

无形资产,是指没有实物形态的非货币性长期资产,包括专利权、商标权、著作权、土地使用权、非专利技术、商誉等。

①不得计算摊销费用的无形资产。

根据规定,自行开发的支出已在计算应纳税所得额时扣除的无形资产、自创商誉、与经营活动无关的无形资产不得计算摊销费用扣除。外购商誉的支出,在企业整体转让或者清算时,准予扣除。

②无形资产的计税基础。

外购的无形资产,以购买价款和支付的相关税费以及直接归属于使该资产达到预定用途发生的其他支出为计税基础。自行开发的无形资产,以开发过程中该资产符合资本化条件后至达到预定用途前发生的支出为计税基础。通过捐赠、投资、非货币性资产交换、债务重组等方式取得的无形资产,以该资产的公允价值和支付的相关税费为计税基础。

③无形资产按照直线法计算摊销费用。

④无形资产的摊销年限不得低于10年。

6)长期待摊费用。

长期待摊费用是指企业已经支出,但摊销期限在1年以上(不含1年)的各项费用。

企业已足额提取折旧的固定资产的改建支出、租入固定资产的改建支出、固定资产的大修理支出以及其

他应当作为长期待摊费用的支出，作为长期待摊费用，按照规定摊销的，准予扣除。

7）投资资产。

投资资产，是指企业对外进行权益性投资和债权性投资形成的资产。企业在转让或者处置投资资产时，投资资产的成本，准予扣除。

通过支付现金方式取得的投资资产，以购买价款为成本；通过其他方式取得的投资资产，以该资产的公允价值和支付的相关税费为成本。

8）存货。

存货，是指企业持有以备出售的产品或者商品、处在生产过程中的在产品、在生产或者提供劳务过程中耗用的材料和物料等。企业使用或者销售存货，按照规定计算的存货成本，准予在计算应纳税所得额时扣除。

企业通过支付现金方式取得的存货，以购买价款和支付的相关税费为成本；通过其他方式取得的存货，以该存货的公允价值和支付的相关税费为成本。

9）资产损失。

资产损失，是指企业在生产经营活动中实际发生的、与取得应税收入有关的资产损失，包括现金损失，存款损失，坏账损失，贷款损失，股权投资损失，固定资产和存货的盘亏、毁损、报废、被盗损失，自然灾害等不可抗力因素造成的损失以及其他损失。

企业发生资产损失，应在实际确认或实际发生的当年申报扣除。企业以前年度发生的资产损失未能在当年税前扣除的，可以按照规定，向税务机关说明并进行专项申报扣除。

（七）允许弥补的以前年度亏损

【提示：优惠后的实际应纳税所得额＝收入总额－不征税收入－免税收入－各项扣除－**允许弥补的以前年度亏损**－减免的应纳税所得额－抵扣的应纳税所得额】

亏损，是指企业依照规定将每一纳税年度的收入总额减除不征税收入、免税收入和各项扣除后小于零的数额。企业纳税年度发生的亏损，准予向以后年度结转，用以后年度的所得弥补，但结转年限最长不得超过5年。

作为一项企业所得税税收优惠措施，自2018年1月1日起，对当年具备高新技术企业或科技型中小企业资格的企业，其具备资格年度之前5个年度发生的尚未弥补完的亏损，准予结转以后年度弥补，最长结转年限由5年延长至10年。

（八）减免的应纳税所得

【提示：优惠后的实际应纳税所得额＝收入总额－不征税收入－免税收入－各项扣除－允许弥补的以前年度亏损－**减免的应纳税所得**－抵扣的应纳税所得额】

减免的所得为项目收入减去项目成本、费用、相关税费、应分摊期间费用以及纳税调整额之后进行计税的数额。根据企业所得税法及相关规定，以下一些项目享受减免所得税收优惠。

1.农、林、牧、渔业项目所得减免税

1）企业从事蔬菜、谷物、薯类、油料、豆类、棉花、麻类、糖料、水果、坚果种植的所得，农作物新品种选育的所得，中药材种植的所得，林木培育和种植的所得，牲畜、家禽饲养的所得，林产品采集的所得，灌溉等农、林、牧、渔服务业项目的所得，远洋捕捞的所得，免征企业所得税。

2）企业从事花卉、茶以及其他饮料作物和香料作物的种植，以及海水养殖、内陆养殖的所得，减半征收企业所得税。

2.国家重点扶持的公共基础设施项目所得减免税

企业从事国家重点扶持的公共基础设施项目的投资经营的所得，自项目取得第一笔生产经营收入所属纳税年度起，第一年至第三年免征企业所得税，第四年至第六年减半征收企业所得税。

3.符合条件的环境保护、节能节水项目所得减免税

企业从事符合条件的环境保护、节能节水项目的所得，自项目取得第一笔生产经营收入所属纳税年度起，第一年至第三年免征企业所得税，第四年至第六年减半征收企业所得税。

4.符合条件的技术转让所得减免税

符合条件的技术转让所得免征、减征企业所得税,是指一个纳税年度内,居民企业技术转让所得不超过500万元的部分,免征企业所得税;超过500万元的部分,减半征收企业所得税。

5.合格境外机构投资者、人民币合格境外机构投资者投资资产转让所得减免税

经国务院批准,从2014年11月17日起,对合格境外机构投资者(简称QFII)、人民币合格境外机构投资者(简称RQFII)取得来源于中国境内的股票等权益性投资资产转让所得,暂免征收企业所得税。在2014年11月17日之前QFII和RQFII取得的上述所得应依法征收企业所得税。

【企业所得税年度纳税申报表填报表单–A107020 所得减免优惠明细表】

(九)抵扣的应纳税所得额

【提示:优惠后的实际应纳税所得额=收入总额–不征税收入–免税收入–各项扣除–允许弥补的以前年度亏损–减免的应纳税所得–**抵扣的应纳税所得额**】

根据企业所得税法及相关规定,创业投资企业从事国家需要重点扶持和鼓励的创业投资,可以按投资额的一定比例抵扣应纳税所得额。

1.创业投资企业直接投资按投资额一定比例抵扣应纳税所得额

创业投资企业采取股权投资方式投资于未上市的中小高新技术企业2年以上的,以及公司制创业投资企业采取股权投资方式直接投资于种子期、初创期科技型企业等初创科技型企业满2年的,可以按照投资额的70%在股权持有满2年的当年抵扣该企业的应纳税所得额;当年不足抵扣的,可以结转以后年度抵扣。

2.有限合伙制创业投资企业投资按一定比例抵扣分得的应纳税所得额

有限合伙制创业投资企业采取股权投资方式直接投资于初创科技型企业满2年的,以及有限合伙制创业投资企业采取股权投资方式投资于未上市的中小高新技术企业满2年的,法人合伙人可以按照投资额的70%抵扣法人合伙人从被投资企业分得的所得;当年不足抵扣的,可以结转以后年度抵扣。

三、居民企业应纳税所得额的间接计算法

在实践中,企业一般采用通过调整利润总额的方式来计算应纳税所得额。这种通过调整利润总额的方式来计算应纳税所得额的方法被称为计算居民企业企业所得税应纳税额的间接计算法。

这种方法的具体做法是在企业会计利润总额的基础上加上或者减除按照税法规定需要进行调整的项目金额,调整后的结果就是应纳税所得额。

间接计算法在企业利润总额的基础上进行计算,相对于直接计算方法简单易行。

间接计算法用计算公式表示为:

$$应纳税所得额=会计利润总额 \pm 按照税法规定调整的项目金额$$

纳税调整项目金额包括两方面的内容:一是企业财务会计制度规定的项目范围与税收法规规定的项目范围不一致应予以调整的金额;二是企业财务会计制度规定的扣除标准与税收法规规定的扣除标准不一致应予以调整的金额。举例说明如下:

【例题】某居民企业2019年发生以下经营业务:销售产品,取得产品销售收入4 000万元;发生产品销售成本2 600万元;发生销售费用770万元,其中广告费用660万元;发生管理费用480万元,其中业务招待费25万元;发生财务费用60万元;税金及附加40万元;营业外收入80万元;营业外支出50万元,其中含有通过公益性社会团体向贫困山区的捐款40万元,支付的税收滞纳金6万元;计入成本、费用中的实发工资总额200万元,拨缴职工工会经费5万元,发生职工福利费31万元,发生职工教育经费7万元。

计算该企业2019年企业所得税应纳税所得额。

【解析】

1.计算企业会计利润总额

企业会计利润总额=产品销售收入4 000万元–产品销售成本2 600万元–销售费用770万元–管理费用480万–财务费用60万元–税金及附加40万元+营业外收入80万元–营业外支出50万元=80(万元)

2.计算广告费调整额

(1)实际发生的广告费:660万元。

(2)计算税法规定的广告费扣除限额:税法规定的广告费扣除限额=当年销售(营业)收入的15%=4 000×15%=600(万元)。

(3)计算广告费调整金额:由于实际发生的广告费超过税法准予扣除的标准,所以应纳税所得额应当调增,调增金额为:660-600=60(万元)。

3.计算业务招待费调整额

(1)实际发生的业务招待费:25万元。

(2)计算税法规定的业务招待费扣除限额:税法规定的业务招待费扣除限额=企业发生的与生产经营活动有关的业务招待费支出,按照发生额的60%扣除,但最高不得超过当年销售(营业)收入的5%。

发生额的60%=25×60%=15(万元);当年销售(营业)收入的5%=4 000×5%=200(万元)。

(3)计算业务招待费调整金额:实际发生的业务招待费为25万元,税法规定的业务招待费扣除限额为15万元,实际发生的业务招待费超过税法准予扣除的标准,所以应纳税所得额应当调增,调增金额为:25-15=10(万元)。

4.计算公益性捐赠调整额

(1)实际发生的公益性捐赠:40万元。

(2)计算税法规定的公益性捐赠扣除限额:不超过年度利润总额12%的部分准予扣除。年度利润总额的12%=80×12%=9.6(万元)。

(3)计算公益性捐赠调整金额:企业实际发生的公益性捐赠为40万元,而税法规定的准予扣除的公益性捐赠为9.6万元,应纳税所得额扣除标准应当调增,调增金额为:40-9.6=30.4(万元)。

5.支付的税收滞纳金6万元

支付的税收滞纳金6万元不计入企业利润总额,但是税法规定不得扣除,所以应纳税所得额调增6万元。

6.计算工会费调整额

(1)实际发生的工会费:5万元。

(2)计算税法规定的工会费扣除限额:不超过工资薪金总额2%的部分准予扣除。工资薪金总额2%的部分=200×2%=4(万元)。

(3)计算工会费调整金额:实际发生的工会费为5万元,扣除的限额为4万元,应纳税所得额扣除标准应当调增,调增金额为:5-4=1(万元)。

7.计算职工福利费调整额

(1)实际发生的职工福利费:31万元。

(2)计算税法规定的职工福利费扣除限额:不超过工资薪金总额14%的部分准予扣除。工资薪金总额14%的部分=200×14%=28(万元)。

(3)计算职工福利费调整金额:实际发生的职工福利费为31万元,扣除的限额为28万元,应纳税所得额扣除标准应当调增,调增金额为:31-28=3(万元)。

8.计算职工教育经费调整额

(1)实际发生的职工教育经费:7万元。

(2)计算税法规定的职工教育经费扣除限额:不超过工资薪金总额8%的部分准予扣除。工资薪金总额8%的部分=200×8%=16(万元)

(3)计算职工教育经费调整金额:实际发生的职工教育经费为7万元,扣除的限额为16万元,实际发生的职工教育经费小于限额,应纳税所得额无须调增。

9.计算应纳税所得额

应纳税所得额=80+60+10+30.4+6+1+3=190.4(万元)。

四、居民企业企业所得税税率

【提示:应纳税额=优惠后的实际应纳税所得额×**适用税率**-**减免税额**-**抵免税额**】

企业所得税实行比例税率。企业所得税的纳税人不同,适用的税率也不同。居民企业就其来源于中国境内、境外的所得，按25%的税率征收企业所得税。

五、居民企业企业所得税的减免税额

【提示：应纳税额=优惠后的实际应纳税所得额×适用税率-**减免税额**-抵免税额】

企业所得税法对部分企业给予减免税额的优惠措施。由于前期已经计算出企业所得税应纳税所得额，在此基础上可以计算出予以减免的税额，在实际计算所得税额时予以扣除。

【企业所得税年度纳税申报表填报表单-A107040 减免所得税优惠明细表】

【企业所得税年度纳税申报表填报表单-A107041 高新技术企业优惠情况及明细表】

【企业所得税年度纳税申报表填报表单-A107042 软件、集成电路企业优惠情况及明细表】

1）符合条件的小型微利企业减免企业所得税。

2019年1月1日至2021年12月31日，对小型微利企业年应纳税所得额不超过100万元的部分，减按25%计入应纳税所得额，按20%的税率缴纳企业所得税；对年应纳税所得额超过100万元但不超过300万元的部分，减按50%计入应纳税所得额，按20%的税率缴纳企业所得税。

符合条件的小型微利企业是指从事国家非限制和禁止行业，年度应纳税所得额不超过300万元，从业人数不超过300人，资产总额不超过5 000万元的企业。

2）国家需要重点扶持的高新技术企业减按15%的税率征收企业所得税。

3）技术先进型服务企业减按15%的税率征收企业所得税。

自2018年1月1日起，对经认定的技术先进型服务企业（服务贸易类），减按15%的税率征收企业所得税。

4）集成电路设计企业减免企业所得税。

我国境内符合条件的集成电路设计企业，在2018年12月31日前自获利年度起计算优惠期，第一年至第二年免征企业所得税，第三年至第五年按照25%的法定税率减半征收企业所得税，并享受至期满为止。

5）符合条件的软件企业减免企业所得税。

我国境内符合条件的软件企业，在2018年12月31日前自获利年度起计算优惠期，第一年至第二年免征企业所得税，第三年至第五年按照25%的法定税率减半征收企业所得税，并享受至期满为止。

6）经营性文化企业免征企业所得税。

经营性文化事业单位是指从事新闻出版、广播影视和文化艺术的事业单位。2019年1月1日至2023年12月31日，经营性文化事业单位转制为企业，自转制注册之日起五年内免征企业所得税。2018年12月31日之前已完成转制的企业，自2019年1月1日起可继续免征五年企业所得税。

7）民族自治地方的自治机关对本民族自治地方的企业应缴纳的企业所得税中属于地方分享的部分减征或免征。

民族自治地方的自治机关对本民族自治地方的企业应缴纳的企业所得税中属于地方分享的部分，可以决定减征或者免征。自治州、自治县决定减征或者免征的，须报省、自治区、直辖市人民政府批准。

对民族自治地方内国家限制和禁止行业的企业，不得减征或者免征企业所得税。

8）西部地区的鼓励类产业企业减按15%的税率征收企业所得税。

自2021年1月1日至2030年12月31日，对设在西部地区的鼓励类产业企业减按15%的税率征收企业所得税。鼓励类产业企业是指以《西部地区鼓励类产业目录》中规定的产业项目为主营业务，且其主营业务收入占企业收入总额60%以上的企业。

【小型微利企业所得税优惠咋享受】

六、居民企业企业所得税的抵免税额

【提示：应纳税额=优惠后的实际应纳税所得额×适用税率-减免税额-**抵免税额**】

（一）境外已纳税额抵免

居民企业来源于中国境外的应税所得，以及非居民企业在中国境内设立机构、场所，取得发生在中国境外但与该机构、场所有实际联系的应税所得，已在境外缴纳的所得税税额，可以从其当期应纳税额中抵免，抵免限额为该项所得依照本法规定计算的应纳税额；超过抵免限额的部分，可以在以后5个年度内，用每年度抵免限额抵免当年应抵免税额后的余额进行抵补。

（二）专用设备应纳税额抵免

企业购置并实际使用《环境保护专用设备企业所得税优惠目录》《节能节水专用设备企业所得税优惠目录》和《安全生产专用设备企业所得税优惠目录》规定的环境保护、节能节水、安全生产等专用设备的，该专用设备的投资额的10%可以从企业当年的应纳税额中抵免；当年不足抵免的，可以在以后5个纳税年度结转抵免。享受优惠的企业，应当实际购置并自身实际投入使用前款规定的专用设备；企业购置上述专用设备在5年内转让、出租的，应当停止享受企业所得税优惠，并补缴已经抵免的企业所得税税款。

七、非居民企业应纳税额的计算

（一）非居民企业的应纳税所得额

在中国境内未设立机构、场所的，或者虽设立机构、场所但取得的所得与其所设机构、场所没有实际联系的非居民企业，其取得的来源于中国境内的所得，按照下列方法计算其应纳税所得额：

1）股息、红利等权益性投资收益和利息、租金、特许权使用费所得，以收入全额为应纳税所得额。

2）转让财产所得，以收入全额减除财产净值后的余额为应纳税所得额。财产净值，是指有关资产、财产的计税基础减除已经按照规定扣除的折旧、折耗、摊销、准备金等后的余额。

根据规定，外国政府向中国政府提供贷款取得的利息所得，以及国际金融组织向中国政府和居民企业提供优惠贷款取得的利息所得，可以免征企业所得税。

（二）非居民企业企业所得税税率

非居民企业在我国境内设立机构、场所的，取得的所得与设立机构、场所有实际联系的，就其来源于中国境内的所得，以及发生在中国境外但与其所设机构、场所有实际联系的所得，按25%的税率征税。

非居民企业在我国境内设立机构、场所的，取得的所得与设立机构、场所没有实际联系的，或者未在我国设立机构、场所，却有来源于我国的所得的，就来源于中国境内的所得，按低税率20%（实际减按10%）的税率征收。

思政园地

曹操重用铁面税官[①]

建安九年，为革除旧弊，休养生息，充实国力，曹操正式颁布租调制。明令规定：田租（农业租，按亩征收，每亩年纳谷四升）；户调（户籍税，按户征收，每户年纳绢二匹、棉二斤）。并严令各地严加检查，不许豪强地主漏交税收。租调制的建立，不仅使战乱后的社会经济得到了恢复和发展，也为后来隋唐实行租庸调制奠定了基础。实行租调制的法令颁布后，曹操带头守法，"以己率下，每岁发调"，做出了榜样。

豪强曹洪，自恃是曹操的堂弟，又始终追随曹操建功立业，因此居功自傲，目无法纪，公然支持他在长社县的宾客拒不缴纳田租、户调。长社县令杨沛不惧权贵，依法办事，断然把那些拒不交税宾客"收而治之"。曹洪闻讯后，急忙去找曹操，要求惩办杨沛。杨沛却正气凛然，依法诛杀了抗税不交的宾客。曹操了解事情真相后，并不因曹洪是自己的堂弟而责备杨沛，反而表扬了杨沛，以后还重用杨沛为京兆尹。

[①] 严砾.古代帝王治税轶事[J].吉林财税，2003（7）.

任务工单

编号	4-2-1	知识点	销售收入实现的确认	日期	
姓名		学号		班级		评分	

收入类别			确认时间
1.销售货物	（1）采用托收承付方式		
	（2）采用预收款方式		
	（3）需要安装和检验的	一般情形	
		安装程序简单	
	（4）采用支付手续费方式委托代销		
	（5）采用分期收款方式		
	（6）采取产品分成方式		
2.提供劳务			
3.股息、红利等权益性投资			
4.利息、租金、特许权使用费			
5.接受捐赠			

编号	4-2-2	知识点	企业所得税税收优惠	日期	
姓名		学号		班级		评分	

优惠措施	具体优惠项目
1.减计收入优惠	
2.收入免税优惠	
3.缩短折旧年限或者加速折旧	
4.一次性税前扣除优惠	
5.加计扣除优惠	
6.抵扣应纳税所得额优惠	

编号	4-2-2	知识点	企业所得税税收优惠	日期	
姓名		学号		班级		评分	

续表

7.税率优惠		
	减按15%税率	
8.特定收入免征和减征税优惠		
9.所得减免税优惠		
10.项目减免税优惠		
11.税额抵免优惠		
12.企业减征免征税优惠		

编号	4-2-3	知识点	企业所得税应纳税额的计算	日期	
姓名		学号		班级	评分

一、收入总额

收入总额的组成

1. 根据企业所得税法律制度的规定，下列各项中，在计算企业所得税应纳税所得额时，应计入收入总额的有（　　）。
   A.企业资产溢余收入　　　　B.逾期未退包装物押金收入
   C.确实无法偿付的应付款项　　D.汇兑收益

2. 根据企业所得税法律制度的规定，下列各项中，不属于财产转让所得的是（　　）。
   A.转让房屋所有权　　B.转让土地使用权　　C.转让专利技术所有权　　D.转让商标使用权

3. 根据企业所得税法律制度的规定，下列各项中，属于特许权使用费的是（　　）。
   A.提供生产设备使用权取得的收入　　　B.提供运输工具使用权取得的收入
   C.提供房屋使用权取得的收入　　　　　D.提供商标权的使用权取得的收入

收入的分类

4. 根据企业所得税法律制度的规定，下列各项中，属于货币形式的收入的是（　　）。
   A.应收票据　　B.应收账款　　C.股权投资　　D.银行存款

5. 根据企业所得税法律制度的规定，企业取得的下列收入中属于货币形式的有（　　）。
   A.债务的豁免　　B.现金　　C.应收账款　　D.存货

收入的确认

6. （判断题）根据企业所得税法律制度的规定，利息收入按照债务人实际支付利息的日期确认收入的实现。（　　）

7. （填空题）企业在各个纳税期末，提供劳务交易的结果能够可靠估计的，用（　　）法确认提供劳务收入。

8. （填空题）企业从事建筑、安装、装配工程业务或者提供其他劳务等，持续时间超过12个月的，按照（　　）确认收入的实现。

9. 9月1日，甲公司与乙公司签订合同，采用预收款方式销售一批货物，并于9月10日收到全部货款。甲公司9月20日发出货物，乙公司21日收到货物。关于甲公司确认该业务销售收入时间的表述中，正确的是（　　）。
   A.9月10日确认销售收入　　B.9月20日确认销售收入
   C.9月21日确认销售收入　　D.9月22日确认销售收入

10. （填空题）作为一项企业所得税税收优惠措施，自2019年6月1日起至2025年12月31日，提供社区养老、托育、家政服务取得的收入，在计算应纳税所得额时，减按（　　）计入收入总额。

11. 甲电子公司2020年9月销售一批产品，含增值税价格为45.2万元。由于购买数量多，甲电子公司给予9折优惠，购买发票上已分别注明。已知增值税税率为13%，甲电子公司在计算企业所得税应纳税所得额时，应确认的产品销售收入是（　　）。
    A.36万元　　B.40万元　　C.40.68万元　　D.45.2万元

二、不征税收入、免税收入

12. 根据企业所得税法律制度的规定，下列各项中，属于不征税收入的是（　　）。
    A.财政拨款
    B.依法收取并纳入财政管理的行政事业性收费
    C.依法收取并纳入财政管理的政府性基金
    D.县级以上人民政府无偿划入企业并指定专门用途并按规定进行管理的国有资产

13. 根据企业所得税法律制度的规定，下列各项中，属于免税收入的是（　　）。
    A.符合条件的居民企业之间的红利
    B.符合条件的非营利组织接受的捐赠收入
    C.符合条件的非营利组织按省级以上民政财政部门规定收取的会费
    D.医院取得的医疗收入、药品收入和住院收入等，属于医院从事营利性活动取得的收入

三、各项扣除

准予扣除的项目

14. （填空题）根据企业所得税法律制度的规定，准予扣除的收益性支出包括（　　）、（　　）、（　　）、（　　）、（　　）五个项目。

	15.根据企业所得税法律制度的规定，在计算应纳税所得额时，不得扣除的收益性支出项目有（　　）。 A.企业向投资者支付的10万元股息　　B.企业因违法而受到的20万元罚金 C.企业赞助中国足球队的30万元支出　　D.企业经核定的40万元准备金支出
	16.根据企业所得税法律制度的规定，企业缴纳的下列税金中，准予在企业所得税前扣除的有（　　）。 A.允许抵扣的增值税　B.消费税　　C.土地增值税　　D.印花税
	17.根据企业所得税法律制度的规定，企业依照国务院有关主管部门或省级人民政府规定范围和标准为职工缴纳的下列费用中，在计算企业所得税应纳税所得额时准予扣除的有（　　）。 A.基本医疗保险费　　B.基本养老保险费　　C.工伤保险费　　D.住房公积金
	18.（判断题）企业职工因公出差乘坐交通工具发生的人身意外保险费支出，不得在计算企业所得税的应纳税所得额时扣除。（　　）
费用扣除的标准	19.（填空题）作为一项企业所得税税收优惠措施，企业安置残疾人员所支付的工资按照支付给残疾职工工资的（　　）加计扣除；企业拨缴的工会经费，不超过工资薪金总额（　　）的部分准予扣除；除国务院财政、税务主管部门另有规定外，企业发生的职工教育经费支出，不超过工资薪金总额（　　）的部分准予扣除，超过部分（　　）扣除；企业为投资者或者职工支付的补充养老保险费、补充医疗保险费，不超过工资薪金总额（　　）的部分准予扣除；企业发生的与生产经营活动有关的业务招待费支出，按照发生额的（　　）扣除，但最高不得超过当年销售（营业）收入的（　　）；企业发生的公益性捐赠支出，不超过年度利润总额（　　）的部分，准予扣除。
	20.（判断题）根据企业所得税法律制度的规定，企业为投资者或者职工支付的商业保险费，准予全额扣除。（　　）
	21.某居民企业，2019年计入成本、费用的实发工资总额为300万元，拨缴职工工会经费10万元，支出职工福利费45万元、职工教育经费10万元，计算该企业2019年计算应纳税所得额时准予在税前扣除的三项经费之和。
	22.2019年甲企业实现利润总额500万元，发生公益性捐赠支出62万元，上年度未在税前扣除完的符合条件的公益性捐赠支出10万元。计算甲企业2019年度计算企业所得税应纳税所得额时准予扣除的公益性捐赠支出。
	23.某机械制造企业2019年度销售收入为30万元，发生业务招待费5 000元，发生广告费3万元，业务宣传费2万元，2018年结转广告费1万元。分别计算该机械制造企业当年可以在企业所得税前扣除的业务招待费、广告费和业务宣传费。
	24.（判断题）非金融企业向金融企业借款的利息支出可以据实扣除，非金融企业向非金融企业借款的利息支出不允许在税前扣除。（　　）
	25.某饮料生产企业，2019年3月因业务发展需要向建设银行借款200万元，期限半年，年利率8%；2019年5月，该企业又向原料供应商借款200万元，期限半年，支付利息20万元。上述借款均用于经营周转，该企业无其他借款，计算该企业2019年可以在企业所得税前扣除的利息费用。
	26.某公司2019年度支出工资薪金总额2 000万元，按规定标准为职工缴纳基本社会保险费300万元，为受雇的全体员工支付补充养老保险费160万元，补充医疗保险90万元，为公司高管缴纳商业保险费60万元。计算该公司2019年度发生的上述保险费在计算企业所得税应纳税所得额时准予扣除的数额。

	27. 2019年5月，甲生产企业因业务需要，经某具有合法经营资格的中介机构介绍与乙企业签订了一份买卖合同，合同金额为20万元，甲生产企业向该中介机构支付佣金2万元。计算该笔佣金在计算企业所得税应纳税所得额时准予扣除的数额。
	28. 根据企业所得税法律制度的规定，下列各项中，属于生产性生物资产的有（　　）。 A. 经济林　　　B. 薪炭林　　　C. 产畜　　　D. 役畜
	29. 根据企业所得税法律制度的规定，下列各项中，属于长期待摊费用的是（　　）。 A. 购入固定资产的支出　　　B. 固定资产的大修理 C. 租入固定资产的改建支出　　　D. 已足额提取折旧的固定资产的改建支出
	30. 某企业于2019年6月15日购入生产用设备一台，金额450万元，按照企业所得税法的规定，该设备应按照（　　）年计提折旧。 A. 0　　　B. 4　　　C. 5　　　D. 10
	31. 根据企业所得税法律制度的规定，下列无形资产中，应当以该资产的公允价值和支付的相关税费为计税基础的有（　　）。 A. 通过债务重组取得的无形资产　　　B. 自行开发的无形资产 C. 接受投资取得的无形资产　　　D. 接受捐赠取得的无形资产
	32. 根据企业所得税法律制度的规定，下列各项说法中，正确的有（　　）。 A. 企业融资租入的固定资产，计提折旧应在所得税前扣除 B. 企业经营租入的固定资产，其租金应在租入当期一次性扣除 C. 企业发生的汇兑损失，除已经计入有关资产成本以及与向所有者进行利润分配相关的部分外，准予扣除 D. 企业按规定提取的环境保护专项资金在提取时准予扣除
	33. 根据企业所得税法律制度的规定，下列固定资产项目中，在计算应纳税所得额时，不得扣除折旧的有（　　）。 A. 尚未投入使用的房屋、建筑物　　　B. 以经营租赁方式租入的固定资产 C. 以融资租赁方式租出的固定资产　　　D. 与经营活动无关的固定资产
	34. 根据企业所得税法律制度的规定，企业的下列固定资产计提折旧时，可以采用加速折旧方法或缩短折旧年限的有（　　）。 A. 技术进步，产品更新换代较快的固定资产 B. 使用频率极高的固定资产 C. 常年处于强震动、高腐蚀状态的固定资产 D. 2018年1月1日后购进的设备、器具，单价不超过500万元
	35. 根据企业所得税法律制度的规定，下列固定资产折旧的处理中，不正确的有（　　）。 A. 甲企业2019年3月5日购进一台卡车，2019年4月5日投入使用，应当自2019年4月起计算折旧 B. 乙企业2019年4月1日以融资租赁方式租出一台卡车，之后继续对该卡车计提折旧 C. 丙企业因生产经营调整，于2019年10月1日停止使用一台卡车，应当自2019年11月起停止计算折旧 D. 丁企业2019年9月以经营租赁方式租入一台卡车，在计算企业所得税时，对该卡车计提折旧
	36. 根据企业所得税法律制度的规定，下列各项中，属于生产性生物资产的有（　　）。 A. 经济林　　　B. 薪炭林　　　C. 产畜　　　D. 役畜
	37. 根据企业所得税法律制度的规定，运输货物的卡车，最低折旧年限是（　　）年。 A. 10　　　B. 5　　　C. 4　　　D. 3
不得扣除的项目	38. 下列支出项目中，在计算企业所得税应纳税所得额时，不得扣除的有（　　）。 A. 企业转让固定资产发生的费用　　　B. 企业参加财产保险缴纳的保险费 C. 企业发生的非广告性赞助支出　　　D. 企业发生的合理的劳动保护支出

39.下列支出项目中,在计算企业所得税应纳税所得额时,准予扣除的有( )。
A.向客户支付的合同违约金   B.向税务机关支付的税收滞纳金
C.向银行支付的逾期利息   D.向公安部门缴纳的交通违章罚款

40.(判断题)企业因存货盘亏、毁损、报废等原因不得从销项税金中抵扣的进项税金,不得与存货损失一起在企业所得税前扣除。( )

41.根据企业所得税法律制度的规定,下列各项中,在计算企业所得税应纳税所得额时,不得扣除的有( )。
A.罚金   B.诉讼费用   C.罚款   D.税收滞纳金

四、以前年度的亏损

42.(填空题)高新技术企业某一纳税年度发生的亏损,可以用下一年度的所得弥补,下一年度的所得不足弥补的,可以逐年延续弥补,但是最长不得超过一定期限,该期限是( )年。

43.某企业2014年发生亏损20万元,2015年盈利12万元,2016年亏损1万元,2017年盈利4万元,2018年亏损5万元,2019年盈利2万元,2020年盈利38万元。计算该企业2020年应缴纳的企业所得税税额。

44.某居民企业2016年设立,2016—2020年年末弥补亏损前的所得情况如下:

年份	2016年	2017年	2018年	2019年	2020年
未弥补亏损前的所得	-20万元	100万元	-220万元	180万元	200万元

假设无其他纳税调整项目,计算该居民企业2020年度企业所得税应纳税所得额。

五、减免的所得

45.根据企业所得税法律制度的规定,企业的下列农、林、牧、渔项目所得,免征企业所得税的有( )。
A.中药材的种植   B.牲畜、家禽的饲养   C.远洋捕捞   D.海洋捕捞

46.根据企业所得税法律制度的规定,企业的下列农、林、牧、渔项目所得,减半征收企业所得税的有( )。
A.饮料作物的种植   B.香料作物的种植   C.海水养殖   D.内陆养殖

47.根据企业所得税法律制度的规定,企业从事下列项目的所得,减半征收企业所得税的是( )。
A.花卉企业   B.谷物企业   C.中药材企业   D.蔬菜企业

48.(填空题)根据企业所得税法律制度的规定,企业纳税年度发生的亏损,准予向以后年度结转,用以后年度的所得弥补,但结转年限最长不得超过( );作为一项企业所得税税收优惠措施,自2018年1月1日起,对当年具备高新技术企业或科技型中小企业资格的企业,其具备资格年度之前5个纳税年度发生的尚未弥补完的亏损,准予结转以后年度弥补,最长结转年限由( )延长至( )。

49.(填空题)根据企业所得税法律制度的规定,企业从事国家重点扶持的公共基础设施项目的投资经营的所得,自项目取得第一笔生产经营收入所属纳税年度起,( )免征企业所得税,( )减半征收企业所得税;企业从事符合条件的环境保护、节能节水项目的所得,自( )起,第一年至第三年免征企业所得税,第四年至第六年减半征收企业所得税。

50.(填空题)根据企业所得税法律制度的规定,符合条件的技术转让所得免征、减征企业所得税,是指一个纳税年度内,居民企业技术转让所得( )部分,免征企业所得税;( )部分,减半征收企业所得税。

51.甲公司为居民企业,2020年取得符合条件的技术转让所得600万元,在计算甲公司2020年度企业所得税应纳税所得额时,技术转让所得应纳税调减的金额是( )万元。

六、抵扣的应纳税所得额

52.(填空题)根据企业所得税法律制度的规定,创业投资企业采取股权投资方式投资于未上市的中小高新技术企业( )年以上的,可以按照( )在股权持有满2年的当年抵扣该创业投资企业的应纳税所得额;当年不足抵扣的,可以在以后纳税年度结转抵扣。

53.(判断题)居民企业在汇总计算缴纳企业所得税时其境外营业机构的亏损不得抵减境内营业机构的盈利。( )

七、适用的税率

54.（判断题）在中国境内设立机构、场所且取得的所得与其所设机构、场所有实际联系的非居民企业，适用的企业所得税税率为20%。（　　）

55.根据企业所得税法律制度的规定，下列各项关于企业所得税税率的说法中，正确的有（　　）。
A.居民企业适用25%的税率
B.非居民企业适用20%的税率
C.小型微利企业适用20%的优惠税率
D.设在西部地区，以《西部地区鼓励类产业目录》中新增鼓励类项目为主营业务，且其当年度主营业务收入占收入总额70%以上的企业，适用10%的优惠税率

八、减免的税额

56.（填空题）根据企业所得税法律制度的规定，自2019年1月1日起至2021年12月31日，对小型微利企业年应纳税所得额不超过100万元的部分，减按25%计入（　　），按（　　）的税率缴纳企业所得税；对年应纳税所得额超过100万元但不超过300万元的部分，减按50%计入（　　），按（　　）的税率缴纳企业所得税。

57.根据企业所得税法律制度的规定，符合条件的小型微利企业可以享受企业所得税应纳税所得额和税率的双重优惠，可以享受该优惠的小型微利企业必须符合的条件有（　　）。
A.从事国家非限制和禁止行业　　B.年度应纳税所得额不超过300万元
C.从业人数不超过300人　　D.资产总额不超过5 000万元

58.根据企业所得税法律制度的规定，下列所得中免征企业所得税的有（　　）。
A.居民企业"500万元"以内的"技术转让"所得
B.企业取得的地方政府债券利息收入
C.合格境外机构投资者境内转让股票等权益性投资资产所得
D.境外机构投资境内债券市场取得的债券利息收入

59.根据企业所得税法律制度的规定，下列所得中减半征收企业所得税的有（　　）。
A.花卉、茶以及其他饮料作物和香料作物的种植
B.海水养殖、内陆养殖
C.居民企业超过500万元的技术转让所得的"超过部分"
D.企业投资持有"铁路债券"取得的利息收入

60.（判断题）根据企业所得税法律制度的规定，依法成立且符合条件的"集成电路设计企业"和"软件企业"，在2018年12月31日前自获利年度起计算优惠期，第一年至第二年免征企业所得税，第三年至第五年按照25%的法定税率减半征收企业所得税。（　　）

61.（判断题）根据企业所得税法律制度的规定，企业"从事"国家重点扶持的"公共基础设施项目的投资经营"的所得，自项目"取得第一笔生产经营收入"所属纳税年度起，第一年至第三年免征，第四年至第六年减半征收。（　　）

62.（判断题）根据企业所得税法律制度的规定，企业"从事"符合条件的"环境保护、节能节水"项目的所得，自项目"取得第一笔生产经营收入"所属纳税年度起，第一年至第三年免征，第四年至第六年减半征收。（　　）

63.（判断题）根据企业所得税法律制度的规定，经营性文化事业单位（从事新闻出版、广播影视和文化艺术的事业单位）转制为企业，自转制注册之日起三年内免征企业所得税。（　　）

九、抵免的税额

64.甲公司为居民企业，2020年度境内应纳税所得额为1 000万元，来源于M国的应纳税所得额为300万元，已在M国缴纳企业所得税60万元。已知甲公司适用的所得税税率为25%，计算甲公司2020年度应缴纳的企业所得税税额。

65.甲公司2020年应纳税所得额为1 000万元，当年购入一台安全生产设备，增值税发票上注明的价款为100万元，取得境外所得在中国境内可以抵免的税额为20万元，计算甲公司2020年度企业所得税应纳税额。

66. 根据企业所得税法律制度的规定，企业取得的符合规定的所得已在境外缴纳了企业所得税的，其税额可以从其当期应纳税额中抵免，抵免限额为（　　　　　　）；超过抵免限额的部分，可以在以后（　　）年度内，用每年度抵免限额抵免当年应抵免税额后的余额进行抵补。

67.（填空题）根据企业所得税法律制度的规定，企业购置并实际使用规定的环境保护、节能节水、安全生产等专用设备的，该专用设备的（　　　）可以从企业当年的应纳税额中抵免；当年不足抵免的，可以在以后（　　）纳税年度结转抵免。

十、居民企业应纳税所得额的间接计算法

68. 某企业2019年税前会计利润为150万元，当年8月某地发生地震，该企业以自己的名义直接向灾区捐款30万元，已在税前会计利润中据实扣除。已知该企业适用的企业所得税税率为25%，假设无其他纳税调整事项，计算该企业2019年企业所得税应纳税额。

69. 甲公司2019年实现会计利润总额300万元，预缴企业所得税税额60万元，在"营业外支出"账目中列支了通过公益性社会团体向灾区捐款38万元。已知企业所得税税率为25%，公益性捐赠支出不超过年度利润总额12%的部分，准予在计算企业所得税应纳税所得额时扣除，计算甲公司当年应补缴的企业所得税税额。

十一、综合计算

70. 2019年，某居民企业发生下列业务：销售产品收入2 000万元；接受捐赠材料一批，取得赠出方开具的增值税发票，注明价款10万元，增值税1.7万元；转让一项商标所有权，取得营业外收入60万元；收取当年让渡资产使用权的专利实施许可费，取得其他业务收入10万元；取得国债利息2万元；全年销售成本1 000万元；销售税金及附加100万元；全年销售费用500万元，含广告费400万元；全年管理费用200万元，含招待费80万元；全年财务费用50万元；全年营业外支出40万元，含通过政府部门向灾区捐款20万元；直接向私立小学捐款10万元；违反政府规定被工商局罚款2万元。

计算该企业2019年企业所得税应纳税所得额和应纳税额。

71. 2019年，某居民企业发生下列业务：销售产品取得销售收入2 000万元；接受捐赠材料一批，取得赠出方开具的增值税发票，注明价款10万元，增值税1.7万元；企业找一运输公司将该批材料运回企业，支付运杂费0.3万元；转让一项商标所有权，取得营业外收入60万元；收取当年让渡资产使用权的专利实施许可费，取得其他业务收入10万元；取得国债利息2万元；全年销售成本1 000万元；销售税金及附加100万元；全年销售费用500万元，含广告费400万元；全年管理费用200万元，含招待费80万元；全年财务费用50万元；全年营业外支出40万元，含通过政府部门向灾区捐款20万元；直接向私立小学捐款10万元；违反政府规定被工商局罚款2万元。

计算该企业2019年企业所得税应纳税所得额和应纳税额。

任务三　企业所得税税收管理

任务情境

某公司自2020年5月份开始停止经营，该公司停止经营是否需要办理企业所得税的纳税申报？如果需要的话，该公司应当于何时进行纳税申报？

任务概要和任务目标

本任务包括企业所得税的纳税期限、纳税地点和纳税申报，要求正确掌握，能够及时准确地进行企业所得税纳税申报。

企业所得税按纳税年度计算，分月或者分季预缴。企业应当自月份或者季度终了之日起十五日内，向税务机关申报预缴税款。企业应当自年度终了之日起五个月内，向税务机关汇算清缴，结清应缴应退税款。居民企业通常以企业登记注册地为纳税地点，登记注册地在境外的，以实际管理机构所在地为纳税地点。

任务相关知识

一、纳税期限

企业所得税按纳税年度计算。纳税年度自公历1月1日起至12月31日止。企业在一个纳税年度中间开业，或者终止经营活动，使该纳税年度的实际经营期不足十二个月的，应当以其实际经营期为一个纳税年度。企业依法清算时，应当以清算期间作为一个纳税年度。

二、纳税地点

除另有规定外，居民企业以企业登记注册地为纳税地点；但登记注册地在境外的，以实际管理机构所在地为纳税地点。非居民企业以机构、场所所在地为纳税地点。非居民企业在中国境内设立两个或者两个以上机构、场所，符合规定条件的，可以选择由其主要机构、场所汇总缴纳企业所得税。在中国境内未设立机构、场所的非居民企业，或者虽设立机构、场所但取得的所得与其所设机构、场所没有实际联系的非居民企业，就其来源于中国境内的所得以扣缴义务人所在地为纳税地点。

三、纳税申报

企业所得税分月或者分季预缴。企业应当自月份或者季度终了之日起十五日内，向税务机关报送预缴企业所得税纳税申报表，预缴税款。

企业应当自年度终了之日起五个月内，办理汇算清缴。企业在年度中间终止经营活动的，应当自实际经营终止之日起六十日内办理当期企业所得税汇算清缴。企业应当在办理注销登记前，向税务机关申报并依法缴纳企业所得税。

思政园地

【元积与税】

任务工单

编号	4-3	知识点	企业所得税税收管理	日期	
姓名		学号		班级		评分	

1.（判断题）非居民企业在中国境内设立机构、场所且取得的所得与设立的机构、场所没有实际联系的，以机构、场所所在地为纳税地点。（　　）

2.（判断题）企业以前年度发生的资产损失未能在当年税前扣除的，可以按照规定，向税务机关说明并进行"专项申报"扣除。（　　）

3.根据企业所得税法律制度的规定，下列表述中，正确的有（　　）。
A.企业所得税按年计征，分月或者分季预缴，年终汇算清缴，多退少补
B.企业在一个纳税年度中间开业，使该纳税年度的实际经营不足12个月的，应当以其实际经营期为一个纳税年度
C.企业依法清算时，应当以清算期作为一个纳税年度
D.企业在纳税年度中间终止经营活动的，应当自实际经营终止之日起90日内，向税务机关办理当期企业所得税汇算清缴

4.根据企业所得税法律制度的规定，企业应当自纳税年度终了之日起一定期限内，向税务机关报送年度企业所得税申报表，并应缴应退税款，该期限为（　　）。
A.3个月
B.5个月
C.6个月
D.4个月

5.根据企业所得税法律制度的规定，下列关于企业所得税纳税地点的表述中，正确的有（　　）。
A.非居民企业以机构、场所所在地为纳税地点
B.非居民企业在中国境内设立两个或者两个以上机构、场所，符合国务院税务主管部门规定条件的，可以选择由其主要机构、场所汇总缴纳企业所得税
C.在中国境内未设立机构、场所的非居民企业，就其来源于中国境内的所得以扣缴义务人所在地为纳税地点
D.在中国境内设立机构、场所但取得的所得与其所设机构、场所没有实际联系的非居民企业，就其来源于中国境内的所得以扣缴义务人所在地为纳税地点

6.根据企业所得税法律制度的规定，下列表述中，正确的有（　　）。
A.企业所得税分月预缴
B.企业应当自月份终了之日起15日内，向税务机关预缴税款
C.企业应当自年度终了之日起6个月内，向税务机关报送年度企业所得税纳税申报表，并汇算清缴
D.企业缴纳企业所得税，以人民币计算。所得以美元计算的，也可以以美元计算并缴纳税款

7.根据企业所得税法律制度的规定，下列表述中，正确的有（　　）。
A.企业应当自季度终了之日起15日内，向税务机关预缴税款
B.企业应当在办理注销登记前，就其清算所得向税务机关申报并依法缴纳企业所得税
C.企业缴纳企业所得税，以人民币计算。所得以人民币以外的货币计算的，应当折合成人民币计算并缴纳税款
D.企业缴纳企业所得税，以人民币计算。应当折合成人民币计算并缴纳税款

项目五

个人所得税法律制度

项目情境

（一）

什么是个人所得税？国家为什么要征收个人所得税？

哪些人需要缴个人所得税？农民种地需要缴纳个人所得税吗？农民工进城打工需要缴纳个人所得税吗？

家庭出租住房需要缴纳个人所得税吗？家庭销售住房需要缴纳个人所得税吗？家庭开个小商店需要缴纳个人所得税吗？

一个人一年需要缴纳多少个人所得税？同样的收入，为什么个人所得税有的人纳税多有的人纳税少？影响税额的因素有哪些？

如何缴纳个人所得税？

（二）

英国是世界上最早开征个人所得税的国家。1799年，英国开始试行差别税率征收个人所得税，1874年个人所得税成为英国的一个固定税种。

100多年后，1980年9月10日，我国制定实施《中华人民共和国个人所得税法》，但该法仅对外籍个人征收个人所得税。

1993年10月31日，我国修改个人所得税法，开始不分内、外，对所有中国居民和有来源于中国所得的非居民征收个人所得税。

2018年，我国再次修改个人所得税法。2019年1月1日，修改后的《中华人民共和国个人所得税法》开始全面实施。新个人所得税法主要有以下几项大的修改：

1.工资薪金、劳务报酬、稿酬和特许权使用费等四项劳动性所得首次实行综合征税，在我国历史上首次建立了综合与分类相结合的个人所得税制；

2.个人所得税免税额由每月3 500元提高至每月5 000元（每年6万元）；

3.首次增加子女教育支出、继续教育支出、大病医疗支出、住房贷款利息和住房租金等专项附加扣除；优化调整税率结构，扩大较低档税率级距。

【中华人民共和国个人所得税法】　　【中华人民共和国个人所得税法实施条例】

项目简介

本项目由四个任务组成：

任务一　个人所得税的概念、征税对象和减免税项目。学习个人所得税的概念、特点、征税对象和减免税的项目。

任务二　个人所得税的纳税人、扣缴义务人和纳税期限。学习个人所得税的纳税人、扣缴义务人和纳税期限。

任务三　各项所得应纳税额的计算。学习个人所得税各项所得应纳税额的计算。

任务四　个人所得税的申报管理。学习个人所得税自行申报纳税管理办法和全员全额扣缴申报纳税管理办法。

本项目内容提要如表5-1所示。

项目目标

一、知识目标

1.理解个人所得税的概念、特点、征税对象和减免税项目。
2.掌握个人所得税纳税人的分类及其纳税义务。
3.掌握个人所得税的扣缴义务人。
4.掌握个人所得税的纳税期限。

二、技能目标

1.掌握个人所得税所得来源的判断方法,能够正确判断境内所得和境外所得。
2.掌握个人所得税应纳税所得额和应纳税额的计算方法,能够正确计算个人所得税各项所得的应纳税额。
3.掌握个人所得税的申报管理办法,能够正确及时申报个人所得税。

三、素质目标

1.培养不断学习新知识、接受新事物的创新能力。
2.培养自主、主动学习的能力。
3.培养团结协作、善于交流沟通的能力。
4.培养整体思维能力与创新思维能力。

四、思政目标

1.培养良好的心理和身体素质,保持身心健康。
2.培养平易近人、真诚善良、诚实守信的个性和坚忍不拔的意志。
3.培养勇于奋斗、乐观向上、自我管理、团队合作的精神。
4.培养情绪稳定、心态乐观、热爱生活、蓬勃向上的精神面貌。

表 5-1 项目内容提要

		划分标准：住所＋居住时间	境内收入	所得来源的确定（境内）	境外收入
一、纳税人（个人）	1.居民个人	在中国境内有住所（因户籍、家庭、经济利益关系而惯常性居住）	征税	1.境内提供劳务； 2.境内转让财产； 3.出租物、特许权在境内使用； 4.境内取得利息、股息、红利	征税（但连续（指单次离境不超过30天）不满6年，经备案，境外支付的部分，免征）
		在中国境内无住所，但在一个纳税年度内在中国境内居住超过183天的个人	征税		征税（但除外支付且由境外机构负担的部分①，免征）
	2.非居民个人	在中国境内无住所，并且在一个纳税年度内在中国境内居住不满183天的个人	征税		不征
		在中国境内无住所，并且在一个纳税年度内在中国境内居住不满90天的个人	征税（但除外支付且由境外机构负担的部分①，免征）		不征

二、征税范围（所得）

三、应纳税所得额②（＝总收入额－基本费用－专项－专附－其他－捐赠）

	收入额（收入－费用）	
收入	费用	

分类综合计税所得
（一）综合计税所得
1.工资、薪金所得*（因雇佣而取得的收入都算工资薪金。不包括：①独生子女补贴；②公务员工资外补贴；③托儿补贴；④差旅费津贴、误餐补助） | 每月 | 0

1.基本费用：6万（5 000元/月）
2.专项扣除：三险一金
3.专项附加扣除：
- 子女教育④（1 000元·月⁻¹·个⁻¹）
- 继续教育（400元/月；3 600/年）
- 大病医疗⑤（1.5万元后8万元内限额）
- 住房贷款利息⑥（1 000元/月）
- 住房租金⑦（1 500/1 100/800元）
- 赡养老人⑧（2 000元/月）

四、税率 3%～45%七级超额累进税率

五、预扣预缴税款的计算③
（预扣预缴应纳税所得额、预扣率、预扣预缴税额）

扣缴义务人累计预扣法（工资薪金）
工资薪金应纳税所得额＝（累计预扣预缴应纳税所得额×预扣率－速算扣除数）－累计已预扣预缴税额
工资薪金累计预扣预缴应纳税所得额＝累计收入－累计减除费用－累计专项扣除－累计专项附加扣除－累计其他扣除
预扣率：3%～45%超额累进预扣率

已知：孙某为青岛市（计划单列市）某公司员工，2019年每月工资收入为3万元。
1.孙某每月工资按"三险一金"个人缴费比例合计为22.5%，社保局核定的缴费基数为8 000元。
2.2018年12月孙某与某个人签订住房租赁合同并一次性支付2019年全年租金12 000元。
3.孙某的儿子每月支付七岁以上上年过七旬的父亲赡养费3 000元，孙某作为独生子女每月支付已年过七旬的母亲赡养费已过多年。
4.2019年1月，孙某考取某注册会计师职业资格证书。
5.2月，孙某的女儿和孙某先后生病，孙某的女儿医疗费个人负担的部分为10万元，孙某生病疗费个人负担的部分为1万元。
6.3月，孙某在青岛市首套住房贷款利率购买一套住房，2020年交付。
7.4月，孙某购买商业健康保险2 000元。
8.5月，孙某从某保险公司购买此保险1 00元。
金，为此孙某每月从工资中扣100元。

---

① 加：某外国的乙公司派工程师B到中国为中国境内乙公司某公司提供技术指导服务，乙公司为此免额外支付B的报酬1000美元（在中国境内提供劳务所取得收入为中国境内收入），免征个人所得税。
② 各项所得应纳税所得额的计算方法并不完全相同，在学习中应注意区分，进行归纳，否则容易混淆。
③ 个人所得税预扣预缴税款的计算包括预扣预缴所得额和预扣预缴税额的计算。预扣预缴税款的计算包括工资薪金所得、劳务报酬所得、稿酬所得、特许权使用费所得等四种所得预扣预缴税款的计算，这四种所得预扣预缴税款的计算适用三种算法，注意区分。
④ 子女教育：1.年满3岁（按学前教育认定），小学、初中、高中、各种中专、技校、本科、硕士、博士；2.只要是全日制（包含同时享受）；3.本科及以下学历，可以选择由父母一方扣除或双方分别50%扣除。
⑤ 继续教育：1.本人教育，包括学历（学位）继续教育和职业资格继续教育，可以同时限额扣除；2.本人负担累计超过15 000元的部分为8万以内限额扣除；3.以家庭为单位，包括年子女医疗支出，不能年子女本人扣除；4.同一学历（学位），继续教育不得超48个月；5.职业资格继续教育取得证书当年扣除。
⑥ 大病医疗：1.基本医保；2.在个人负担累计超过8万元的部分为8万以内限额扣除；3.使用商业医保/公积金贷款；4.未成年子女发生的部分可与父母一方扣除，夫妻双方婚前分别购买的，婚后可以选择由其中一方按100%扣除，也可以选择由夫妻双方分别按50%扣除。
⑦ 住房贷款利息限定条件：1.使用商业贷款/公积金贷款；2.限定享受首套住房贷款利息专项附加扣除；3.最长240个月（20年）4.只能选择由夫妻一方扣除。
⑧ 住房租金：1.限定为在主要工作城市没有住房；2.不能同时享受住房贷款利息专项附加扣除；3.按照省级城市每月1500元，其他城市每月1100元（人口超100万）、每月800元（人口不超100万）的标准扣除。
⑨ 赡养老人：1.指60岁以上父母或没夫子女的祖父母、外祖父母；2.可以均摊、分摊（包括子女约定分摊和父母指定分摊，两者均需书面约定，指定分摊优先于约定分摊；3.分摊的，单人不能超过1 000元/月。

续表

	2. 劳务报酬所得	每次	收入的20%	预扣额2=预扣应纳税所得额×三级超额累进预扣率-速算扣除数 预扣应纳税所得额=收入-费用（800或收入的20%）
	3. 稿酬所得（减按70%计）	每次	收入的20%	预扣额3=预扣应纳税所得额×20%预扣率 预扣应纳税所得额=[收入-费用（800或收入的20%）]×70%
	4. 特许权使用费所得	每次	收入的20%	预扣额4=预扣应纳税所得额×20%预扣率 预扣应纳税所得额=收入-费用（800或收入的20%）
	4. 其他扣除	商业健康保险、递延型养老保险		
		企业年金、职业年金		
	5. 捐赠			
（年度合并计算）	综合所得应纳税所得额=工资薪金+劳务报酬×（1-20%）+稿酬×（1-20%）×70%+特许权使用费×（1-20%）-6万-专项扣除-专项附加扣除-其他扣除-捐赠		综合所得应纳税额5=应纳税额所得额×适用税率-速算扣除数 汇算清缴应纳税额6=预扣预缴税额-综合所得应纳税额	5%~35%五级超额累进税率
（二）经营所得	收入总额		1. 承包、合伙、个独：成本、费用、税金、损失、其他支出、以前年度亏损 2. 个体、其他个人：成本、费用、税金、损失	应纳税额7=应纳税额所得额×适用税率-速算扣除数
（三）利息、股息、红利所得	每次	0（无费用，不扣除）		20%比例税率
（四）财产租赁所得	每月	1. 租赁过程中缴纳的税费 2. 修缮费（800元为限） 3. 成本	800元（每次收入不超过4000元的）或每次收入减除税费及修缮费后的余额不超过20%（每次收入超过4000元的）	20%比例税率（个人出租住房减按10%）
（五）财产转让所得	每次	1. 财产原值 2. 合理费用		
（六）偶然所得	每次	0（无费用，不扣除）		

6月，孙某在某小卖店提供代理记账服务，取得收入5000元。

7月，孙某在某杂志发表小说，取得稿酬3000元。

8月，孙某将根据自己的小说改编而成的电影剧本卖给某影视剧组，取得收入9万元。

问：孙某2019年1-6每月预扣预缴额和汇算清缴应纳的税额分别是多少？

6月30日，孙某承包单位食堂的承包合同到期，孙某取得承包利润40万元。

9月，孙某持有股份的非上市公司派息，孙某取得分配的股息7000元。

10月1日，孙某将在县城老家的一套商铺出租，出租期限为2019年第四季度，每月不含税租金4500元。孙某为此每月缴纳税款及附加费共计300元。11月5日孙某对该出租商铺进行维修，维修费1200元。计算每月应当代扣代缴的个人所得税税额。

解：10月份：（4500-300）×（1-20%）×20%=672（元）；
11月份：（4500-300-800-800）×20%=520（元）；
12月份：（4500-300-400-800）×20%=600（元）

11月，孙某夫妇将商铺出售，取得转让收入56万元，该房产2018年购入价格为40万元，支付相关税费1万元。

12月，孙某购买福利彩票中奖，彩票金额10001元。

---

① 800元或收入的20%是指：收入不超过4000元的，扣除的费用标准为800元；收入超过4000元的，扣除的费用标准为收入的20%。

② 各项所得应纳税额的计算各不相同。在学习的计算中应当注意区分，并进行归纳总结，避免混淆。

③ 扣不完的结转下月。

任务一 个人所得税的概念、征税对象和减免税项目

任务情境

什么是个人所得税？哪些人需要缴纳个人所得税？

陈某是北京某高校的一名大学生。2019年3月，陈某获得国家励志奖学金1万元。问：陈某需要为此缴纳个人所得税吗？

任务概要和任务目标

本任务学习个人所得税的概念、征税对象和减免税项目。

个人所得税是对个人取得的应税所得所征收的一种税，这里的个人还包括个体工商户、个人独资企业、合伙企业中的个人投资者和承租承包者个人。

个人所得税的征税对象是个人应税所得。关于个人应税所得，其形式包括现金、实物、有价证券和其他形式的经济利益；从来源上划分为境内来源和境外来源；从种类上分为9项，即工资、薪金所得，劳务报酬，稿酬所得，特许权使用费所得，经营所得，财产租赁所得，财产转让所得，利息、股息、红利所得和偶然所得。

目前，我国个人所得税法将9项所得中的工资、薪金所得，劳务报酬所得，稿酬所得和特许权使用费所得4项所得合并为"综合所得"，综合征收个人所得税。对经营所得，财产租赁所得，财产转让所得，利息、股息、红利所得和偶然所得等5种所得分别征收个人所得税，这意味着在计算应纳税额时需要分别计算。

我国个人所得税的减免税项目包括税法规定的免税项目、税法规定的减税项目和财政部及国家税务总局规定的免征或暂免征税项目3大类。

学习本任务应当理解个人所得税的概念和特点，掌握所得的形式和来源，能够正确判断境内所得和境外所得，掌握所得的9种分类和我国个人所得税的减免税项目。

任务相关知识

一、个人所得税的概念和特点

个人所得税是对个人（包括个体工商户、个人独资企业、合伙企业中的个人投资者、承租承包者个人）取得的应税所得所征收的一种税。

我国现行的个人所得税主要有以下几个特点：

1.实行综合所得和分类所得并用的混合征收方式

我国个人所得税将个人取得的应税所得分为工资、薪金所得，劳务报酬，稿酬所得，特许权使用费所得，经营所得，财产租赁所得，财产转让所得，利息、股息、红利所得和偶然所得9类，对其中居民纳税人的工资、薪金所得，劳务报酬所得，稿酬所得和特许权使用费所得等4项所得合并为"综合所得"，采用综合征收，对其他5类所得采用分类征收。

2.采用超额累进税率和比例税率两种税率

我国个人所得税对综合所得和经营所得采用超额累进税率，对其他4类所得实行比例税率。

3.个人所得税的计算比较繁杂

我国个人所得税实行混合征收方式。对于居民纳税人综合所得，居民纳税人平时取得工资、薪金所得，劳务报酬所得，稿酬所得和特许权使用费所得这4项收入时，先由支付方（即扣缴义务人）按月或者按次预扣预缴税款。年度终了，纳税人需要将上述4项所得计算全年应纳个人所得税，再减去年度内已经预缴的税

款，向税务机关办理年度纳税申报并结清应退或应补税款（汇算清缴），此程序烦琐复杂。此外，对于其他类别的所得，几乎每类所得税额的计算都有自己的算法，而且其所得额的计算方法也存在差异，再加上适用的税率也不完全相同，这使得我国个人所得税的计算比较繁杂。

4.采用源泉扣缴和自行申报纳税相结合的纳税方法

我国税法规定，个人所得税凡是可以由扣缴义务人代扣代缴的，均由扣缴义务人代扣代缴；对没有扣缴义务人，或者扣缴义务人不便扣缴，以及取得综合所得需要办理汇算清缴的，由纳税人自行申报纳税和办理年终汇算清缴。

二、个人所得税的征税对象

个人所得税的征税对象是个人应税所得。我国个人所得税法列举了9项个人所得。

（一）应税所得的形式

个人应税所得的形式包括现金、实物、有价证券和其他形式的经济利益。所得为实物的，应当按照取得的凭证上所注明的价格计算应纳税所得额，无凭证的实物或者凭证上所注明的价格明显偏低的，参照市场价格核定应纳税所得额。所得为有价证券的，根据票面价格和市场价格核定应纳税所得额。所得为其他形式的经济利益的，参照市场价格核定应纳税所得额。

（二）应税所得的具体项目

1.工资、薪金所得项目

工资、薪金所得，是指个人因任职或者受雇取得的工资、薪金、奖金、年终加薪、劳动分红、津贴、补贴以及与任职或者受雇有关的其他所得。凡是与任职、受雇有关的收入都是工资、薪金所得项目的征税对象。

独生子女补贴，实行公务员工资规章制度未列入标准工资总金额的补助、补贴差值和家庭主要成员的农副产品补助，托儿补助费、旅差费津贴和误餐补助，不属于工资、薪金性质，不属于工资、薪金所得项目的收入。

出租车驾驶员从事客货运营取得的收入（出租汽车经营单位对出租车驾驶员采用单车承包或承租方式运营的）、个人取得的公务用车、通信补贴收入，退休人员再任职取得的收入，离退休人员从原任职单位取得的各类补贴、奖金、实物，都按照"工资、薪金"所得项目计征个人所得税。

企业为员工支付各项免税之外的保险金，企事业单位和个人超过规定的比例和标准缴付的基本养老保险费、基本医疗保险费和失业保险费，应将超过部分并入个人当期的工资、薪金收入，计征个人所得税。

2.劳务报酬所得项目

劳务报酬所得，是指个人从事医疗、法律、会计、咨询、讲学等劳务取得的所得。劳务报酬所得与工薪所得的区别在于是否存在雇佣关系。存在雇佣关系的所得为工薪所得。劳务报酬所得提供劳务的个人与被服务单位没有稳定的、连续的劳动人事关系，也没有任何劳动合同关系。个人兼职取得的收入，按照"劳务报酬所得"项目征收个人所得税。

3.稿酬所得项目

稿酬所得，是指个人因其作品出版、发表而取得的所得。作者去世后，财产继承人取得的遗作稿酬，按稿酬所得项目征收个人所得税。

4.特许权使用费所得项目

特许权使用费所得，是指个人提供专利权、商标权、著作权、非专利技术以及其他特许权的使用权取得的所得。我国个人所得税特许权使用费的特许权主要涉及专利权、商标权、著作权、非专利技术所有人的权利4种，不包括稿酬所得。

对于作者将自己的文字作品手稿原件或复印件公开拍卖（竞价）取得的所得，属于提供著作权的使用所得，按特许权使用费所得项目征收个人所得税。剧本作者取得的剧本使用费，不区分剧本的使用方是否为其任职单位，统一按照特许权使用费所得项目计算缴纳个人所得税。

5.经营所得项目

根据我国个人所得税法的规定,经营所得包括:个体工商户从事生产经营活动取得的所得;个人依法从事办学、医疗、咨询以及其他有偿服务活动取得的所得;个人独资企业投资人、合伙企业的个人合伙人来源于境内注册的个人独资企业、合伙企业生产经营取得的所得;个人对企业、事业单位承包经营、承租经营以及转包、转租取得的所得;个人从事其他生产、经营活动取得的所得。

6.利息、股息、红利所得项目

1)自2008年10月9日起,我国对储蓄存款利息所得暂免征收个人所得税。

2)集体企业改制为股份制企业过程中,将有关资产量化给职工个人的,如果职工不拥有所有权,量化资产仅作为分红依据的,职工获得的股息、红利不征收个人所得税。职工个人以股份形式取得企业量化资产的,因此获得的股息、红利,按照"利息、股息、红利所得"项目计征个人所得税。

3)企业购买车辆并将车辆所有权办理在股东个人名下,其实质为企业对股东进行了红利性质的实物分配,应当按照"利息、股息、红利所得"项目计征个人所得税。

4)除个人独资企业、合伙企业以外的其他企业的个人投资者,以企业资金为本人、家庭成员及其相关人员支付与企业生产经营无关的消费性支出及购买汽车、住房等财产性支出,视为企业对个人投资者的红利分配,依照"利息、股息、红利所得"项目计征个人所得税。

5)个人持有全国中小企业股份转让系统挂牌公司的股票,持股期限超过1年的,对股息、红利所得暂免征收个人所得税,持股期限在1个月以内(含1个月)的,其股息、红利所得全额计入应纳税所得额;持股期限在1个月以上至1年(含1年)的,其股息、红利所得暂减按50%计入应纳税所得额。

7.财产租赁所得项目

房地产开发企业与商店购买者个人签订协议规定,房地产开发企业按优惠价格出售其开发的商店给购买者个人,购买者个人在一定期限内将购买的商店无偿提供给房地产开发企业对外出租使用的,购买者个人少支出的购房价款,按照"财产租赁所得"项目征收个人所得税。

8.财产转让所得项目

财产转让所得,是指个人转让有价证券、股权、合伙企业中的财产份额、不动产、机器设备、车船等财产取得的所得。

1)个人转让股权,以股权转让收入减除股权原值和合理费用后的余额为应纳税所得额,按"财产转让所得"缴纳个人所得税。

2)自2018年11月1日(含)起,对个人转让新三板挂牌公司原始股取得的所得,按照"财产转让所得"征收个人所得税,对个人转让新三板挂牌公司非原始股取得的所得,暂免征收个人所得税。

3)在集体所有制企业改制为股份合作制企业过程中将有关资产量化给职工个人的量化资产,职工个人以股份形式取得的,在取得时暂缓征收个人所得税,在个人将股份转让时,就其转让收入额,减除个人取得该股份时实际支付的费用支出和合理转让费用后的余额,按"财产转让所得"缴纳个人所得税。

4)对个人转让自用5年以上,并且是家庭唯一生活用房取得的所得,继续免征个人所得税。

9.偶然所得项目

偶然所得,是指个人得奖、中奖、中彩以及其他偶然性质的所得。个人为单位或他人提供担保获得收入,按照"偶然所得"项目缴纳个人所得税。房屋产权人将房屋产权无偿赠与他人的,受赠人因无偿受赠房屋取得的受赠收入,按照"偶然所得"项目缴纳个人所得税。企业在业务宣传、广告等活动中,随机向本单位以外的个人赠送礼品,以及企业在年会、座谈会、庆典以及其他活动中向本单位以外的个人赠送礼品,个人取得的礼品收入,按照"偶然所得"项目计算缴纳个人所得税,但企业赠送的具有价格折扣或折让性质的消费券、代金券、抵用券、优惠券等礼品除外。

另外,我国个人所得税法将纳税人取得的工资、薪金,劳务报酬,稿酬,特许权使用费4项所得合并为"综合所得"。对综合所得,我国税法以"年"为一个周期计算应该缴纳的个人所得税。平时取得这4项收入时,先由支付方(即扣缴义务人)依税法规定按月或者按次预扣预缴税款。年度终了,纳税人需要办理汇算清缴,也就是纳税人应当在平时已预缴税款的基础上"查遗补漏,汇总收支,按年算账,多退少补"。

（三）应税所得来源的确定

除另有规定外，因任职、受雇、履约等在中国境内提供劳务取得的所得，将财产出租给承租人在中国境内使用而取得的所得，许可各种特许权在中国境内使用而取得的所得，转让中国境内的不动产等财产或者在中国境内转让其他财产取得的所得，从中国境内取得的利息、股息、红利所得，不论支付地点是否在中国境内，均为来源于中国境内的所得。

非居民个人和无住所居民个人取得归属于中国境内工作期间的工资、薪金所得，以及由境内企业、事业单位、其他组织支付或者负担的稿酬所得，为来源于境内的所得。

三、个人所得税的减免税项目

我国个人所得税法对个人所得规定了免税和减税项目，财政部和国家税务总局对部分所得规定了免征或暂免征收个人所得税。

（一）个人所得税法规定的免税项目

根据我国个人所得税法，对个人的下列所得项目免征个人所得税：

1）省级人民政府、国务院部委和中国人民解放军军以上单位，以及外国组织颁发的科学、教育、技术、文化、卫生、体育、环境保护等方面的奖金。
2）国债、地方政府债券利息和国家发行的金融债券利息。
3）按照国务院规定发给的政府特殊津贴、院士津贴、资深院士津贴，以及国务院规定免征个人所得税的其他补贴、津贴。
4）福利费、抚恤金、救济金（生活困难补助费）。
5）保险赔款。
6）军人的转业费、复员费。
7）按照国家统一规定发给干部、职工的安家费、退职费、退休金、离休工资、离休生活补助费。
8）依照有关法律规定应予免税的各国驻华使馆、领事馆的外交代表、领事官员和其他人员的所得。
9）中国政府参加的国际公约、签订的协议中规定免税的所得。
10）国务院规定的其他免税项目。

（二）个人所得税法规定的减税项目

根据我国个人所得税法规定，残疾、孤老人员和烈属的所得，或者因自然灾害遭受重大损失的，可以减征个人所得税，具体幅度和期限，由省、自治区、直辖市人民政府规定，并报同级人民代表大会常务委员会备案。

（三）财政部、国家税务总局规定的免征或暂免征税项目

1）对外籍个人的下列所得暂免征个人所得税：
①外籍个人以非现金形式或实报实销形式取得的合理的住房补贴、伙食补贴、洗衣费、搬迁费。
②外籍个人按合理标准取得的境内、外出差补贴。
③外籍个人取得的探亲费、语言培训费、子女教育费等补贴，由主管税务机关审核，且在合理数额内的部分。
④外籍个人从外商投资企业取得的股息、红利所得。
2）凡符合下列条件之一的外籍专家取得的工资、薪金所得可免征个人所得税：
①根据世界银行专项贷款协议由世界银行直接派往我国工作的外国专家。
②联合国组织直接派往我国工作的专家。
③为联合国援助项目来华工作的专家。

④援助国派往我国专为该国无偿援助项目工作的专家。

⑤根据两国政府签订文化交流项目来华工作两年以内的文教专家，其工资、薪金所得由该国负担的。

⑥根据我国大专院校国际交流项目来华工作两年以内的文教专家，其工资、薪金所得由该国负担的。

3）对达到离休、退休年龄，但确因工作需要，适当延长离休、退休年龄的高级专家，其在延长离休、退休期间的工资、薪金所得，视同退休金、离休工资免征个人所得税。

4）个人举报、协查各种违法、犯罪行为而获得的奖金，免征个人所得税。

5）符合条件的见义勇为者的奖金或奖品，经主管税务机关核准，免征个人所得税。

6）从事代扣代缴工作的个人办理代扣代缴税款手续，按规定取得的扣缴手续费，暂免征个人所得税。

7）个人转让自用达5年以上并且是唯一的家庭居住用房取得的所得，继续免征个人所得税。

8）对个人转让上市公司股票取得的所得，暂免征个人所得税。

9）自2015年9月8日起，个人从公开发行和转让市场取得的上市公司股票，持股期限超过1年的，股息、红利所得暂免征收个人所得税。

10）自2019年7月1日起至2024年6月30日，个人持有全国中小企业股份转让系统挂牌公司的股票，持股期限超过1年的，股息、红利所得暂免征收个人所得税。

11）自2008年10月9日起，对居民储蓄存款利息暂免征收个人所得税。

12）对证券市场个人投资者取得的证券交易结算资金利息所得，暂免征收个人所得税。

13）个人购买社会福利有奖募捐奖券、体育彩票一次中奖收入不超过10 000元的，暂免征收个人所得税。

14）个人取得的发票中奖所得，单张有奖发票奖金所得不超过800元（含800元）的，暂免征收个人所得税。

15）个人领取原提存的住房公积金、基本医疗保险金、基本养老保险金、失业保险金时免征个人所得税。

16）单位按照规定缴付的基本医疗保险金、基本养老保险金、失业保险金，允许在个人应纳税所得额中扣除。

17）个人按照省级以上人民政府规定的比例缴付的基本医疗保险金、基本养老保险金、失业保险金，允许在个人应纳税所得额中扣除。

18）单位按照规定缴付的企业年金和职业年金，在计入个人账户时，个人暂不缴纳个人所得税。个人根据规定缴纳的年金，在不超过本人缴费工资计税基数的4%标准内的部分，暂从个人当期的应纳税所得额中扣除。

19）生育妇女按照县级以上人民政府根据国家有关规定制定的生育保险办法，取得的生育津贴、生育医疗费或其他属于生育保险性质的津贴、补贴，免征个人所得税。

20）对工伤职工及其近亲属按照《工伤保险条例》规定取得的工伤保险待遇，免征个人所得税。

21）对个体工商户或个人，以及个人独资企业和合伙企业从事种植业、养殖业、饲养业和捕捞业（"四业"），取得的"四业"所得暂不征个人所得税。

22）对被拆迁人按规定的标准取得的拆迁补偿款（含因棚户区改造而取得的拆迁补偿款），免征个人所得税。

23）对个人按《廉租住房保障办法》规定取得的廉租住房货币补贴，免征个人所得税；对于所在单位以廉租住房名义发放的不符合规定的补贴，应征收个人所得税。

24）对受北京冬奥组委邀请的，在北京2022年冬奥会、冬残奥会、测试赛期间临时来华，从事奥运相关工作的外籍顾问以及裁判员等外籍技术官员取得的由北京冬奥组委、测试赛赛事组委会支付的劳务报酬，免征个人所得税。

思政园地

【个税改革 以人民为中心】

任务工单

编号	5-1-1	知识点	个人所得税的征税对象		日期	
姓名		学号		班级	评分	
征税对象	所得的形式及其应纳税所得额的计算依据	所得的具体项目			概念	
应税所得	1.现金。 2.实物：按照（　　）计算应纳税所得额，无凭证或者凭证注明的价格明显偏低的，参照（　　）价格核定应纳税所得额。 3.有价证券：根据（　　）核定应纳税所得额。 4.其他形式：参照（　　）核定应纳税所得额。	综合所得				

个人所得税所得来源的判断			
	判定依据	所得类别	
1	劳务或活动发生地	1.在中国境内工作期间取得的工资薪金所得	
2	资产使用地	1.将财产出租给承租人在中国境内使用而取得的所得	
		2.提供特许权在中国境内使用而取得的所得	
3		1.转让中国境内不动产取得的所得	
		2.在中国境内转让动产取得的所得	
4		由境内企业、事业单位、其他组织支付或负担的稿酬所得	
5		从中国境内主体取得的利息、股息、红利所得	

编号	5-1-2	知识点	个人所得税的征税对象和减免税项目	日期	
姓名		学号		班级		评分	

1. 根据我国个人所得税法的规定，下列各项中，需要交纳个人所得税的有（　　）。
   A. 个体工商户　　　　　B. 个人独资企业　　C. 合伙企业中的个人投资者　　　　D. 承租承包者个人

2. 根据我国个人所得税法的规定，下列各项中，采用比例税率的有（　　）。
   A. 劳务报酬　　　　　　B. 经营所得　　　　C. 财产租赁所得　　　　　　　　　D. 财产转让所得

3. 根据我国个人所得税法的规定，下列各项中，不予征收个人所得税的有（　　）。
   A. 独生子女补贴　　　B. 公务员补助、补贴差值和家庭主要成员的农副产品补助
   C. 托儿补助费　　　　D. 旅差费津贴、误餐补助

4. 根据我国个人所得税法的规定，下列各项中，按照"工资、薪金所得"项目计征个人所得税的有（　　）。
   A. 出租汽车经营单位对出租车驾驶员采用单车承包或承租方式运营，出租车驾驶员从事客货运营取得的收入
   B. 个人因公务用车和通信制度改革而取得的公务用车、通信补贴收入
   C. 退休人员再任职取得的收入
   D. 离退休人员从原任职单位取得的各类补贴、奖金、实物

5. （判断题）根据我国个人所得税法的规定，个人兼职取得的收入，按照"工资、薪金所得"项目征收个人所得税。（　　）

6. 根据个人所得税法律制度的规定，下列各项中，应缴纳个人所得税的是（　　）。
   A. 年终加薪　　　　　　B. 托儿补助费　　　C. 差旅费津贴　　　　　　　　　　D. 误餐补助

7. 根据我国个人所得税法的规定，对以下所得按照"工资、薪金所得"项目计征个人所得税的有（　　）。
   A. 提供著作权的使用权取得的所得　　　　　　B. 稿酬所得
   C. 作者将自己的文字作品手稿原件公开拍卖取得的所得　　D. 个人取得特许权的经济赔偿收入

8. （判断题）个人转让股权，以股权转让收入减除股权原值和合理费用后的余额为应纳税所得额，按"财产转让所得"缴纳个人所得税。（　　）

9. 根据我国个人所得税法的规定，下列各项中，属于经营所得的有（　　）。
   A. 个体工商户从事生产、经营活动取得的所得
   B. 个人依法从事办学活动取得的所得
   C. 个人独资企业投资人来源于境内注册的个人独资企业生产、经营的所得
   D. 个人对企业承租经营取得的所得

10. 根据个人所得税法律制度的规定，下列各项中，应按照"劳务报酬所得"税目计缴个人所得税的是（　　）。
    A. 个人因与用人单位解除劳动关系而取得的一次性补偿收入
    B. 退休人员从原任职单位取得的补贴
    C. 兼职律师从律师事务所取得的工资性质的所得
    D. 证券经纪人从证券公司取得的佣金收入

11. 根据个人所得税法律制度的规定，个人取得的下列收入中，应按照"劳务报酬所得"税目计缴个人所得税的有（　　）。
    A. 某经济学家从非雇佣企业取得的讲学收入　　B. 某职员取得的本单位优秀员工奖金
    C. 某工程师从非雇佣企业取得的咨询收入　　　D. 某高校教师从任职学校领取的工资

12. （判断题）作者去世后其财产继承人的遗作稿酬免征个人所得税。（　　）

13. 根据个人所得税法律制度的规定，下列各项中，应按照"特许权使用费所得"税目计缴个人所得税的有（　　）。
    A. 作家公开拍卖自己的小说手稿原件取得的收入　B. 编剧从电视剧的制作单位取得的剧本使用费收入
    C. 专利权人许可他人使用自己的专利取得的收入　D. 商标权人许可他人使用的商标取得的收入

14.根据个人所得税法律制度的规定,下列收入中,按照"特许权使用费所得"税目缴纳个人所得税的有（　　）。
A.提供商标权的使用权收入　　　　B.转让土地使用权收入
C.转让著作权收入　　　　　　　　D.转让专利权收入

15.根据个人所得税法律制度的规定,下列收入中,按照"偶然所得"税目缴纳个人所得税的有（　　）。
A.个人为他人提供担保获得的收入
B.房屋产权人将房屋产权无偿赠与他人的,受赠人因无偿受赠房屋取得的受赠收入
C.企业庆典活动中向本单位以外的个人赠送礼品,个人取得的礼品收入
D.企业在广告活动中,随机向本单位以外的个人赠送的具有价格折扣的消费券、代金券

16.根据个人所得税法律制度的规定,下列各项中,不属于综合所得的是（　　）。
A.工资、薪金所得　　B.劳务报酬所得　　C.特许权使用费所得　　D.利息、股息、红利所得

17.根据个人所得税法律制度的规定,在中国境内有住所的居民取得的下列所得中,属于综合所得的是（　　）。
A.经营所得　　　　B.劳务报酬　　　C.利息、股息、红利所得　　D.财产租赁所得

18.根据个人所得税法律制度的规定,下列各项中,不属于工资、薪金性质的补贴、津贴是（　　）。
A.岗位津贴　　　　B.高温补贴　　　C.独生子女补贴　　　D.工龄补贴

19.经营所得在计算个人所得税时,准予扣除其所发生的成本、费用,下列各项中,准予在计算个人所得税前全额扣除的有（　　）。
A.支付个体工商户业主的工资10万元　　　B.支付雇员的工资25万元
C.合理的业务招待费　　　　　　　　　　D.支付工商银行的经营性贷款利息

20.下列个人所得中,应按"劳务报酬所得"项目征收个人所得税的有（　　）。
A.赵某受雇于律师王某,为王某个人工作而取得的所得
B.证券经纪人李某从证券公司取得佣金收入
C.张某是受平安保险委托,在授权范围内代办保险业务的个体工商户,其取得的代办保险佣金收入
D.某大学教师周某,利用业余时间从事翻译工作取得的收入

21.下列个人所得中,应按"劳务报酬所得"项目征收个人所得税的有（　　）。
A.某编剧从电视剧制作单位取得的剧本使用费
B.某公司高管从大学取得的讲课费
C.某作家拍卖手稿取得的收入
D.某大学教授从企业取得董事费

22.下列所得,应按"特许权使用费所得"缴纳个人所得税的是（　　）。
A.转让土地使用权取得的收入　　　　B.转让债权取得的收入
C.提供房屋使用权取得的收入　　　　D.转让专利所有权取得的收入

23.（判断题）个人通过网络收购玩家的虚拟货币加价后向他人出售取得的收入按照"特许权使用费所得"项目计算缴纳个人所得税。（　　）

24.下列个人所得中,应按"特许权使用费所得"项目征收个人所得税的有（　　）。
A.转让专利技术　　　　　　　　　B.转让土地使用权所得
C.作者拍卖手稿原件或复印件所得　　D.取得特许权的经济赔偿收入

25.（判断题）个人独资企业出资购买房屋,将所有权登记为投资者个人,该投资者按照"利息、股息、红利所得"项目缴纳个人所得税。（　　）

26.（判断题）房地产开发企业与商店购买者个人签订协议规定,以优惠价格出售其商店给购买者个人,购买者个人在一定期限内必须将购买的商店无偿提供给房地产开发企业对外出租使用。对购买者个人少支出的购房价款,应按照"财产租赁所得"项目征收个人所得税。（　　）

■ 任务二 个人所得税的纳税人、扣缴义务人和纳税期限

任务情境

陈某是北京某高校的一名大学生。

2019年4月,陈某承包经营某企业的实验室,每月取得收入1万元;2019年5月,陈某开始将自己购买的一套校园外公寓对外出租,每月收取租金3万元;2019年6月,陈某在国外某期刊发表论文,取得稿酬1万美元。对以上收入,陈某是否应当缴纳个人所得税?如果需要缴纳个人所得税的话,陈某应当于何时缴纳?

2019年7月,陈某去韩国留学,陈某在韩国留学期间利用课外时间打工,在不考虑双边税收协定的前提下,陈某在韩国打工取得的收入需要在中国交纳个人所得税吗?

2019年8月,陈某取得某外国国籍,陈某准备注销中国户籍移居境外,陈某应当于何时向税务机关办理税款清算?

任务概要和任务目标

本项目学习个人所得税的纳税人、扣缴义务人和纳税期限。

和企业所得税类似,我国税法将个人所得税的纳税人也分为居民个人和非居民个人,两者的判定条件和纳税义务并不相同。

我国个人所得税法规定,向个人支付所得的单位和个人为扣缴义务人,扣缴义务人在向纳税人支付所得时应当代扣代缴个人所得税。

我国个人所得税法规定了按年、按月和按次三种纳税期限,按照不同的项目分别实施。

任务相关知识

一、个人所得税纳税人的分类及其纳税义务

我国个人所得税的纳税人分为居民个人和非居民个人,两者判定条件不同,所负有的纳税义务也不相同。

(一)居民纳税人

在中国境内有住所,或者无住所而一个纳税年度内在中国境内居住累计满183天的个人,为居民个人。

中国境内有住所,是指因户籍、家庭、经济利益关系而在中国境内习惯性居住。纳税年度,自公历1月1日起至12月31日止。

居民纳税人承担无限纳税义务,也就是居民纳税人对从境内和境外取得的所得都要缴纳个人所得税。

从中国境内取得的所得是指来源于中国境内的所得,从中国境外取得的所得是指来源于中国境外的所得。

(二)非居民纳税人

在中国境内无住所又不居住,或者无住所而一个纳税年度内在中国境内居住累计不满183天的个人,为非居民个人。

非居民纳税人承担有限纳税义务,也就是仅就从中国境内取得的所得缴纳个人所得税。

二、无住所纳税人工资薪金所得的纳税义务范围

在中国境内无住所的个人,在一个纳税年度内在中国境内居住累计不超过90天的,其来源于中国境内

的所得，由境外雇主支付并且不由该雇主在中国境内的机构、场所负担的部分，免予缴纳个人所得税。

在中国境内无住所的个人，在中国境内居住累计满183天的年度连续不满6年的，经向主管税务机关备案，其来源于中国境外且由境外单位或者个人支付的所得，免予缴纳个人所得税。在中国境内居住累计满183天的任一年度中有一次离境超过30天的，其在中国境内居住累计满183天的年度的连续年限重新起算。

三、个人所得税的扣缴义务人

我国个人所得税实行代扣代缴和个人申报纳税相结合的征收管理制度。我国个人所得税法规定，个人所得税以所得人为纳税人，以支付所得的单位和个人为扣缴义务人，但不包括向个体户支付的主体。

我国个人所得税的法定扣缴义务人在向居民个人支付工资、薪金所得，劳务报酬所得，稿酬所得，特许权使用费所得时应当预扣预缴个人所得税；扣缴义务人在向居民个人或非居民个人支付利息、股息、红利所得，财产租赁所得，财产转让所得，偶然所得时，以及向非居民个人支付工资、薪金所得，劳务报酬所得、稿酬所得、特许权使用费所得时应当代扣代缴个人所得税。

自2021年1月1日起，我国优化了两类纳税人的预扣预缴方法。

1）上一完整纳税年度各月均在同一单位扣缴申报了工资薪金所得个人所得税且全年工资薪金收入不超过6万元的居民个人。具体来说，需同时满足3个条件：

①上一纳税年度1—12月均在同一单位任职且预扣预缴申报了工资薪金所得个人所得税；

②上一纳税年度1—12月的累计工资薪金收入（包括全年一次性奖金等各类工资薪金所得，且不扣减任何费用及免税收入）不超过6万元；

③本纳税年度自1月起，仍在该单位任职受雇并取得工资薪金所得。

2）按照累计预扣法预扣预缴劳务报酬所得个人所得税的居民个人，如保险营销员和证券经纪人。同样需同时满足以下3个条件：

①上一纳税年度1—12月均在同一单位取酬且按照累计预扣法预扣预缴申报了劳务报酬所得个人所得税；

②上一纳税年度1—12月的累计劳务报酬（不扣减任何费用及免税收入）不超过6万元；

③本纳税年度自1月起，仍在该单位取得按照累计预扣法预扣预缴税款的劳务报酬所得。

对于符合条件的纳税人，自2021年1月1日起，在其累计收入达到6万元之前的月份，暂不预扣预缴个人所得税；在其累计收入超过6万元的当月及年内后续月份，再预扣预缴个人所得税。

四、个人所得税的纳税期限

我国个人所得税法规定，个人所得税分项目规定了3种纳税期限：

1. 按年计税

我国个人所得税法规定，居民个人的综合所得、经营所得按年计税。

2. 按月计税

非居民个人的工资、薪金所得，按月计税。

另外，居民个人的工资、薪金所得由扣缴义务人按月预扣预缴。

3. 按次计税

利息、股息、红利所得，财产租赁所得，财产转让所得，偶然所得，非居民个人的劳务报酬所得、稿酬所得、特许权使用费所得等，按次计税。

对于"次"，个人所得税法规定：

①劳务报酬所得、稿酬所得、特许权使用费所得，属于一次性收入的，以取得该项收入为一次；属于同一项目连续性收入的，以一个月内取得的收入为一次。

②财产租赁所得，以一个月内取得的收入为一次。

③利息、股息、红利所得，以支付利息、股息、红利时取得的收入为一次。

④偶然所得，以每次取得该项收入为一次。

思政园地

税制科学 办理高效 流程便捷——首次个税汇算完成彰显我国税收治理能力提升

新华社记者 郁琼源

新华社北京8月23日电

今年上半年，为期4个月的我国首次个人所得税年度汇算工作顺利结束。记者在采访中发现，这次个税汇算在让数千万自然人纳税人收获了个税改革"红包"的同时，也彰显了国家税收治理能力的提升，是税收治理能力向现代化迈出的坚实一步。

税制设计科学简化

按照新的个人所得税法，纳税人取得的工资薪金、劳务报酬、稿酬、特许权使用费收入合并为"综合所得"，以"年"为一个周期计算应缴个税。

由于我国刚开始建立综合与分类相结合的个税税制，大部分自然人纳税人在此之前甚少打理自己的税收事务，对汇算没什么概念，甚至担心不会操作。科学简化的税制设计，为他们打消了这一顾虑，保障了首次个税汇算的成功实施。

今年6月，某高校研究生小李在办税服务厅办理个税汇算时，成功申诉了一笔不属于自己的劳务报酬所得，他表示："个税新政简单易懂，申报时我可以看到不同类别的每一笔收入，并能准确判断这笔收入是否真正属于我。"

汇算表单设置合理，办税流程清晰便捷，个税App的普及和预填报服务为纳税人省去了烦琐的填表过程，全国大部分纳税人以网络申报方式完成了个税汇算。

中央财经大学教授樊勇指出，此次个税改革，充分考虑了我国国情，对税制进行了简化设计。这既有利于自然人理解与操作，又便于税务机关征收管理，从制度上保证了首次个税汇算的成功实施，体现了我国税收治理的制度优势。

汇算渠道便捷多样

面对体量巨大的自然人纳税人和疫情带来的特殊困难，税务部门实招频出，向纳税人推广便捷多样的个税汇算办理渠道，给纳税人带来了全新的体验。

在广西，南宁市兴宁区税务局设立个税汇算申报邮寄受理点，5位纳税人采取邮寄方式申报并顺利退税，满足了纳税人多样化个性化申报需求。

在江西，税务部门按照党政机关、国有企业、事业单位、民营企业、外资企业人员5个批次，明确辅导宣传责任，分时段引导纳税人办理汇算。

"考虑到各区域、各企业、各自然人的不同情况，税务部门开通了多样化的办税方式，为纳税人提供灵活、便利的服务，在很大程度上提升了纳税人的办税体验，使其愿意接受并乐于使用。"中国财税法学研究会会长、北京大学法学院教授刘剑文说。

协同创新智能申报

首次个税汇算工作中，以信息化为支撑的申报方式大大提高了汇算效率，尤其是个税App申报和网页申报，通过智能化菜单，将复杂的政策规定和征管要求转化为便于纳税人理解的操作指引，同时自动计算出应补或应退税款，为纳税人带来办税便利。

"用手机App，1分钟就能轻松搞定个税汇算，不仅操作方便，工资组成和缴税情况还一目了然。"湖北省通城县人民医院护士刘燕为个税App带来的便捷体验点赞。

1分钟轻松搞定个税汇算的背后，是税务部门创新征管方式、积极推动税收治理现代化的生动实践。与此同时，各地税务部门通过与相关部门加强信息共享引入第三方信息，大大节省了纳税人自行搜集和整理应税收入、附加扣除及已缴纳税款等方面信息的工作量，提高了汇算速度和准确性。

全国政协常委、中国税务学会副会长张连起表示，此次个税改革中不仅各地税务部门同心合力，其他部门也积极参与、协同创新，同时依靠税务治理和数字治理的有力支撑，确保了个税汇算的成功实施。这是我国推进共建共治共享、推进税收治理的标志性事件。

自主办税普遍参与

4个月的时间里,全国千百万自然人纳税人首次自主通过个税年度汇算及时办理退补税,反映了个人纳税主体较高的自主性、自律性和参与度,也使得自然人纳税人的税收意识得到了强化和提升。

山东五征集团董事长姜卫东说:"集团有1100多人完成了个税汇算,绝大多数员工需要退税,退税最多的有8300多元,也有员工主动补缴了税款。我感觉,通过普遍参与个税汇算,员工们依法纳税的意识进一步增强。"

在深圳市,退休后的季女士利用自己的专长继续发挥余热。2019年,她先后取得劳务报酬收入39笔。6月18日,她通过个税App完成个税汇算,并主动补缴税款17万余元。季女士表示,诚信纳税是每个公民应尽的义务。

中国社科院财经战略研究院副院长杨志勇表示,个税综合与分类改革之后,年度汇算成为不少纳税人的规定动作。参与年度汇算让个人纳税意识进一步增强,这为未来进一步做好税收工作奠定了良好基础,这也是现代公共治理理念在国家税收治理领域的具体体现。

任务工单

编号	5-2	知识点	个人所得税的纳税人、扣缴义务人和纳税期限	日期	
姓名		学号		班级		评分	

1.（判断题）非居民纳税人仅就来源于中国境内的所得缴纳个人所得税。（ ）

2.根据个人所得税法律制度的规定，下列关于个人所得税纳税人的说法中，错误的有（ ）。
A.对合伙企业中的个人合伙人从合伙企业取得的所得应征收企业所得税
B.判定个人所得税居民纳税人的标准为是否在我国境内有住所
C.A国甲，2019年5月1日入境，2019年12月20日离境，甲在2019年属于我国居民纳税人
D.B国乙，2019年10月10日入境，2020年5月1日离境，乙属于我国居民纳税人

3.（填空题）我国个人所得税法规定，个人所得税以（   ）为纳税人，以（   ）为扣缴义务人，但不包括向（   ）支付的主体。

4.根据个人所得税法律制度的规定，下列选项中，属于来源于中国境内所得的有（ ）。
A.劳务报酬所得，实际提供劳务地在我国境内
B.转让动产取得财产转让所得，转让行为发生在我国境内
C.特许权使用费所得，特许权的使用地在我国境内
D.利息、股息、红利所得，收到利息、股息、红利的企业在我国境内

5.（判断题）转让中国境内的建筑物、土地使用权取得的所得，无论支付地点是否在中国境内，均为来源于中国境内的所得。（ ）

6.根据个人所得税法律制度的规定，下列各项中，不属于来源于中国境内的所得的是（ ）。
A.美国居民在中国境内推销商品取得所得
B.日本居民在中国境内炒股取得所得
C.韩国居民在中国商场购物，获得抽奖机会，取得中奖所得
D.中国居民将位于美国纽约的一栋别墅出售给一家美国公司取得所得

7.（填空题）根据个人所得税法律制度的规定，居民个人从中国境外取得所得的，应当在取得所得的一定期限内向税务机关申报纳税，该期限是（   ）。

8.（判断题）在个人所得税自行纳税申报方式下，纳税期限的最后一日是法定休假日的，以休假日的次日为期限的最后一日。（ ）

9.根据个人所得税法律制度的规定，下列所得中，按年计税的有（ ）。
A.居民个人的综合所得　B.居民个人的经营所得　C.非居民个人的工资、薪金所得　D.财产租赁所得

10.根据个人所得税法律制度的规定，下列所得中，按次计税的有（ ）。
A.非居民个人的工资、薪金所得　　　B.利息、股息、红利所得
C.财产租赁所得　　　　　　　　　　D.非居民个人的劳务报酬所得

11.填写下表

纳税人（居民纳税人/非居民纳税人）	居住时间	境内所得		境外所得	
		境内支付（是否征税）	境外支付（是否征税）	境内支付（是否征税）	境外支付（是否征税）
			免税		
	连续居住时间超过183天的时间不超过6年				免税

任务三　各项所得应纳税额的计算

任务情境

孙某夫妇同为青岛市某公司员工。2019年孙某每月的工资收入为10 000元。孙某每月工资"三险一金"的缴费比例合计为22.5%，社保局核定的缴费基数为8 000元。

孙某夫妇的儿子上初中，女儿上小学。

1月，孙某通过考试获得注册会计师职业资格证书。9月，孙某考取某校在职研究生。

2月，孙某的女儿和孙某先后生病，孙某的女儿医疗费个人负担的部分为1万元，孙某生病医疗费个人负担的部分为10万元。

3月，孙某夫妇在青岛用公积金贷款100万购买首套住房，月付利息3 000元。第三年交房。2018年12月孙某与房东签订住房租赁合同并一次性支付2019年全年租金24 000元。

孙某作为独生子每月支付已年过七旬的父母赡养费3 000元。

4月，孙某从某保险公司购买健康保险，每月支付保险金300元。

5月，孙某的公司开始为职工缴纳企业年金，为此每月从孙某工资中扣500元。

6月，孙某为某小卖店提供财税整理服务，取得收入5 000元。

7月，孙某在某杂志发表小说，取得稿酬1万元，孙某将其中2 000元捐赠给中国红十字会。

8月，孙某将根据自己小说改编而成的电影剧本卖给某影视剧组，取得收入9万元。

9月，孙某持有的某上市公司派息，孙某取得分配的股息7 000元。

10月，孙某将在县城老家的一套商铺出租，出租期限为2019年第四季度，每月不含税租金1 500元。10月1日孙某取得租户支付的租金收入4 500元。11月5日孙某对该出租商铺进行维修，维修费200元。

11月，孙某夫妇将商铺出售，取得转让收入56万元，该房产2018年购入时价格为40万元，支付相关税费为9 080元。

12月，孙某购买福利彩票中奖，彩票金额10 001元。12月31日，孙某承包单位食堂的承包合同到期，孙某取得承包利润40万元。

根据以上信息，孙某2019年应当缴纳多少个人所得税？

任务概要和任务目标

个人所得税应纳税额的计算种类比较多，包括居民个人取得工资、薪金所得预扣预缴税款的计算，劳务报酬所得预扣预缴税款的计算，稿酬所得预扣预缴税款的计算，特许权使用费所得预扣预缴税款的计算，居民个人综合所得个人所得税的计算，非居民个人取得工资、薪金所得个人所得税的计算，非居民个人取得劳务报酬所得个人所得税的计算，非居民个人取得稿酬所得个人所得税的计算，非居民个人取得特许权使用费所得个人所得税的计算，经营所得个人所得税的计算，财产租赁所得个人所得税的计算，财产转让所得个人所得税的计算，利息、股息、红利所得和偶然所得个人所得税的计算等。这些个人所得税应纳税额的计算，除个别计算相同以外，大部分计算适用不同的计算方法，这使得本部分的学习内容显得纷繁复杂。

个人所得税应纳税额的计算虽然种类很多，但是计算原理却比较简单。个人所得税应纳税所得额是个人所得税的计税依据，个人所得税应纳税所得额为收入额减去标准费用后的余额。个人所得税按比例征收，或者适用比例税率，或者适用超额累进税率。个人所得税应纳税所得额和税率的乘积即为个人所得税应纳税额，适用超额累进税率计税的，再减去速算扣除数。

本任务要求掌握个人所得税各项所得应纳税所得额的计算方法和适用的税率，能够正确计算个人所得税各项所得的应纳税额。

任务相关知识

一、个人所得税应纳税额的计算概述

1.个人所得税应纳税额计算的种类

根据我国个人所得税法，个人所得税应纳税额的计算包括：居民个人取得工资、薪金所得，劳务报酬所得，稿酬所得和特许权使用费所得的预扣预缴税款的计算；居民个人综合所得个人所得税的计算；非居民个人取得工资、薪金所得，劳务报酬所得，稿酬所得和特许权使用费所得的个人所得税的计算；经营所得个人所得税的计算；财产租赁所得个人所得税的计算；财产转让所得个人所得税的计算；利息、股息、红利所得和偶然所得个人所得税的计算。

以上这些所得应纳税额的计算，除个别计算相同以外，大部分计算适用不同的计算方法。

2.个人所得税的税率及税额的计算方法

个人所得税的税率包括比例税率和超额累进税率两种，税率不同，其税额的计算方式也不相同。

实行比例税率的所得，其税额为应纳税所得额乘以税率，用公式表示为：

$$应纳税额 = 应纳税所得额 \times 适用税率$$

实行超额累进税率的所得，其税额为所得额乘以税率再减除速算扣除数，用公式表示为：

$$应纳税额 = 应纳税所得额 \times 适用税率 - 速算扣除数$$

3.个人所得税应纳税所得额的计算方法

应纳税所得额是个人所得税的计税依据。正确计算应纳税所得额是正确计算应纳税额的前提和基础。

在个人所得税综合所得概念中，收入和收入额是两个不同的概念。我国个人所得税法规定，劳务报酬所得、稿酬所得、特许权使用费所得以收入减除20%的费用后的余额为收入额。稿酬所得的收入额减按70%计算。收入额减去规定标准费用后的余额为个人所得税应纳税所得额，个人所得税应纳税所得额用公式表示为：

$$个人所得税应纳税所得额 = 收入额 - 规定的费用标准$$

我国个人所得税各项所得规定的收入额和费用标准并不完全一致。我国个人所得税法对应纳税所得额的计算规定如下：

1）居民个人的综合所得，以每一纳税年度的收入额减除费用6万元以及专项扣除、专项附加扣除和依法确定的其他扣除后的余额，为应纳税所得额。

2）非居民个人的工资、薪金所得，以每月收入额减除费用5 000元后的余额为应纳税所得额；劳务报酬所得、稿酬所得、特许权使用费所得，以每次收入额为应纳税所得额。

3）经营所得，以每一纳税年度的收入总额减除成本、费用以及损失后的余额，为应纳税所得额。

4）财产租赁所得，每次收入不超过4 000元的，减除费用800元；4 000元以上的，减除20%的费用，其余额为应纳税所得额。

5）财产转让所得，以转让财产的收入额减除财产原值和合理费用后的余额，为应纳税所得额。

6）利息、股息、红利所得和偶然所得，以每次收入额为应纳税所得额。

另外，对于个人将其所得对教育、扶贫、济困等公益慈善事业进行的捐赠，个人所得税法规定，捐赠额未超过纳税人申报的应纳税所得额30%的部分，可以从其应纳税所得额中扣除。从2000年开始，个人通过非营利性的社会团体和国家机关向红十字事业、教育事业、农村义务教育、公益性青少年活动场所和福利性、非营利性老年服务机构的捐赠，准予税前全额扣除。

二、居民个人工资、薪金所得预扣预缴税额的计算

我国个人所得税法规定，扣缴义务人向居民个人支付工资、薪金所得时，应当预扣税款，并按月办理扣缴申报。

（一）居民个人工资、薪金所得预扣预缴税款的计算方法

扣缴义务人向居民个人支付工资、薪金所得时，按照累计预扣法计算预扣税款，并按月办理扣缴申报。

累计预扣法,是指扣缴义务人在一个纳税年度内预扣预缴税款时,以纳税人在本单位截至当前月份工资、薪金所得累计收入减除累计免税收入、累计减除费用、累计专项扣除、累计专项附加扣除和累计依法确定的其他扣除后的余额为累计预扣预缴应纳税所得额,适用个人所得税预扣率表一(居民个人工资、薪金所得预扣预缴适用个人所得税预扣率表),计算累计应预扣预缴税额,再减除累计减免税额和累计已预扣预缴税额,其余额为本期应预扣预缴税额。余额为负值时,暂不退税。纳税年度终了后余额仍为负值时,由纳税人通过办理综合所得年度汇算清缴,税款多退少补。计算公式为:

本期应预扣预缴税额=(累计预扣预缴应纳税所得额 × 预扣率 − 速算扣除数)−
累计减免税额 − 累计已预扣预缴税额

(二)居民个人工资、薪金所得预扣预缴应纳税所得额的计算方法

累计预扣预缴应纳税所得额=累计收入 − 累计免税收入 − 累计减除费用 − 累计专项扣除 − 累计专项附加扣除 − 累计依法确定的其他扣除

1. 累计收入

累计收入是指纳税人当年截至本月的收入之和。

2. 累计免税收入

累计免税收入是指纳税人当年截至本月的免税收入之和。

3. 累计减除费用

我国个人所得税工资、薪金的费用标准为每月5 000元。累计减除费用按照5 000元/月乘以纳税人当年截至本月在本单位的任职受雇月份数计算。

4. 累计专项扣除

专项扣除,包括居民个人按照国家规定的范围和标准缴纳的基本养老保险、基本医疗保险、失业保险等社会保险费和住房公积金等。累计专项扣除是指纳税人当年截至本月的专项扣除之和。

5. 累计专项附加扣除

【个人所得税专项附加扣除暂行办法】

【个税专项附加扣除要这么扣!】

【一图带你算明白!看个税专项附加扣除帮你多拿多少钱】

累计专项附加扣除是指纳税人当年截至本月的专项附加扣除之和。根据《个人所得税专项附加扣除暂行办法》,专项附加扣除包括以下6项:

(1)子女教育

纳税人年满3岁至小学入学前处于学前教育阶段的子女以及接受全日制学历教育的子女,按照每个子女每月1 000元的标准定额扣除相关支出。学历教育包括义务教育(小学、初中教育)、高中阶段教育(普通高中、中等职业、技工教育)、高等教育(大学专科、大学本科、硕士研究生、博士研究生教育)。

父母可以选择由其中一方按扣除标准的100%扣除,也可以选择由双方分别按扣除标准的50%扣除,具体扣除方式在一个纳税年度内不能变更。父母,是指生父母、继父母、养父母;子女,是指婚生子女、非婚生子女、继子女、养子女。

(2)继续教育

继续教育专项扣除包括学历(学位)继续教育和职业资格继续教育两类。

纳税人在中国境内接受学历(学位)继续教育的支出,在学历(学位)教育期间按照每月400元定额扣除。同一学历(学位)继续教育的扣除期限不能超过48个月。纳税人接受技能人员职业资格继续教育、专业技术人员职业资格继续教育的支出,在取得相关证书的当年,按照3 600元定额扣除。个人接受本科及以下学历(学位)继续教育,符合规定扣除条件的,可以选择由其父母扣除,也可以选择由本人扣除。

【个人所得税专项附加扣除之子女教育】　　【个人所得税专项附加扣除之继续教育】

（3）大病医疗

在一个纳税年度内，纳税人发生的与基本医保相关的医药费用支出，扣除医保报销后个人负担（指医保目录范围内的自付部分）累计超过15 000元的部分，由纳税人在办理年度汇算清缴时，在80 000元限额内据实扣除。

纳税人发生的医药费用支出可以选择由本人或者其配偶扣除；未成年子女发生的医药费用支出可以选择由其父母一方扣除。纳税人及其配偶、未成年子女发生的医药费用支出，按规定分别计算扣除额。

（4）住房贷款利息

纳税人本人或者配偶单独或者共同使用商业银行或者住房公积金个人住房贷款为本人或者其配偶购买中国境内住房，发生的首套住房贷款利息支出，在实际发生贷款利息的年度，按照每月1 000元的标准定额扣除，扣除期限最长不超过240个月。纳税人只能享受一次首套住房贷款的利息扣除。首套住房贷款是指购买住房享受首套住房贷款利率的住房贷款。

经夫妻双方约定，可以选择由其中一方扣除，具体扣除方式在一个纳税年度内不能变更。

夫妻双方婚前分别购买住房发生的首套住房贷款，其贷款利息支出，婚后可以选择其中一套购买的住房，由购买方按扣除标准的100%扣除，也可以由夫妻双方对各自购买的住房分别按扣除标准的50%扣除，具体扣除方式在一个纳税年度内不能变更。

【个人所得税专项附加扣除之大病医疗】　　【个人所得税专项附加扣除之住房贷款利息】

（5）住房租金

纳税人在主要工作城市没有自有住房而发生的住房租金支出，可以按照以下标准定额扣除：直辖市、省会（首府）城市、计划单列市以及国务院确定的其他城市，扣除标准为每月1 500元；除上述所列城市以外，市辖区户籍人口超过100万的城市，扣除标准为每月1 100元，市辖区户籍人口不超过100万的城市，扣除标准为每月800元。

纳税人的配偶在纳税人的主要工作城市有自有住房的，视同纳税人在主要工作城市有自有住房。夫妻双方主要工作城市相同的，只能由一方扣除住房租金支出。住房租金支出由签订租赁住房合同的承租人扣除。

纳税人及其配偶在一个纳税年度内不能同时分别享受住房贷款利息和住房租金专项附加扣除。

（6）赡养老人

纳税人赡养一位及以上被赡养人的赡养支出，纳税人为独生子女的，按照每月2 000元的标准定额扣除；纳税人为非独生子女的，由其与兄弟姐妹分摊每月2 000元的扣除额度，每人分摊的额度不能超过每月1 000元。可以由赡养人均摊或者约定分摊，也可以由被赡养人指定分摊。约定或者指定分摊的须签订书面分摊协议，指定分摊优先于约定分摊。具体分摊方式和额度在一个纳税年度内不能变更。

被赡养人是指年满60岁的父母，以及子女均已去世的年满60岁的祖父母、外祖父母。

【个人所得税专项附加扣除之住房租金】　　【个人所得税专项附加扣除之赡养老人】

6. 累计依法确定的其他扣除

其他扣除，包括个人缴付符合国家规定的企业年金、职业年金，个人购买符合国家规定的商业健康保险、税收递延型商业养老保险的支出，以及国务院规定可以扣除的其他项目。累计其他扣除是指纳税人当年截至本月的其他扣除之和。

专项扣除、专项附加扣除和依法确定的其他扣除，以居民个人一个纳税年度的应纳税所得额为限额；一个纳税年度扣除不完的，不结转以后年度扣除。

（三）居民个人工资、薪金所得预扣预缴税款的预扣税率

居民个人工资、薪金所得预扣预缴税款适用七级超额预扣税率，具体如表5-2所示。

表5-2 个人所得税税率表（三）（居民个人工资、薪金所得预扣预缴适用）

级数	累计预扣预缴应纳税所得额	预扣率（%）	速算扣除数
1	不超过36 000元的部分	3	0
2	超过36 000元至144 000元的部分	10	2 520
3	超过144 000元至300 000元的部分	20	16 920
4	超过300 000元至420 000元的部分	25	31 920
5	超过420 000元至660 000元的部分	30	52 920
6	超过660 000元至960 000元的部分	35	85 920
7	超过960 000元的部分	45	181 920

（四）居民个人工资、薪金所得预扣预缴税款的计算

计算居民个人工资、薪金所得应预扣预缴税款，应当首先计算预扣预缴的应纳税所得额，然后查找适用的税率，计算应当预扣预缴的税额。

【例题1】张某2019年每月工资均为30 000元，每月减除费用5 000元，"三险一金"等专项扣除为4 500元，专项附加扣除共计2 000元，没有减免收入及减免税额等情况，计算张某1—3月预扣预缴税额。

【解析】如表5-3所示。

表5-3 张某1—3月预扣预缴税额

月份	累计预扣预缴应纳税所得额/元	本期预扣预缴税额/元	累计预扣预缴税额/元
1	30 000-5 000-4 500-2 000=18 500	18 500×3%=555	555
2	30 000×2-5 000×2-4 500×2-2 000×2=37 000	（3 700-2 520）-555=625	555+625=1 180
3	30 000×3-5 000×3-4 500×3-2 000×3=55 500	（5 550-2 520）-1 180=1 850	1 180+1 850=3 030

【例题2】李某2019年1—3月每月工资均为30 000元，每月减除费用5 000元，"三险一金"等专项扣除为4 500元。2019年2月，李某孩子年满3周岁。2019年3月，李某父亲年满60周岁。没有减免收入及减免税额等情况，计算1—3月李某预扣预缴税额。

【解析】如表5-4所示。

表5-4 李某1—3月预扣预缴税额

月份	累计预扣预缴应纳税所得额/元	本期预扣预缴税额/元	累计预扣预缴税额/元
1	30 000-5 000-4 500=20 500	615	615
2	30 000×2-5 000×2-4 500×2-1 000×2=40 000	（4 000-2 520）-615=865	615+865=1 480
3	30 000×3-5 000×3-4 500×3-1 000×2-2 000=57 500	5 750-2 520-1 480=1 750	1 480+1 750=3 230

三、居民个人劳务报酬所得、稿酬所得、特许权使用费所得预扣预缴税额的计算

居民个人取得劳务报酬所得、稿酬所得、特许权使用费所得，有扣缴义务人的，由扣缴义务人按次或者按月预扣预缴个人所得税。

（一）居民个人劳务报酬所得预扣预缴税额的计算

1.居民个人劳务报酬所得应纳税所得额

劳务报酬所得以每次收入额为预扣预缴应纳税所得额。居民个人劳务报酬所得的收入额为收入减除费用后的余额。居民个人劳务报酬所得每次收入不超过4 000元的，减除费用按800元计算；每次收入4 000元以上的，减除费用按20%计算。

2.居民个人劳务报酬所得税率

劳务报酬所得适用20%至40%的超额累进预扣率，如表5-5所示。

表5-5 个人所得税税率表（四）（居民个人劳务报酬所得预扣预缴适用）[1]

级数	预扣预缴应纳税所得额	预扣率（%）	速算扣除数
1	不超过20 000元的部分	20	0
2	超过20 000元至50 000元的部分	30	2 000
3	超过50 000元的部分	40	7 000

3.居民个人劳务报酬所得应预扣预缴税额的计算

劳务报酬所得应预扣预缴税额=预扣预缴应纳税所得额×预扣率−速算扣除数

【例题1】假如张某（居民个人）本月取得劳务报酬所得30 000元，计算应预扣预缴税额。

【解析】

（1）收入30 000元，超过4 000元，适用20%的费用扣除率。预扣预缴应纳税所得额=30 000×（1−20%）=24 000（元）。

（2）预扣预缴税额=预扣预缴应纳税所得额×预扣率−速算扣除数=24 000×30%−2 000=5 200（元）。

【例题2】假如刘某（居民个人）本月取得劳务报酬所得3 000元，计算应预扣预缴税额。

【解析】

（1）收入3 000元，没有超过4 000元，减除费用按800元计算。预扣预缴应纳税所得额=3 000−800=2 200（元）。

（2）预扣预缴税额=预扣预缴应纳税所得额×预扣率−速算扣除数=2 200×20%−0=440（元）。

（二）居民个人稿酬所得预扣预缴税额的计算

1.居民个人稿酬所得应纳税所得额

稿酬所得以每次收入额为预扣预缴应纳税所得额。稿酬所得以收入减除费用后的余额为收入额。稿酬所得每次收入不超过4 000元的，减除费用按800元计算；每次收入4 000元以上的，减除费用按20%计算。此外，稿酬所得的收入额减按70%计算。

2.居民个人稿酬所得税率

稿酬所得适用20%的比例预扣率。

3.居民个人稿酬所得应纳税额

稿酬所得应预扣预缴税额=预扣预缴应纳税所得额×20%

【例题1】假如张某（居民个人）本月取得稿酬所得20 000元，计算应预扣预缴税额。

---

[1] 非居民个人取得工资、薪金所得，劳务报酬所得，稿酬所得和特许权使用费所得，依照本表按月换算后计算应纳税额。

【解析】稿酬所得20 000元，超过4 000元，费用扣除标准为20%；另外稿酬的收入额按70%计算：
应预扣预缴税额=收入×70%×（1-20%）×20%=20 000×70%×（1-20%）×20%=2 240（元）。
【例题2】假如张某（居民个人）本月取得稿酬所得3 000元，计算应预扣预缴税额。
【解析】（3 000-800）×70%×20%=308（元）。

（三）居民个人特许权使用费所得预扣预缴税额的计算

1.居民个人特许权使用费所得应纳税所得额
特许权使用费所得，以每次收入额为预扣预缴应纳税所得额。特许权使用费所得每次收入不超过4 000元的，减除费用按800元计算；每次收入4 000元以上的，减除费用按20%计算。

2.居民个人特许权使用费所得税率
特许权使用费所得适用20%的比例预扣率。

3.居民个人特许权使用费所得应纳税额

$$特许权使用费所得应预扣预缴税额=预扣预缴应纳税所得额×20%$$

四、居民个人综合所得应纳税额的计算及年度汇算清缴

居民纳税人取得的工资、薪金，劳务报酬，稿酬，特许权使用费4项所得合并为综合所得，以"年"为一个周期计算应该缴纳的个人所得税。居民纳税人平时取得这4项收入时，先由支付方（即扣缴义务人）依税法规定按月或者按次预扣预缴税款。年度终了，居民纳税人需要将上述4项所得的全年收入和可以扣除的费用进行汇总，收入额减去费用扣除后，适用3%~45%的综合所得年度税率表，计算全年应纳个人所得税，再减去年度内已经预缴的税款，向税务机关办理年度纳税申报并结清应退或应补税款。这个过程就是汇算清缴。

（一）居民个人综合所得应纳税所得额

居民个人综合所得以每一纳税年度的收入额减除费用6万元以及专项扣除、专项附加扣除和依法确定的其他扣除后的余额为应纳税所得额。每一纳税年度的收入额为居民个人的工资、薪金收入额，劳务报酬收入额，稿酬收入额，特许权使用费收入额4项收入额之和，其中，劳务报酬、稿酬和特许权使用费以收入减除20%费用后的余额为收入额。

居民个人综合所得应纳税所得额用公式表示为：

居民个人综合所得应纳税所得额=每一纳税年度的收入额-费用6万元-
专项扣除-专项附加扣除-依法确定的其他扣除
=每一纳税年度工资、薪金收入+劳务报酬×（1-20%）+稿酬×
（1-20%）×70%+特许权使用费×（1-20%）-费用60 000元-
专项扣除-专项附加扣除-依法确定的其他扣除

专项扣除，包括居民个人按照国家规定的范围和标准缴纳的基本养老保险、基本医疗保险、失业保险等社会保险费和住房公积金等。专项附加扣除，包括子女教育、继续教育、大病医疗、住房贷款利息或者住房租金、赡养老人等支出。其他扣除，包括个人缴付符合国家规定的企业年金、职业年金，个人购买符合国家规定的商业健康保险、税收递延型商业养老保险的支出，以及国务院规定可以扣除的其他项目。

专项扣除、专项附加扣除和依法确定的其他扣除，以居民个人一个纳税年度的应纳税所得额为限额；一个纳税年度扣除不完的，不结转以后年度扣除。

（二）居民个人综合所得应纳税税率表

综合所得，适用3%~45%的超额累进税率，税率表如表5-6所示。

表5-6　个人所得税税率表一（综合所得适用）[①]

级数	全年应纳税所得额[②]	税率（%）	速算扣除数
1	不超过36 000元的	3	0
2	超过36 000元至144 000元的部分	10	2 520
3	超过144 000元至300 000元的部分	20	16 920
4	超过300 000元至420 000元的部分	25	31 920
5	超过420 000元至660 000元的部分	30	52 920
6	超过660 000元至960 000元的部分	35	85 920
7	超过960 000元的部分	45	181 920

（三）居民个人综合所得应纳税额的计算

综合所得应纳税额=综合所得应纳税所得额×适用税率−速算扣除数=（每一纳税年度收入额−费用60 000元−专项扣除−专项附加扣除−依法确定的其他扣除）×适用税率−速算扣除数=［每一纳税年度工资薪金收入+劳务报酬×（1−20%）+稿酬×（1−20%）×70%+特许权使用费×（1−20%）−费用60 000元−专项扣除−专项附加扣除−依法确定的其他扣除］×适用税率−速算扣除数

【例题】张某2019年全年工资、薪金收入36万元，"三险一金"等专项扣除为4 500元/月，全年享受专项附加扣除共计2.4万元，全年取得劳务报酬收入3万元，稿酬收入2万元。不考虑其他因素，请计算张某全年应缴税额。

【解析】
1. 全年收入额=36+3×（1−20%）+2×（1−20%）×70%=39.52（万元）；
2. 全年减除费用6万元；专项扣除=0.45×12=5.4（万元）；专项附加扣除=2.4（万元）；扣除项合计=6+5.4+2.4=13.8（万元）；
3. 计算应纳税所得额=39.52−13.8=25.72（元）；
4. 计算应纳税额=257 200×20%−16 920=34 520（元）。

（四）居民个人综合所得汇算清缴的计算

【个人所得税综合所得年度汇算】

【个税年度汇算那些事儿】

【个人所得税综合所得汇算清缴】

1.需要办理汇算清缴的情形

我国个人所得税对综合所得实行按年计税。我国税法对居民个人纳税人的工资、薪金所得实行累计预扣法，累计预扣法尽可能使单一工资、薪金纳税人日常预缴税款与年度应纳税款一致，免予办理年度汇算清缴。同时，对有多处收入、年度中间享受扣除不充分等很难在预扣环节精准扣缴税款的，税法规定需办理汇算清缴，具体包括：

1) 纳税人在一个纳税年度中从两处或者两处以上取得综合所得，且综合所得年收入额减去"三险一金"

[①] 非居民个人取得工资、薪金所得，劳务报酬所得，稿酬所得和特许权使用费所得，依照本表按月换算后计算应纳税额。

[②] 全年应纳税所得额是指依照个人所得税法第六条的规定，居民个人取得综合所得以每一纳税年度收入额减除费用6万元以及专项扣除、专项附加扣除和依法确定的其他扣除后的余额。

等专项扣除后的余额超过6万元的。主要原因：对个人取得两处以上综合所得且合计超过6万元的，日常没有合并预扣预缴机制，难以做到预扣税款与汇算清缴税款一致，需要汇算清缴。

2）取得劳务报酬所得、稿酬所得、特许权使用费所得中的一项或者多项所得，且4项综合所得年收入额减去"三险一金"等专项扣除后的余额超过6万元的。主要原因：上述3项综合所得的收入来源分散，收入不稳定，可能存在多个扣缴义务人，难以做到预扣税款与汇算清缴税款一致，需要汇算清缴。

3）纳税人在一个纳税年度内，预扣预缴的税额低于依法计算出的应纳税额的。

4）纳税人申请退税的。申请退税是纳税人的合法权益，如纳税人年度预缴税款高于应纳税款的，可以申请退税。

2. 汇算清缴的计算公式

汇算清缴应退或应补税额 =［（综合所得收入额 -60 000元 - 专项扣除 - 专项附加扣除 - 依法确定的其他扣除 - 捐赠）× 税率 - 速算扣除数］- 已预扣预缴税额

【哪些人需要办理个税年度汇算】

3. 汇算清缴的处理

年度汇算分为退税或补税两类。

（1）退税

纳税人因为平时扣除不足或未申报扣除等原因导致多预缴了税款的，可以申请退税。实践中产生退税的情形主要有：

1）年度综合所得年收入额不足6万元，但平时预缴过个人所得税的。

【例题】某纳税人1月领取工资1万元、个人缴付"三险一金"2 000元，假设没有专项附加扣除，预缴个税90元；其他月份每月工资4 000元，无须预缴个税。全年看，因纳税人年收入额不足6万元无须缴税，因此预缴的90元税款可以申请退还。

2）有符合享受条件的专项附加扣除，但预缴税款时没有申报扣除的。

【例题】某纳税人每月工资1万元、个人缴付"三险一金"2 000元，有两个上小学的孩子，按规定可以每月享受2 000元（全年24 000元）的子女教育专项附加扣除。但因其在预缴环节未填报，使得计算个税时未减除子女教育专项附加扣除，全年预缴个税1 080元。其在年度汇算时填报了相关信息后可补充扣除24 000元，扣除后全年应纳个税360元，按规定其可以申请退税720元。

3）因年中就业、退职或者部分月份没有收入等原因，减除费用6万元、"三险一金"等专项扣除、子女教育等专项附加扣除、企业（职业）年金以及商业健康保险、税收递延型养老保险等扣除不充分的。

【例题】某纳税人于2019年8月底退休，退休前每月工资1万元、个人缴付"三险一金"2 000元，退休后领取基本养老金。假设没有专项附加扣除，1—8月预缴个税720元；后4个月基本养老金按规定免征个税。全年看，该纳税人仅扣除了4万元减除费用（8×5 000元/月），未充分扣除6万元减除费用。年度汇算足额扣除后，该纳税人可申请退税600元。

4）没有任职受雇单位，仅取得劳务报酬、稿酬、特许权使用费所得，需要通过年度汇算办理各种税前扣除的。

5）纳税人取得劳务报酬、稿酬、特许权使用费所得，年度中间适用的预扣率高于全年综合所得年适用税率的。

【例题】某纳税人每月固定一处取得劳务报酬1万元，适用20%预扣率后预缴个税1 600元，全年19 200元；全年算账，全年劳务报酬12万元，减除6万元费用（不考虑其他扣除）后，适用3%的综合所得税率，全年应纳税款1 080元。因此，可申请18 120元退税。

6）预缴税款时，未申报享受或者未足额享受综合所得税收优惠的，如残疾人减征个人所得税优惠等。

7）有符合条件的公益慈善事业捐赠支出，但预缴税款时未办理扣除的。

（2）补税

预缴税额小于应纳税额的应当补税。需要补税的常见情形包括：在两个以上单位任职受雇并领取工资、薪金，预缴税款时重复扣除了基本减除费用（5 000元/月）的，以及除工资、薪金外，纳税人还有劳务报酬、稿酬、特

【个人所得税的退税与补税

许权使用费所得,各项综合所得的收入加总后,导致适用综合所得年税率高于预扣率的。

【例题1】某企业员工钱某2019年全年每月应发工资、薪金收入10 000元,其中含有需要扣除上交的基本养老保险8%、基本医疗保险2%、失业保险0.5%、住房公积金12%。社保部门核定的钱某社保费缴费工资基数为8 000元。根据以上内容计算钱某1—12月每月预扣预缴的个人所得税税额,钱某2019年应当缴纳的个人所得税税额,以及钱某2019汇算清缴应当缴纳的个人所得税税额。

【解析】
1.计算钱某1-12月每月预扣预缴的个人所得税税额
如表5-7和表5-8所示。

表5-7 钱某1—12每月预扣所得税额计算依据

	收入	专项扣除	所得额	对应税率	当月预扣所得税额
1月	10 000元	8 000×(8%+2%+0.5%+12%)= 8 000×22.5%=1 800(元)	10 000-5 000-1 800= 3 200(元)	3%,速算扣除数0	3 200×3%=96(元)
2月	20 000元	8 000×(8%+2%+0.5%+12%)= 8 000×22.5%=1 800(元) 1 800×2=3 600(元)	20 000-5 000×2-3 600= 6 400(元)	3%,速算扣除数0	6 400×3%-96=96 (元)
……	……	……	……	……	……

表5-8 钱某1—12每月预扣所得税额

| | 收入/元 | -基本费用/元 | -各项扣除 | | | | | | =所得额/元 | 税率 | 预扣所得税额/元 | 合计 |
| | | | 专项扣除/元 | 专项附加扣除/元 | | | | 其他扣除/元 | | | | |
				子女教育	继续教育	房贷利息	租房租金	赡养老人					
1	10 000	5 000	1 800	0	0	0	0	0	0	3 200	3%-0	96	96
2	20 000	10 000	1 800×2=	0	0	0	0	0	0	6 400	3%-0	6 400×3%-96=96	192
3	30 000	15 000	1 800×3=5 400	0	0	0	0	0	0	9 600	3%-0	9 600×3%-192=96	288
4	40 000	20 000	1 800×4=7 200	0	0	0	0	0	0	12 800	3%-0	12 800×3%-288=96	384
5	50 000	25 000	1 800×5=9 000	0	0	0	0	0	0	16 000	3%-0	16 000×3%-384=96	480
6	60 000	30 000	1 800×6=10 800	0	0	0	0	0	0	19 200	3%-0	19 200×3%-480=96	576
7	70 000	35 000	1 800×7=12 600	0	0	0	0	0	0	22 400	3%-0	22 400×3%-576=96	672
8	80 000	40 000	1 800×8=14 400	0	0	0	0	0	0	25 600	3%-0	25 600×3%-672=96	768
9	90 000	45 000	1 800×9=16 200	0	0	0	0	0	0	28 800	3%-0	28 800×3%-768=96	864
10	100 000	50 000	1 800×10=18 000	0	0	0	0	0	0	32 000	3%-0	32 000×3%-864=96	960
11	110 000	55 000	1 800×11=19 800	0	0	0	0	0	0	35 200	3%-0	35 200×3%-960=96	1 056
12	120 000	60 000	1 800×12=21 600	0	0	0	0	0	0	38 400	10%-2 520	38 400×10%-2 520= 1 320-1 056=264	1 320

2.计算钱某2019年应当缴纳的个人所得税税额
如表5-9所示。

表5-9 钱某2019年应当缴纳的个人所得税税额

年份	收入	−基本费用	−各项扣除			=所得收入额	税率	个人所得税税额
			专项扣除	专项附加扣除	其他扣除			
2019年	120 000元	60 000元	8 000×22.5%×12=21 600（元）	0	0	38 400元	10%−2 520	1 320元

3.计算钱某2019汇算清缴应当缴纳的个人所得税税额

全年应纳税额所得额：1 320元。全年预扣预缴所得税税额合计：1 320元。汇算清缴的个人所得税税额：1 320−1 320=0（元）。

【例题2】张某2019年全年工资、薪金收入36万元，"三险一金"等专项扣除为4 500元/月，全年享受专项附加扣除共计2.4万元，全年取得劳务报酬收入3万元，稿酬收入2万元。不考虑其他因素，请计算张某汇算清缴多退少补的个人所得税。

【个税年度汇算之办理渠道如何选择】

【解析】

1.计算全年应纳税额

（1）全年收入额=36+3×（1−20%）+2×（1−20%）×70%=39.52（万元）；

（2）全年减除费用6万元；专项扣除=0.45×12=5.4（万元）；专项附加扣除=2.4（万元）；扣除项合计=6+5.4+2.4=13.8（万元）；

（3）计算应纳税所得额=39.52−13.8=25.72（元）；

（4）计算应纳税额=257 200×20%−16 920=34 520（元）。

2.计算已预扣预缴税额

（1）预扣预缴工资薪金税款：27 480元；

（2）预扣预缴劳务报酬税款：5 200元；

（3）预扣预缴稿酬税款：2 240元；

（4）总计：27 480+5 200+2 240=34 920（元）。

3.计算汇算清缴应补交税额

应补交税额=34 520−34 920=−400（元）。

计算得出汇算清缴时应该退税400元。

4.汇算清缴的办理方式

纳税人办理汇算清缴的方式有三种，纳税人可以自行办理年度汇算，纳税人也可以通过扣缴义务人，或委托涉税专业服务机构或其他单位、个人办理年度汇算。

五、非居民个人工资、薪金所得，劳务报酬所得，稿酬所得，特许权使用费所得代扣代缴税额的计算

非居民个人取得劳务报酬所得、稿酬所得、特许权使用费所得有扣缴义务人的，由扣缴义务人按次或者按月代扣代缴个人所得税。劳务报酬所得、稿酬所得、特许权使用费所得，属于一次性收入的，以取得该项收入为一次；属于同一项目连续性收入的，以一个月内取得的收入为一次。

（一）非居民个人工资、薪金所得，劳务报酬所得，稿酬所得，特许权使用费所得代扣代缴应纳税所得额

非居民个人的工资、薪金所得应纳税所得额为每月收入额减除费用5 000元后的余额；劳务报酬所得、稿酬所得、特许权使用费所得，以每次收入额为应纳税所得额。劳务报酬所得、稿酬所得、特许权使用费所得，以每次收入减除20%费用后的余额为收入额，稿酬所得的收入额减按70%计算。

劳务报酬所得、稿酬所得、特许权使用费所得，属于一次性收入的，以取得该项收入为一次；属于同一

项目连续性收入的,以一个月内取得的收入为一次。

(二)非居民个人工资、薪金所得,劳务报酬所得,稿酬所得,特许权使用费所得代扣代缴税率

非居民个人的工资、薪金所得,劳务报酬所得,稿酬所得,特许权使用费所得,适用按月换算后的非居民个人所得税税率表计算应纳税额。如表5-10所示。

表5-10 个人所得税税率表(五)

(非居民个人工资、薪金所得,劳务报酬所得,稿酬所得,特许权使用费所得适用)

级数	应纳税所得额	税率(%)	速算扣除数
1	不超过3 000元的部分	3	0
2	超过3 000元至12 000元的部分	10	210
3	超过12 000元至25 000元的部分	20	1 410
4	超过25 000元至35 000元的部分	25	2 660
5	超过35 000元至55 000元的部分	30	4 410
6	超过55 000元至80 000元的部分	35	7 160
7	超过80 000元的部分	45	15 160

(三)非居民个人工资、薪金所得,劳务报酬所得,稿酬所得,特许权使用费所得代扣代缴应纳税额

非居民个人的工资、薪金所得,劳务报酬所得,稿酬所得,特许权使用费所得的应纳税额为:

应纳税额=应纳税所得额×适用税率−速算扣除数

【例题1】假如某非居民个人2020年1月取得工资薪金所得30 000元,计算应扣缴税额。

【解析】扣缴税额=(30 000−5 000)×税率−速算扣除数=25 000×20%−1 410=3 590(元)。

【例题2】假如某非居民个人取得劳务报酬所得10 000元,计算应扣缴税额。

【解析】扣缴税额=10 000×(1−20%)×税率−速算扣除数=8 000×10%−210=590(元)。

【例题3】假如某非居民个人取得稿酬所得10 000元,计算应扣缴税额。

【解析】扣缴税额=10 000×70%×(1−20%)×税率−速算扣除数=5 600×10%−210=350(元)。

六、经营所得应纳税额的计算

根据我国个人所得税法的规定,经营所得包括个体工商户从事生产经营活动取得的所得,个人依法从事办学、医疗、咨询以及其他有偿服务活动取得的所得,个人独资企业投资人、合伙企业的个人合伙人来源于境内注册的个人独资企业、合伙企业生产经营取得的所得,个人对企业、事业单位承包经营、承租经营以及转包、转租取得的所得,以及个人从事其他生产经营活动取得的所得。

【个人所得税经营所得纳税申报表(A表)】

(一)个体工商户生产经营所得的计税方法

1.个体工商户的含义

这里的个体工商户包括取得个体工商户营业执照的个体工商户、从事办学等有偿服务活动的个人,以及其他从事个体生产、经营的个人。

2.个体工商户生产经营所得的纳税义务人

个体工商户以业主为个人所得税纳税义务人。

3. 个体工商户生产经营所得应纳税所得额

关于个体工商户经营所得的个人所得税，我国个人所得税法做了以下一些规定：

1）除另有规定外，个体工商户应纳税所得额的计算，以权责发生制为原则，属于当期的收入和费用，不论款项是否收付，均作为当期的收入和费用；不属于当期的收入和费用，即使款项已经在当期收付，均不作为当期收入和费用。

2）个体工商户的生产、经营所得，以每一纳税年度的收入总额，减除成本、费用、税金、损失、其他支出以及允许弥补的以前年度亏损后的余额，为应纳税所得额。

3）个体工商户生产经营活动中，应当分别核算生产经营费用和个人、家庭费用。对于生产经营与个人、家庭生活混用难以分清的费用，其40%视为与生产经营有关费用，准予扣除。

4）个体工商户纳税年度发生的亏损，准予向以后年度结转，用以后年度的生产经营所得弥补，但结转年限最长不得超过五年。

5）个体工商户使用或者销售存货，按照规定计算的存货成本，准予在计算应纳税所得额时扣除。

6）个体工商户转让资产，该项资产的净值，准予在计算应纳税所得额时扣除。

7）扣除项目及扣除标准：

①个体工商户实际支付给从业人员的合理的工资、薪金支出，准予扣除。个体工商户业主的工资、薪金支出不得税前扣除。

②个体工商户按照国务院有关主管部门或者省级人民政府规定的范围和标准为其业主和从业人员缴纳的基本养老保险费、基本医疗保险费、失业保险费、生育保险费、工伤保险费和住房公积金，准予扣除。

③个体工商户为从业人员缴纳的补充养老保险费、补充医疗保险费，分别在不超过从业人员工资总额5%标准内的部分据实扣除；超过部分，不得扣除。

④个体工商户业主本人缴纳的补充养老保险费、补充医疗保险费，以当地（地级市）上年度社会平均工资的3倍为计算基数，分别在不超过该计算基数5%标准内的部分据实扣除；超过部分，不得扣除。

⑤除个体工商户依照国家有关规定为特殊工种从业人员支付的人身安全保险费和按照规定可以扣除的其他商业保险费外，个体工商户业主本人或者为从业人员支付的商业保险费，不得扣除。

⑥个体工商户在生产经营活动中发生的合理的不需要资本化的借款费用，准予扣除。

个体工商户为购置、建造固定资产、无形资产和经过12个月以上的建造才能达到预定可销售状态的存货发生借款的，在有关资产购置、建造期间发生的合理的借款费用，应当作为资本性支出计入有关资产的成本，并依照个体工商户个人所得税计税办法的规定扣除。

⑦个体工商户向金融企业借款的利息支出，以及向非金融企业和个人借款的利息支出，不超过按照金融企业同期同类贷款利率计算的数额的部分，准予扣除。

⑧个体工商户在货币交易中，以及纳税年度终了时将人民币以外的货币性资产、负债按照期末即期人民币汇率中间价折算为人民币时产生的汇兑损失，除已经计入有关资产成本部分外，准予扣除。

⑨个体工商户向当地工会组织拨缴的工会经费、实际发生的职工福利费支出、职工教育经费支出分别在工资薪金总额的2%、14%、2.5%的标准内据实扣除。个体工商户业主本人向当地工会组织缴纳的工会经费、实际发生的职工福利费支出、职工教育经费支出，以当地（地级市）上年度社会平均工资的3倍为计算基数，在规定比例内据实扣除。

⑩个体工商户发生的与生产经营活动有关的业务招待费，按照实际发生额的60%扣除，但最高不得超过当年销售（营业）收入的5‰。业主自申请营业执照之日起至开始生产经营之日止所发生的业务招待费，按照实际发生额的60%计入个体工商户的开办费。

⑪个体工商户每一纳税年度发生的与其生产经营活动直接相关的广告费和业务宣传费不超过当年销售（营业）收入15%的部分，可以据实扣除；超过部分，准予在以后纳税年度结转扣除。

⑫个体工商户代其从业人员或者他人负担的税款，不得税前扣除。

⑬个体工商户按照规定缴纳的摊位费、行政性收费、协会会费等，按实际发生数额扣除。

⑭个体工商户根据生产经营活动的需要租入固定资产支付的租赁费，以经营租赁方式租入固定资产发生的租赁费支出，按照租赁期限均匀扣除；以融资租赁方式租入固定资产发生的租赁费支出，按照规定构成

融资租入固定资产价值的部分应当提取折旧费用，分期扣除。

⑮个体工商户参加财产保险，按照规定缴纳的保险费，准予扣除。

⑯个体工商户发生的合理的劳动保护支出，准予扣除。

⑰个体工商户自申请营业执照之日起至开始生产经营之日止所发生符合规定的费用，除为取得固定资产、无形资产的支出，以及应计入资产价值的汇兑损益、利息支出外，作为开办费，个体工商户可以选择在开始生产经营的当年一次性扣除，也可自生产经营月份起在不短于3年期限内摊销扣除，但一经选定，不得改变。

⑱个体工商户通过公益性社会团体或者县级以上人民政府及其部门，用于规定的公益事业的捐赠，捐赠额不超过其应纳税所得额30%的部分可以据实扣除。财政部、国家税务总局规定可以全额在税前扣除的捐赠支出项目，按有关规定执行。个体工商户直接对受益人的捐赠不得扣除。

⑲个体工商户研究开发新产品、新技术、新工艺所发生的开发费用，以及研究开发新产品、新技术而购置单台价值在10万元以下的测试仪器和试验性装置的购置费准予直接扣除；单台价值在10万元以上（含10万元）的测试仪器和试验性装置，按固定资产管理，不得在当期直接扣除。

4.个体工商户生产经营所得的个人所得税税率

个体工商户经营所得，适用5%~35%的超额累进税率，如表5-11所示。

表5-11 个人所得税税率表二（经营所得适用）

级数	全年应纳税所得额①	税率（%）	速算扣除数
1	不超过30 000元的	5	0
2	超过30 000元至90 000元的部分	10	1 500
3	超过90 000元至300 000元的部分	20	10 500
4	超过300 000元至500 000元的部分	30	40 500
5	超过500 000元的部分	35	65 500

5.个体工商户经营所得应纳税额的计算

个体工商户经营所得计算公式为：

$$应纳税额 = 应纳税所得额 \times 适用税率 - 速算扣除数$$

【例题】某个体户2019年经营业务如下：取得餐饮服务收入200万元（不含增值税），发生营业成本140万元，发生税费14万元（不含增值税），发生管理费用25万元，发生销售费用5万元。管理费用中列支从业人员工资28.8万元，业主工资9.6万元。列支职工福利0.7万元，其中员工福利0.6万元，业主福利0.1万元。上年度当地社会平均工资4万元。向朋友借款30万元，支付利息2万元，同期金融机构贷款利率4%。管理费用中含有招待费2万元。销售费用中含有宣传费1万元。向从业人员支付保险费0.4万元。计算该个体户2019年个人所得税应纳税额。

【解析】

1.会计利润：200-140-14-25-5=16（万元）。

2.纳税调整：

（1）工资：业主工资为定额扣除6万元，9.6万元业主工资不能扣除（调增9.6万元）；

（2）从业人员福利费：限额28.8×14%=4.032（万元）（无须调增）；

（3）业主福利费：限额4×3×14%=1.68（万元）（无须调增）；

（4）贷款利息调整：2-30×4%=2-1.2=0.8（万元）（调增0.8万元）；

（5）贷款利息调整：扣除标准为2×60%=1.2（万元）；

（6）扣除限额：200×5‰=1（万元）（调增2-1=1万元）；

---

① 全年应纳税所得额是指每一纳税年度的收入总额减除成本、费用以及损失后的余额。

（7）宣传费调整：扣除限额为200×15%=3（万元）（无须调增）；

（8）保险费调整：0.4万元（调增0.4万元）。

3.计算应纳税所得额：16-6+9.6+0.8+1+0.4=21.8（万元）。

4.计算应纳税额：21.8×20%-1.05=3.31（万元）。

6.个体工商户经营所得的纳税申报

个体工商户有两处或两处以上经营机构的，选择并固定向其中一处经营机构所在地主管税务机关申报缴纳个人所得税。

（二）个人独资企业和合伙企业投资者的计税方法

1.个人独资企业及合伙企业的纳税人

个人独资企业以合伙人为纳税人，合伙企业以每一个合伙人为纳税人。

2.个人独资企业及合伙企业的税率

个人独资企业和合伙企业投资者计算缴纳个人所得税，适用"经营所得"5%~35%的五级超额累进税率。

3.个人独资企业及合伙企业的应纳税所得额

个人独资企业和合伙企业的应纳税所得额，等于每一纳税年度的收入总额减除成本、费用及损失后的余额。

4.个人独资企业及合伙企业应纳税额的计算方法

个人独资企业和合伙企业比照个体工商户经营所得应纳税额的计算方法计算应纳税额。

（三）对企事业单位承包、承租经营所得的计税方法

1.对企事业单位承包、承租经营所得的应纳税所得额

对企事业单位承包、承租经营所得以每一纳税年度的收入总额，减除必要费用后的余额为应纳税所得额。其中，收入总额是指纳税人按照承包经营、承租经营合同规定分得的经营利润和工资、薪金性质的所得。必要费用为5 000元/月。

2.应纳税额的计算

对企事业单位承包、承租经营所得适用经营所得五级超额累进税率。对企事业单位承包、承租经营所得，以应纳税所得额乘以适用税率计算应纳税额，计算公式为：

$$应纳税额=应纳税所得额 \times 适用税率-速算扣除数$$

七、财产租赁所得应纳税额的计算

财产租赁所得，以一个月内取得的收入为一次。

（一）财产租赁所得应纳税所得额

财产租赁所得应纳税所得额的计算公式为：

1）每次（每月）收入［即收入额减除财产租赁过程中缴纳的税费、由纳税人承担的租赁财产实际承担的修缮费用（以800元为限，一次扣除不完的准予在下一次继续扣除，直到扣完为止）、费用后的余额］不足4 000元的：

$$应纳税所得额=每次收入额-财产租赁过程中缴纳的税费-\\由纳税人承担的租赁财产实际承担的修缮费用（以800为限）-800元$$

2）每次（每月）收入［即收入额减除财产租赁过程中缴纳的税费、由纳税人承担的租赁财产实际承担的修缮费用（以800为限，一次扣除不完的准予在下一次继续扣除，直到扣完为止）、费用后的余额］4 000元以上的：

$$应纳税所得额=[每次收入额-财产租赁过程中缴纳的税费-\\由纳税人承担的租赁财产实际承担的修缮费用（以800元为限）] \times (1-20\%)$$

（二）财产租赁所得应纳税额的计算

财产租赁所得适用20%的比例税率，但对个人按照市场价格出租的居民住房取得的所得，自2001年1月1日起暂减按10%的税率计算个人所得税。

财产租赁所得应纳税额的计算公式为：

$$应纳税额 = 应纳税所得额 \times 适用税率$$

【例题1】中国公民王某2020年1月1日起将其位于市区的一套住房按市价出租，每月收取租金3 800元。2月因卫生间漏水发生修缮费用1 200元，已取得合法有效的支出凭证。不考虑税费情况，计算王某2020年1月–3月的应纳个人所得税。

【解析】1月应纳个人所得税：应纳个人所得税=（3 800–800）×10%=300（元）；

2月应纳个人所得税：应纳个人所得税=（3 800–800–800）×10%=240（元）；

3月应纳个人所得税：应纳个人所得税=（3 800–400–800）×10%=260（元）。

【例题2】中国公民刘某2020年1月1日起将其位于市区的一套商铺按市价出租，每月收取租金10 000元。每月缴纳税费1 000元。2月因装修发生修缮费用1 200元，已取得合法有效的支出凭证。计算刘某2020年1月–3月的应纳个人所得税。

【解析】1月应纳个人所得税：应纳个人所得税=（10 000–1 000）×（1–20%）×20%=1 440（元）；

2月应纳个人所得税：应纳个人所得税=（10 000–1 000–800）×（1–20%）×20%=1 312（元）；

3月应纳个人所得税：应纳个人所得税=（10 000–1 000–400）×（1–20%）×20%=1 376（元）。

八、财产转让所得应纳税额的计算

（一）财产转让所得应纳税所得额

财产转让所得以每次转让财产的收入额减除财产原值和合理费用后的余额为应纳税所得额。用公式表示为：

$$财产转让所得应纳税所得额 = 每次收入额 - 财产原值 - 合理费用$$

有价证券的原值，为买入价以及买入时按照规定缴纳的有关费用；建筑物的原值，为建造费或者购进价格以及其他有关费用；土地使用权的原值，为取得土地使用权所支付的金额、开发土地的费用以及其他有关费用；机器设备、车船的原值，为购进价格、运输费、安装费以及其他有关费用。其他财产，参照上述方法确定财产原值。纳税人未提供完整、准确的财产原值凭证，不能按照上述规定的方法确定财产原值的，由主管税务机关核定财产原值。合理费用，是指卖出财产时按照规定支付的有关税费。

（二）财产转让所得应纳税额的计算

财产转让所得适用20%的比例税率，财产转让所得应纳税额计算公式为：

$$应纳税额 = 应纳税所得额 \times 适用税率$$

【例题】中国公民张先生2019年1月拍卖1部小说的著作权，取得收入5万元；同时拍卖1张名人字画，取得收入35万元，已知该字画的原值及合理费用为20万元。计算此次拍卖应缴纳的税款。

【解析】

1.拍卖小说著作权为特许权使用费所得，个人所得税应预扣预缴，年底计入综合所得汇算清缴。预扣预缴税额=50 000×（1–20%）×20%=8 000（元）；

2.拍卖名人字画为转让财产，应纳税额=（350 000–200 000）×20%=30 000（元）。

九、利息、股息、红利和偶然所得应纳税额的计算

（一）利息、股息、红利和偶然所得应纳税所得额

利息、股息、红利和偶然所得，以每次取得的收入额为应纳税所得额。利息、股息、红利，以支付利息、股息、红利时取得的收入为一次，偶然所得，以每次取得该项收入为一次。

（二）利息、股息、红利和偶然所得应纳税额的计算

利息、股息、红利和偶然所得适用20%的比例税率，其应纳税额的计算公式为：

应纳税额=应纳税所得额（每次收入额）×适用税率

十、特殊情形下个人所得税的计税方法

（一）居民个人全年一次性奖金的征税方法

根据规定，对居民个人取得的全年一次性奖金，在2021年12月31日以前，以全年一次性奖金除以12个月得到的数额，按照按月换算后的综合所得税税率表（月度税率表），确定适用税率和速算扣除数，单独计算纳税。自2022年1月1日起，居民个人取得全年一次性奖金，应并入当年综合所得计算缴纳个人所得税，采用累计预扣法进行计算个人所得税。

【例题】小李2019年平均月工资6 000元，专项扣除500元，专项附加扣除3 000元。2019年12月小李取得公司的全年一次性奖金3.6万元，计算小李应纳税额。

【解析】

1.单独计税

36 000÷12=3 000元。根据预扣率表，3 000元对应的税率为3%，速算扣除数为0。计算应纳税额：36 000×3%=1 018（元）。

2.合并计税

小李全年综合所得应纳税所得额=6 000×12+36 000-60 000-500×12-3 000×12=6 000（元）。根据税率表，6 000元对应的税率为3%，速算扣除数为0。计算应纳税额=6 000×3%=180（元）。

（二）上市公司股权激励的征税规定

股权激励是指上市公司以本公司股票为标的，对其董事、高级管理人员及其他员工进行的长期性激励，激励的具体形式包括股票期权、限制性股票、股票增值权、股权奖励等。员工在上市公司实施的股权激励方案下取得的所得，不论形式如何，均属于与任职受雇相关取得的所得，应该按照"工资、薪金所得"计算缴纳个人所得税。

居民个人取得股票期权、股票增值权、限制性股票、股权奖励等股权激励，符合相关条件的，在2021年12月31日前，不并入当年综合所得，全额单独适用综合所得税率表，计算纳税。计算公式为：

应纳税额=股权激励收入×适用税率-速算扣除数

居民个人一个纳税年度内取得两次以上（含两次）股权激励的，合并计算纳税。

（三）个人领取企业年金、职业年金的征税规定

个人达到国家规定的退休年龄，领取的企业年金、职业年金，符合规定的，不并入综合所得，全额单独计算应纳税款。其中按月领取的，适用月度税率表计算纳税；按季领取的，平均分摊计入各月，按每月领取额适用月度税率表计算纳税；按年领取的，适用综合所得税率表计算纳税。

个人因出境定居而一次性领取的年金个人账户资金，或个人死亡后，其指定的受益人或法定继承人一次性领取的年金个人账户余额，适用综合所得税率表计算纳税。对个人除上述特殊原因外一次性领取年金个人账户资金或余额的，适用月度税率表计算纳税。

（四）解除劳动关系一次性补偿收入的征税规定

个人与用人单位解除劳动关系取得一次性补偿收入（包括用人单位发放的经济补偿金、生活补助费和其他补助费），在当地上年职工平均工资3倍数额以内的部分，免征个人所得税；超过3倍数额的部分，不并入当年综合所得，单独适用综合所得税率表，计算纳税。

（五）提前退休一次性补偿收入的征税规定

个人办理提前退休手续而取得的一次性补贴收入，应按照办理提前退休手续至法定离退休年龄之间实际年度数平均分摊，确定适用税率和速算扣除数，单独适用综合所得税率表，计算纳税。计算公式：

应纳税额＝{［（一次性补贴收入÷办理提前退休手续至法定退休年龄的实际年度数）−费用扣除标准］×适用税率−速算扣除数}×办理提前退休手续至法定退休年龄的实际年度数

（六）内部退养人员收入的征税规定

实行内部退养的个人在其办理内部退养手续后至法定离退休年龄之间从原任职单位取得的工资、薪金，应按"工资、薪金所得"项目计征个人所得税。个人在办理内部退养手续后至法定离退休年龄之间重新就业取得的"工资、薪金"所得，应与其从原任职单位取得的同一月份的"工资、薪金"所得合并，并依法自行向主管税务机关申报缴纳个人所得税。

（七）单位低价向职工售房的征税规定

单位按低于购置或建造成本价格出售住房给职工，职工因此而少支出的差价部分，符合相关规定的，不并入当年综合所得，以差价收入除以12个月得到的数额，按照月度税率表确定适用税率和速算扣除数，单独计算纳税。计算公式为：

应纳税额＝职工实际支付的购房价款低于该房屋的购置或建造成本价格的差额×适用税率−速算扣除数

（八）个人取得公务交通、通信补贴收入的征税规定

个人因公务用车和通信制度改革而取得的公务用车、通信补贴收入，扣除一定标准的公务费用后，按照"工资、薪金"所得项目计征个人所得税。按月发放的，并入当月"工资、薪金"所得计征个人所得税；不按月发放的，分解到所属月份并与该月份"工资、薪金"所得合并后计征个人所得税。

（九）退休人员收入的征税规定

按照国家统一规定发给干部、职工的安家费、退职费、退休金、离休工资、离休生活补助费免征个人所得税。离退休人员除按规定领取离退休金或养老金外，另从原任职单位取得的各类补贴、奖金、实物，以及退休人员再任职取得的收入，应在减除费用扣除标准后，按"工资、薪金所得"应税项目缴纳个人所得税。

（十）保险营销员、证券经纪人佣金收入的征税规定

保险营销员、证券经纪人取得的佣金收入，属于劳务报酬所得，以不含增值税的收入减除20%的费用后的余额为收入额，收入额减去展业成本以及附加税费后，并入当年综合所得，计算缴纳个人所得税。保险营销员、证券经纪人展业成本按照收入额的25%计算。扣缴义务人向保险营销员、证券经纪人支付佣金收入时，按照累计预扣法计算预扣税款。

（十一）企业为员工支付各项免税之外的保险金的征税规定

对企业为员工支付各项免税之外的保险金，应在企业向保险公司缴付时并入员工当期的工资收入，按"工资、薪金所得"项目计征个人所得税，税款由企业负责代扣代缴。

（十二）外籍个人有关津补贴的征税规定

2019年1月1日至2021年12月31日期间，外籍个人符合居民个人条件的，可以选择享受个人所得税专

项附加扣除,也可以选择按照相关规定,享受住房补贴、语言训练费、子女教育费等津补贴免税优惠政策,但不得同时享受。外籍个人一经选择,在一个纳税年度内不得变更。

自2022年1月1日起,外籍个人不再享受住房补贴、语言训练费、子女教育费津补贴免税优惠政策,应按规定享受专项附加扣除。

(十三) 科技人员取得职务科技成果转化现金奖励的征税规定

依法批准设立的非营利性研究开发机构和高等学校根据相关规定,从职务科技成果转化收入中给予科技人员的现金奖励,可减按50%计入科技人员当月"工资、薪金所得",依法缴纳个人所得税。

(十四) 个人投资者收购企业股权后,将企业原有盈余积累转增股本的征税规定

个人投资者以股权收购方式取得被收购企业100%股权,股权收购后,企业将原账面金额中的盈余积累向个人投资者(即新股东)转增股本,新股东以不低于净资产价格收购股权的,新股东取得盈余积累转增股本的部分,不征收个人所得税;新股东以低于净资产价格收购股权的,新股东取得盈余积累转增股本的部分,应按照"利息、股息、红利所得"项目征收个人所得税。

(十五) 个人取得上市公司股息红利征收个人所得税的规定

个人从公开发行和转让市场取得的上市公司股票,持股期限在1个月以内(含1个月)的,其股息、红利所得全额计入应纳税所得额,适用20%的税率计征个人所得税。

个人从公开发行和转让市场取得的上市公司股票,持股期限在1个月以上至1年(含1年)的,暂减按50%计入应纳税所得额,适用20%的税率计征个人所得税。

个人从公开发行和转让市场取得的上市公司股票,持股期限超过1年的,股息、红利所得暂免征收个人所得税。

(十六) 个人转让上市公司限售流通股取得的所得的规定

自2010年1月1日起,对个人转让限售股取得的所得,按照"财产转让所得",适用20%的比例税率征收个人所得税。个人转让限售股,以每次限售股转让收入,减除股票原值和合理税费后的余额,为应纳税所得额。

(十七) 两个以上的个人共同取得同一项目收入的征税规定

两个以上的个人共同取得同一项目收入的,应当对每个人取得的收入分别按照个人所得税法的规定计算纳税。

(十八) 居民个人从中国境内和境外所得的征税规定

居民个人从中国境内和境外取得的综合所得、经营所得,应当分别合并计算应纳税额;居民个人从中国境内和境外取得的其他所得,应当分别单独计算应纳税额。

(十九) 企业改组改制过程中个人取得量化资产的征税规定

职工个人以股份形式取得的拥有所有权的企业量化资产,暂缓征收个人所得税;待个人将股份转让时,就其转让收入额,减除个人取得该股份时实际支付的费用支出和合理转让费用后的余额,按"财产转让所得"项目计征个人所得税。

（二十）以企业资金为个人购房的征税规定

企业出资购买房屋及其他财产，将所有权登记为企业相关个人的，以及企业相关个人向企业借款用于购买房屋及其他财产，将所有权登记为个人，且借款年度终了后未归还借款的，不论所有权人是否将财产无偿或有偿交付企业使用，应依法计征个人所得税。

对个人独资企业、合伙企业的个人投资者或其家庭成员取得的上述所得，按照"个体工商户的生产、经营所得"项目计征个人所得税。对除个人独资企业、合伙企业以外其他企业的个人投资者或其家庭成员取得的上述所得，按照"利息、股息、红利所得"项目计征个人所得税。对企业其他人员取得的上述所得，按照"工资、薪金所得"项目计征个人所得税。

思政园地

赵奢：严惩抗税者[①]

在我国税史上依法治税的人物，恐怕要算赵奢是最早的了。战国时期，赵国的田部吏赵奢负责收农田租税。贵族平原君的手下依仗权势不肯依法纳税。赵奢不畏权势，依法杀了这个不肯依法纳税的管事人员。平原君大怒，要杀赵奢。赵奢用贵族是否依法缴税与国家、个人的利害关系力谏平原君。听了赵奢的话，平原君不计较私怨，不但没有惩罚他，而且将他推荐给赵王。赵王重用赵奢治理全国赋税，终于"国赋太平，民富而府库实"，国泰民安。

[①] 摘自：杨小品 税海钩沉 税务纵横（摘自全国税收信息网）。

任务工单

编号	5-3-1	知识点		各项所得的计税方法和适用税率		日期	
姓名		学号		班级		评分	
		所得的具体项目		计税方法	适用税率		税率表
居民个人		1.居民个人综合所得		汇算清缴	3%~45%七级超额累进税率		税率表（一）
		2.居民个人工资薪金所得					
		3.居民个人劳务报酬					
		4.居民个人稿酬所得					—
		5.居民个人特许权使用费所得					—
居民个人和非居民个人		6.经营所得					
		7.财产租赁所得					—
		8.财产转让所得					—
		9.利息、股息、红利所得					—
		10.偶然所得					—
非居民个人		11.非居民个人工资、薪金所得					
		12.非居民个人劳务报酬					
		13.非居民个人稿酬所得					
		14.非居民个人特许权使用费所得					

编号	5-3-2	知识点	各项所得的税额和所得额的计算		日期	
姓名		学号		班级	评分	
所得的具体项目		计税方法	税额计算公式	所得额计算公式		税率
居民个人	1.居民个人工资、薪金所得					
	2.居民个人劳务报酬					
	3.居民个人稿酬所得					
	4.居民个人特许权使用费所得					
	5.居民个人综合所得					
非居民个人	6.非居民个人工资、薪金所得					
	7.非居民个人劳务报酬					
	8.非居民个人稿酬所得					
	9.非居民个人特许权使用费所得					
居民个人和非居民个人	10.经营所得					
	11.财产租赁所得					
	12.财产转让所得					
	13.利息、股息、红利所得					
	14.偶然所得					

编号	5-3-3	知识点	各项所得应纳税额的计算	日期	
姓名		学号		班级		评分	

1. 根据个人所得税法律制度的规定，下列各项中，属于专项扣除项目的有（　　）。
A. 基本医疗保险　　B. 基本养老保险　　C. 住房公积金　　D. 首套住房贷款利息支出

2. 根据个人所得税法律制度的规定，下列各项中，可以作为个人专项附加扣除的有（　　）。
A. 子女抚养　　B. 继续教育　　C. 赡养老人　　D. 子女教育

3. （判断题）个人综合所得中专项扣除、专项附加扣除和依法确定的其他扣除一个纳税年度扣除不完的，可以结转以后年度扣除。（　　）

4. 2020年2月，张某为李某提供一个月的钢琴培训，分别取得劳务报酬1 000元和3 000元。已知劳务报酬所得个人所得税预扣率为20%，每次收入不超过4 000元的，减除费用800元，计算张某当月钢琴培训劳务报酬应预缴个人所得税税额。

5. 2020年3月，王某出版一部小说，取得稿酬1万元。已知稿酬所得个人所得税预扣率为20%，每次收入超过4 000元的，减除20%的费用，计算王某当月稿酬所得应预缴个人所得税税额。

6. 2020年4月，周某转让一项专利权，取得转让收入16万元，专利开发支出2万元。已知特许权使用费所得个人所得税预扣率为20%，每次收入超过4 000元的，减除20%的费用。计算周某当月该笔收入应预缴个人所得税税额。

7. 某公司职工王某系中国公民，2020年王某取得工资收入8万元，在某大学授课取得收入4万元，出版著作一部，取得稿酬6万元，转让商标使用权，取得特许权使用费收入2万元。王某没有其他兄弟姐妹，王某个人缴纳"三险一金"2万元，赡养老人支出等专项附加扣除为2.4万元。假设无其他扣除项目，已知全年综合所得应纳税所得额超过36 000元至144 000元的，适用的税率为10%，速算扣除数为2 520，王某全年已预缴个人所得税2元，计算王某2020年汇算清缴应补或应退个人所得税税额。

8. 某非居民个人甲2020年6月从工作单位取得工资7 000元，加班费1 000元，奖金2 100元。已知工资、薪金所得减除费用标准为每月5 000元，全月应纳税所得额不超过3 000元的，适用税率为3%，超过3 000元至12 000元的，适用税率为10%，速算扣除数为210，计算甲当月工资、薪金所得应缴纳个人所得税税额。

续表

9.某非居民个人甲2020年7月为乙提供一个月的舞蹈培训，分别取得劳务报酬分别为1 000元和3 000元。已知劳务报酬所得每次应纳税所得额不超过3 000元的，适用税率为3%，超过3 000元至12 000元的，适用税率为10%，速算扣除数210，计算甲当月舞蹈培训劳务报酬应缴纳个人所得税税额。

10.某非居民个人甲2020年8月出版一部小说，取得稿酬1万元。已知稿酬所得每次应纳税所得额超过3 000元至12 000元的，适用税率为10%，速算扣除数为210，计算甲当月稿酬所得应缴纳个人所得税税额。

11.某非居民个人甲2020年9月转让一项专利权，取得转让收入15万元，专利开发支出1万元。已知特许权使用费所得每次应纳税所得额超过8万元的，适用税率为45%，速算扣除数为15 160，计算甲当月该笔收入应缴纳个人所得税税额。

12.（填空题）个体工商户张某2020年度取得营业收入200万元，当年发生业务宣传费25万元，上年度结转未扣除的业务宣传费15万元。已知业务宣传费不超过当年营业收入15%的部分，准予扣除，个体工商户张某在计算当年个人所得税应纳税所得额时，允许扣除的业务宣传费金额为（   ）万元。

13.2020年9月王某出租自有住房取得租金收入6 000元，房屋租赁过程中缴纳税费240元，支付该房屋的修缮费1 000元。已知个人出租住房个人所得税税费暂减按10%，每次收入4 000元以上的，减除20%的费用，计算王某当月出租住房应缴纳个人所得税税额。

14.2020年11月，孙某将一套三年前购入的普通住房出售，取得收入160万元，原值120万元，售房中发生合理费用1万元。已知财产转让所得个人所得税税率为20%，计算孙某出售该住房应缴纳个人所得税税额。

15.2020年5月，周某花费800元购买福利彩票，一次中奖30 000元，将其中10 000元直接捐赠给某敬老院。已知偶然所得个人所得税税率为20%，计算周某彩票中奖收入应缴纳个人所得税税额。

编号	5-3-4	知识点	居民个人综合所得应纳税额的计算	日期	
姓名		学号		班级	评分

【综合题一】

某企业员工钱某2019年全年每月应发工资、薪金收入10 000元,其中含有需要扣除上交的基本养老保险8%、基本医疗保险2%、失业保险0.5%、住房公积金12%。社保部门核定的钱某社保费缴费工资基数为8 000元。根据以上内容:

1. 计算钱某1—12月每月预扣预缴的个人所得税税额。
2. 计算钱某2019年应当缴纳的个人所得税税额。
3. 计算钱某2019汇算清缴应当缴纳的个人所得税税额。

编号	5-3-5	知识点	居民个人综合所得预扣预缴应纳税额的计算	日期	
姓名		学号		班级		评分	

【综合题二】

孙某夫妇同为青岛市某公司员工。根据以下信息计算孙某1—6月应当预扣预缴的应纳税额。

2019年孙某每月的工资收入为10 000元。

孙某每月工资"三险一金"的缴费比例合计为22.5%，社保局核定的缴费基数为8 000元。

孙某夫妇的儿子上初中，女儿上小学。

1月，孙某通过考试获得注册会计师职业资格证书。9月，孙某考取某校在职研究生。

2月，孙某的女儿和孙某先后生病，孙某的女儿医疗费个人负担的部分为1万元，孙某生病医疗费个人负担的部分为10万元。

3月，孙某夫妇在青岛公积金贷款100万元购买首套住房，月利息3 000元。第三年交房。

2018年12月孙某与房东签订住房租赁合同并一次性支付2019年全年租金24 000元。

孙某作为独生子每月支付已年过七旬的父母赡养费3 000元。

4月，孙某从某保险公司购买健康保险，每月支付保险金300元。

5月，孙某的公司开始为职工缴纳企业年金，为此每月从孙某工资中扣500元。

根据以上信息计算孙某1—6月应当预扣预缴的应纳税额。

编号	5-3-6	知识点	居民个人综合所得汇算清缴的计算	日期	
姓名		学号		班级	评分

【综合题三】

何某是服装公司一名模特，2019年收入情况如下：

1. 每月取得工薪收入7 000元，奖金8 000元，差旅费津贴9 000元，单位代扣代缴失业保险费100元、基本医疗保险费200元、基本养老保险费300元、住房公积金400元；

2. 3月参加非公司组织的农村文艺演出一次，取得收入3 000元，通过当地教育局向农村义务教育捐款2 000元；

3. 5月取得储蓄存款利息1万元；

4. 7月已经去世的父亲遗作出版，作为继承人，何某取得稿酬20万元；

5. 9月因汽车被盗获得保险赔款3万元；

6. 11月花费1 000元购买福利彩票，中奖10万元。

已知：何某父母均年满60周岁，可以专项附加扣除24 000元，个人工资、薪金所得减除费用标准为5 000元/月，偶然所得适用的个人所得税税率为20%。根据上述资料，不考虑其他因素，计算何某2019年个人所得税汇算清缴税额。

编号	5-3-7	知识点	非居民个人个人所得税的计算	日期	
姓名		学号		班级	评分

【综合题四】

某外籍个人2019年6月来华应聘一大型企业工作，2020年10月份的收入情况如下：

1. 工资收入为3万元，现金形式的伙食补贴1万元，实报实销住房补贴2万元；

2. 向某家公司转让专有技术一项，获得特许权使用费6万元，该技术研发成本2万元；

3. 为另外一家企业进行产品设计本月完成，分别在9月和10月各取得对方支付的报酬15万元；

4. 因汽车失窃，获得保险公司赔偿8万元；

5. 2020年8月在上海证券交易所购入甲上市公司股票20万股，2020年10月取得股息收入3万元，转让该股票，取得所得30万元；

6. 因科研项目获得省政府颁发的科技奖金4万元。

已知：个人工资、薪金所得减除费用标准为50 000元/月。根据上述资料，不考虑其他因素，分别计算该外籍个人以上所得应当缴纳的个人所得税。

任务四　个人所得税的申报管理

任务情境

陈某是北京某高校的一名大学生。

2019年3月，陈某获得国家励志奖学金1万元。陈某需要为此缴纳个人所得税吗？

2019年4月，陈某承包经营某实验室，每月取得收入1万元。陈某应当于何时申报缴纳个人所得税？

2019年5月，陈某开始将自己购买的一套校园外公寓对外出租，每月收取租金3万元。陈某应当于何时申报缴纳个人所得税？

2019年6月，陈某在国外某期刊发表论文，取得稿酬1万美元。陈某是否应当缴纳个人所得税？如果需要缴纳个人所得税的话，陈某应当于何时缴纳？

2019年6月，陈某取得某发达国家国籍，陈某准备注销中国户籍移居境外，陈某应当于何时向税务机关办理税款清算？

任务概要和任务目标

本任务学习我国个人所得税的纳税申报的自行申报纳税管理办法和全员全额扣缴申报纳税管理办法。对这两种申报方式的管理办法都要掌握。

任务相关知识

我国个人所得税的纳税申报有自行申报纳税和全员全额扣缴申报纳税两种方式。

一、自行申报纳税管理办法

1. 纳税人需要办理纳税申报的事项

有下列情形之一的，纳税人应当依法办理纳税申报：

1）取得综合所得需要办理汇算清缴；
2）取得应税所得没有扣缴义务人；
3）取得应税所得，扣缴义务人未扣缴税款；
4）取得境外所得；
5）因移居境外注销中国户籍；
6）非居民个人在中国境内从两处以上取得工资、薪金所得；
7）国务院规定的其他情形。

2. 取得综合所得需要办理汇算清缴的纳税申报

取得综合所得，并且符合下列情形之一的纳税人，应当依法办理汇算清缴：

1）从两处以上取得综合所得，且综合所得年收入额减除专项扣除后的余额超过6万元；
2）取得劳务报酬所得、稿酬所得、特许权使用费所得中一项或者多项所得，且综合所得年收入额减除专项扣除的余额超过6万元；
3）纳税年度内预缴税额低于应纳税额；
4）纳税人申请退税。

需要办理汇算清缴的纳税人，应当在取得所得的次年3月1日至6月30日内，向任职、受雇单位所在地主管税务机关办理纳税申报。纳税人有两处以上任职、受雇单位的，选择向其中一处任职、受雇单位所在地主管税务机关办理纳税申报；纳税人没有任职、受雇单位的，向户籍所在地或经常居住地主管税务机关办理纳税申报。

3. 取得经营所得的纳税申报

纳税人取得经营所得，按年计算个人所得税，由纳税人在月度或者季度终了后15日内向税务机关报送纳税申报表，并预缴税款；在取得所得的次年3月31日前办理汇算清缴。

4. 取得应税所得，扣缴义务人未扣缴税款的纳税申报

纳税人取得应税所得没有扣缴义务人的，应当在取得所得的次月15日内向税务机关报送纳税申报表，并缴纳税款。

5. 取得境外所得的纳税申报

居民个人从中国境外取得所得的，应当在取得所得的次年3月1日至6月30日内申报纳税。

6. 因移居境外注销中国户籍的纳税申报

纳税人因移居境外注销中国户籍的，应当在注销中国户籍前办理税款清算。

7. 非居民个人在中国境内从两处取得工资、薪金所得的纳税申报

非居民个人在中国境内从两处以上取得工资、薪金所得的，应当在取得所得的次月15日内申报纳税。

二、全员全额扣缴申报纳税管理办法

税法规定，个人所得税扣缴义务人向个人支付应税款项时，应当依照规定办理全员全额扣缴申报，并向纳税人提供其个人所得和已扣缴税款等信息。扣缴义务人是指向个人支付所得的单位或者个人。扣缴义务人必须依法履行个人所得税全员全额扣缴申报义务。

个人所得税全员全额扣缴申报，是指扣缴义务人向个人支付应税所得时，不论其是否属于本单位人员、支付的应税所得是否达到纳税标准，扣缴义务人应当在代扣税款的次月内，向主管税务机关报送其支付应税所得个人的基本信息、支付所得项目和数额、扣缴税款数额以及其他相关涉税信息。

1. 实行全员全额扣缴申报的应税所得范围

实行个人所得税全员全额扣缴申报的应税所得包括：

1）工资、薪金所得；
2）劳务报酬所得；
3）稿酬所得；
4）特许权使用费所得；
5）利息、股息、红利所得；
6）财产租赁所得；
7）财产转让所得；
8）偶然所得；
9）经国务院财政部门确定征税的其他所得。

2. 扣缴义务人的法定义务

1）扣缴义务人每月或者每次预扣、代扣的税款，应当在次月15日内缴入国库，并向税务机关报送《个人所得税扣缴申报表》。

2）居民个人向扣缴义务人提供有关信息并依法要求办理专项附加扣除的，扣缴义务人应当按照规定在工资、薪金所得按月预扣预缴税款时予以扣除，不得拒绝。

3）支付工资、薪金所得的扣缴义务人应当于年度终了后两个月内，向纳税人提供其个人所得和已扣缴税款等信息。纳税人年度中间需要提供上述信息的，扣缴义务人应当提供。

4）纳税人取得除工资、薪金所得以外的其他所得，扣缴义务人应当在扣缴税款后，及时向纳税人提供其个人所得和已扣缴税款等信息。

5）扣缴义务人依法履行代扣代缴义务，纳税人不得拒绝。纳税人拒绝的，扣缴义务人应当及时报告税务机关。

3.代扣代缴税款的手续费

对扣缴义务人按照规定扣缴的税款，按年付给2%的手续费，不包括税务机关、司法机关等查补或者责令补扣的税款。扣缴义务人领取的扣缴手续费可用于提升办税能力、奖励办税人员。

思政园地

【幸福一家人】

任务工单

编号	5-4	知识点	个人所得税的申报管理	日期	
姓名		学号		班级		评分	

1.根据个人所得税法律制度的规定，纳税人取得综合所得，应当依法办理汇算清缴的有（　）。

A.从两处以上取得综合所得，且综合所得年收入额超过6万元的

B.从两处以上取得综合所得，且综合所得年收入额减除专项扣除后的余额超过6万元的

C.取得劳务报酬所得、稿酬所得、特许权使用费所得中一项或者多项所得，且综合所得年收入额减除专项扣除的余额超过6万元的

D.纳税年度内预缴税额高于应纳税额的

2.（判断题）纳税人取得经营所得，按年计算个人所得税，由纳税人在季度终了后15日内向税务机关报送纳税申报表，并预缴税款；在取得所得的次年3月31日前办理汇算清缴。（　）

3.（判断题）纳税人取得应税所得没有扣缴义务人的，应当在取得所得的次月向税务机关报送纳税申报表，并缴纳税款。（　）

4.（判断题）居民个人从中国境外取得所得的，应当在取得所得的次年6月30日前申报纳税。（　）

5.（判断题）纳税人因移居境外注销中国户籍的，应当在注销中国户籍后3个月内办理税款清算。（　）

6.根据个人所得税法律制度的规定，下列关于个人所得税征收管理的说法中，错误的有（　）。

A.非居民个人取得工资薪金所得，应当在取得所得的次年3月1日至6月30日内办理汇算清缴

B.扣缴义务人每月扣缴的税款，税务机关应根据扣缴义务人所扣缴的税款，付给2%的手续费

C.纳税人取得应税所得没有扣缴义务人的应当在取得所得的次月15日内向税务机关报送纳税申报表，并缴纳税款

D.扣缴义务人未扣缴税款的纳税人应当在取得所得的次年3月1日至6月30日前，缴纳税款

7.陈某是北京某高校的一名大学生。

2019年3月，陈某获得国家励志奖学金1万元。陈某需要为此缴纳个人所得税吗？

答：

2019年4月，陈某承包经营某实验室，每月取得收入1万元。陈某应当于何时申报缴纳个人所得税？

答：

2019年5月，陈某开始将自己购买的一套校园外公寓对外出租，每月收取租金3万元。陈某应当于何时申报缴纳个人所得税？

答：

2019年6月，陈某在国外某期刊发表论文，取得稿酬1万美元。陈某是否应当缴纳个人所得税？如果需要缴纳个人所得税的话，陈某应当于何时缴纳？

答：

2019年6月，陈某取得某发达国家国籍，陈某准备注销中国户籍移居境外，陈某应当于何时向税务机关办理税款清算？

答：

8.（判断题）个人所得税全员全额扣缴申报，是指扣缴义务人向个人支付应税所得时，就本单位人员中支付的应税所得达到纳税标准的，扣缴义务人向主管税务机关报送相关涉税信息的活动。（　）

项目六

其他税收法律制度

项目简介

本项目由个十五个任务组成：

任务一　房产税法律制度。学习房产税的概念、征税范围、税率、纳税人、应纳税额的计算、税收优惠和征收管理。

任务二　契税法律制度。学习契税的概念、征税范围、计税依据、税率、纳税人、应纳税额的计算、税收优惠和征收管理。

任务三　土地增值税法律制度。学习土地增值税的概念、征税范围、计税依据、税率、纳税人、应纳税额的计算、税收优惠和征收管理。

任务四　城镇土地使用税法律制度。学习城镇土地使用税的概念、征税范围、计税依据、税率、纳税人、应纳税额的计算、税收优惠和征收管理。

任务五　车船税法律制度。学习车船税的概念、征税范围、税率、纳税人、应纳税额的计算、税收优惠和征收管理。

任务六　印花税法律制度。学习印花税的概念、征税范围、计税依据、税率、纳税人、应纳税额的计算、税收优惠和征收管理。

任务七　资源税法律制度。学习资源税的概念、征税范围、计税依据、税目、税率、纳税人、应纳税额的计算、税收优惠和征收管理。

任务八　城市维护建设税法律制度。学习城市维护建设税的概念、征税范围、税率、纳税人、应纳税额的计算、税收优惠和征收管理。

任务九　教育费附加法律制度。学习教育费附加的概念、计征依据、教育费附加率、教育费附加的计算和征收管理。

任务十　关税法律制度。学习关税的含义、征税范围、计税依据、税率、纳税人、应纳税额的计算、税收优惠和征收管理。

任务十一　环境保护税法律制度。学习环境保护税的含义、征税范围、计税依据、税率、纳税人、应纳税额的计算、税收优惠和征收管理。

任务十二　车辆购置税法律制度。学习车辆购置税的含义、征税范围、计税依据、税率、纳税人、应纳税额的计算、税收优惠和征收管理。

任务十三　耕地占用税法律制度。学习耕地占用税的含义、征税范围、计税依据、税率、纳税人、应纳税额的计算、税收优惠和征收管理。

任务十四　烟叶税法律制度。学习烟叶税的含义、征税范围、计税依据、税率、纳税人、应纳税额的计算、税收优惠和征收管理。

任务十五　船舶吨税法律制度。学习船舶吨税的概念、征税对象、计税依据、税率、纳税人、应纳税额的计算、税收优惠和征收管理。

项目目标

一、知识目标

1. 理解14种税和教育费附加的概念。
2. 掌握14种税的征税范围。
3. 掌握14种税的税率和教育费附加的附加率。
4. 掌握14种税的纳税人和教育费附加的缴纳人。
5. 能够正确计算14种税的应纳税额和教育费附加额。
6. 掌握14种税的税收优惠。
7. 掌握14种税和教育费附加的征收管理。

二、技能目标

1. 掌握14种税和教育费附加的计算方法,能够正确计算应纳税额和教育费附加额。
2. 掌握14种税和教育附加费的征收管理,能够正确申报缴纳相应税费。

三、素质目标

1. 培养人际沟通能力、合作共事能力和环境适应能力。
2. 培养较强的文字写作和口头表达能力。
3. 培养在实践中提高自己的处事能力、协作能力、领导能力和决策能力。

四、思政目标

1. 培养认真仔细、一丝不苟的敬业精神。
2. 培养耐心、细致、严谨的工作态度,成为受企业欢迎的人。
3. 树立专业自信心,培养持之以恒、积极进取、自强不息的精神素质。
4. 培养吃苦耐劳、勇于挑战、永不言败、永远向上的精神。

任务一　房产税法律制度

任务情境

2018年12月，牛大壮花费100万元在县城购置一套普通商品住宅。2019年7月1日，牛大壮将该套住房出租给某幼儿园，月租金5 000元。另外，牛大壮还将在10年前花费10万元在农村老家建成的住宅也从7月1日开始出租给本村村民从事家庭手工业，月租金1 000元。已知当地规定的房地产原值减除比例为20%，适用税率为1.2%，从租计征的适用税率为12%，问：牛大壮2019年应缴纳多少房产税？

任务概要和任务目标

房产税是对城镇经营性房屋的产权所有人征收的一种财产税。房产税实行比例税率，计税依据为房屋的计税余值或租金收入，应纳税额为计税依据和税率的乘积。房产税按年征收、分期缴纳。

房产税的税收优惠措施较多，但也有一定的规律可循，在学习中注意把握其中的规律。

学习本任务应当了解房产税的概念，掌握房产税的征税范围、税率、纳税人、应纳税额的计算、税收优惠和征收管理。

任务相关知识

房产税是一种古老的税种。《周礼》所称的"廛布"即为我国最初的房产税。唐朝的间架税，清朝初期的"市廛输钞""计檩输钞"，清末和民国时期的"房捐"等，都有房产税的性质。

1950年1月，政务院公布《全国税政实施要则》，规定全国统一征收房产税。1986年9月，国务院发布《中华人民共和国房产税暂行条例》，条例自1986年10月1日起施行。2011年1月，《中华人民共和国房产税暂行条例》进行了修订。①

【中华人民共和国房产税暂行条例】

一、房产税的概念

房产税是以房屋为征税对象，按房屋的计税余值或租金收入为计税依据，向产权所有人征收的一种财产税。房产税按年征收、分期缴纳。

二、房产税征税范围

房产税的征税对象为城镇的经营性房屋。这里的经营性房屋包括以下三层含义：

1）这里的"房屋"是指有屋面和围护结构，能够遮风避雨，可供人们在其中生产、学习、工作、娱乐、居住或储藏物资的场所。房屋附属的给排水管道、电梯、暖气设备、中央空调等设施属于以房屋为载体不可移动的附属设施，应计入房产原值，计征房产税。独立于房屋外的围墙、暖房、水塔、烟囱、室外游泳池等建筑物不属于这里的房屋，不计征房产税。

2）这里的"经营性"是指房屋被用来进行商业服务、生产经营（办公）等各类经营性活动。"经营性房屋"是指利用房屋进行各类商业服务、生产经营（办公）等经营性活动的房屋。

---

① 参考百度百科：房产税。https://baike.baidu.com/item/%E6%88%BF%E4%BA%A7%E7%A8%8E/977659?fr=aladdin。

国家机关、人民团体、军队等单位不属于经济营利组织，其自用的房产不属于经营性房屋，不属于房产税的征税范围，但是如果上述单位的房产用于出租从事经营活动，就属于房产税的征税范围。同样，个人的住宅自用的不征收房产税，但是如果用于出租经营的，就属于房产税的征税范围。

3）这里的"城镇"是指城市（包括城市郊区，不包括农村）、县城、建制镇和工矿区。

三、房产税计税依据

1）房产税依照房产原值一次减除10%至30%后的余值计算缴纳。具体减除幅度，由省、自治区、直辖市人民政府规定。

2）房产出租的，以房产租金收入为房产税的计税依据。房产租金收入不含增值税。

3）对于以房产投资联营，投资者参与投资利润分红，共担风险的情况，按房产原值作为计税依据计征房产税。对于以房产投资，收取固定收入，不承担联营风险的情况，实际上是以联营名义取得房产的租金，由出租方按租金收入计缴房产税。

四、房产税税率

房产税的税率，依照房产余值计算缴纳的，税率为1.2%。依照房产租金收入计算缴纳的，税率为12%。

五、房产税应纳税额的计算

1）从价计征的，按房产原值一次减除10%至30%后的余值计算。计算公式为：

年应纳税额＝房产账面原值×（1−扣除比例）×1.2%

2）从租计征的，按租金收入计算，计算公式为：

年应纳税额＝年租金收入×12%

六、房产税纳税人

房产税由产权所有人缴纳。产权属于国家所有的，其经营管理单位为纳税人。产权属于集体和个人的，集体单位和个人为纳税人。产权出典的，由承典人缴纳。产权所有人、承典人不在房产所在地的，或者产权未确定及租典纠纷未解决的，由房产代管人或者使用人缴纳。

七、房产税税收优惠

1）国家机关、人民团体、军队自用的房产免征房产税，但这些单位出租的房产应照章纳税。

2）由国家财政部门拨付事业经费的单位自用的房产免征房产税，但这些单位附属的工厂、商店、招待所等不属于公务、业务的用房应照章纳税。

3）宗教寺庙、公园、名胜古迹自用的房产免征房产税，但经营用的房产不予免征。

4）个人所有非营业用的房产免征房产税，但个人拥有的营业用房或出租的房产，应照章纳税。

5）对行使国家行政管理职能的中国人民银行总行所属分支结构自用的房地产，免征房产税。

6）从2001年1月1日起，对个人按市场价格出租的居民住房，用于居住的，可暂减按4%的税率征收房产税。

7）经财政部批准免税的其他房产：

①老年服务机构自用的房产免税。

②损坏不堪使用的房屋和危险房屋，经有关部门鉴定，在停止使用后，可免征房产税。

③纳税人因房屋大修导致连续停用半年以上的，在房屋大修期间免征房产税。

④在基建工地为基建工地服务的各种工棚、材料棚、休息棚和办公室、食堂、茶炉房、汽车房等临时性房屋，在施工期间，一律免征房产税。

⑤对高校学生公寓免征房产税。

⑥对非营利性的医疗机构、疾病控制机构和妇幼保健机构等卫生机构自用的房产，免征房产税。

⑦从2001年1月1日起，对按照政府规定价格出租的公有住房和廉租住房，包括企业和自收自支的事业

单位向职工出租的单位自有住房、房管部门向居民出租的私有住房等，暂免征收房产税。

⑧向居民供热并向居民收取采暖费的供热企业的生产用房，暂免征收房产税。

⑨对专门经营农产品的农产品批发市场、农贸市场使用（包括自有和承租）的房产暂免征收房产税。

⑩自2019年1月1日至2021年12月31日，对国家级、省级科技企业孵化器、大学科技园和国家备案众创空间自用以及无偿或通过出租等方式提供给在孵对象使用的房产、土地，免征房产税和城镇土地使用税。

八、房产税征收管理

（一）房产税纳税义务发生时间

房产税具体纳税义务发生时间如下：

1）将原有房产用于生产经营，从生产经营之月起，缴纳房产税。

2）自行新建房屋用于生产经营，从建成之次月起，缴纳房产税。

3）委托施工企业建设的房屋，从办理验收手续之次月起（此前已使用或出租、出借的新建房屋，应从使用或出租、出借的当月起），缴纳房产税。

4）纳税人购置新建商品房，自房屋交付使用之次月起，缴纳房产税。

5）购置存量房，自办理房屋权属转移、变更登记手续，房地产权属登记机关签发房屋权属证书之次月起，缴纳房产税。

6）纳税人出租、出借房产，自交付出租、出借房产之次月起，缴纳房产税。

7）房地产开发企业自用、出租、出借自建商品房，自房屋使用或交付之次月起，缴纳房产税。

8）因房产的实物或权利状态发生变化而依法终止房产税纳税义务的，其应纳税款的计算应截止到房产的实物或权利状态发生变化的当月末。

（二）房产税纳税地点

房产税由房产所在地的税务机关征收，房产不在一地的纳税人，应按房产的坐落地点，分别向房产所在地的税务机关缴纳房产税。

（三）房产税纳税期限

房产税按年征收、分期缴纳。纳税期限由省、自治区、直辖市人民政府规定。

思政园地

海瑞"收礼"

明穆宗即位后，任命海瑞为右佥都御史，统管南京十郡。海瑞还未上任，南京城的豪强地主便思谋着给新官送礼。他们四处打探海瑞的喜好、品性，以便送礼求个方便。但是，他们得到的答复令他们大失所望，海瑞是个清官。然而南京城内赫赫有名的绸缎庄钱老板就不信这个邪。"有钱能使鬼推磨。"钱老板想大概以前那些人送的礼太少，海瑞看不上。于是钱老板准备了一万两黄金，在一个月白风清之夜，来到海瑞府上拜访。一阵寒暄之后，钱老板说是送给海瑞一匹绸缎，做几套衣服，钱老板反复强调绸缎上有瑕，卖不出去……过了两天，有官差找钱老板，说是海瑞有请。钱老板大喜，忙穿戴一新。到了知府内，钱老板发现南京城内的富豪会聚一堂，不由暗自庆幸自己识时务。钱老板正在得意之际，海瑞走了进来。客厅里一下子安静下来。海瑞先是讲了几句客套话，忽然题锋一转，阐述清地亩均赋徭，行"一条鞭法"的意义、作用。最后海瑞拿出一张税票，走到钱老板身旁，亲切地拍拍钱老板的肩膀，夸奖钱老板深明大义主动补缴欠税，"这是我上任以来收到的最好的礼物。"海瑞道。钱老板接过海瑞递过来的写着一万两税金的税票，顿觉身上大汗淋漓……

任务工单

编号	6-1-1	知识点	房产税法律制度（综合）	日期	
姓名		学号		班级		评分	

1.概念	

2.征税范围	
	【练习题】根据房产税法律制度的规定，下列各项中，需缴纳房产税的是（　　）。 　　A.行政机关所属的招待所使用的房产　　　　B.某森林公园出租给饮食连锁店的建筑 　　C.施工期间施工企业在基建工地搭建的临时办公用房　　D.邮政部门设在农村的门市部房产

3.纳税人	征税范围内的房屋产权所有人

4.计税依据及税率	房屋没有用于出租的：	房屋用于出租的：
	房产用于投资的：	
	【练习题】甲企业以房产进行投资联营，共担风险，并参与被投资企业的利润分红，则房产税的计税依据为（　　）。 　　A.取得的分红　　　B.房产市值　　　C.房产原值　　　D.房产余值	

5.应纳税额的计算	应纳税额= 　　【练习题】纺纱厂2019年度生产经营用房原值1 200万元；幼儿园用房原值40万元；出租房屋原值60万元，年租金8万元。已知房产原值减除比例为20%，房产税税率从价计征的为1.2%，从租计征的为12%，计算该企业当年应缴纳房产税税额。

6.征收管理	1.纳税义务发生时间	1.当月	2.次月起
	2.纳税期限		
	3.纳税地点		

编号	6-1-2	知识点	房产税法律制度（综合）	日期	
姓名		学号		班级	评分	

1.（判断题）房产税的征税对象是房屋，为房屋配套的水塔应当计入房屋原值一并征税。（　）

2.根据房产税法律制度的规定，下列各项中，属于房产税征税对象的有（　）。
A.工厂围墙　　　　B.宾馆的室外游泳池　　　　C.水塔　　　　D.企业职工宿舍

3.根据房产税法律制度的规定，下列各项中需缴纳房产税的是（　）。
A.某市的露天游泳池　　　　B.工矿区内的砖瓦石灰窑
C.建制镇内的房屋　　　　D.房地产开发企业开发的待售商品房

4.（判断题）对个人出租住房，不区分用途，按4%的税率征收房产税。（　）

5.（判断题）根据规定，我国现行房产税采用比例税率和定额税率两种形式。（　）

6.甲企业以房产进行投资联营，每年收取20万元的固定收益，共担风险，并参与被投资企业的利润分红，则房产税的计税依据为（　）。
A.20万元固定收益　　　B.房产市值　　　C.房产原值　　　D.房产余值

7.根据房产税法律制度的规定，下列各项中，需缴纳房产税的是（　）。
A.日照市政府所属的招待所使用的房产
B.日照森林公园用于公共游览参观的建筑
C.施工期间施工企业在基建工地搭建的临时办公用房
D.邮政部门坐落在城镇、工矿区以外的房产

8.根据房产税法律制度的规定，下列说法中，表述正确的是（　）。
A.房地产开发企业建造的商品房，在出售前，一般不征收房产税
B.纳税单位无租使用免税单位的房产，应由使用人代为缴纳房产税
C.居民住宅区内业主共有的经营性房产，由实际经营的代管人或使用人缴纳房产税
D.产权所有人、承典人不在房产所在地的，免交房产税

9.根据房产税法律制度的规定，下列表述中，正确的有（　）。
A.房产产权出典的，出典人为房产税的纳税人
B.房产产权属于个人所有的，个人为房产税的纳税人
C.房产产权属于集体所有的，集体单位为房产税的纳税人
D.房产产权属于国家所有的，其经营管理单位为房产税的纳税人

10.根据房产税法律制度的规定，下列说法中，正确的有（　）。
A.产权出典的，由出典人纳税
B.产权属国家所有的，由经营管理单位纳税
C.产权所有人、承典人不在房屋所在地的，由房屋代管人或者使用人纳税
D.产权未确定及租典纠纷未解决的，由房产代管人或者使用人纳税

11.根据房产税法律制度的规定，下列表述中，符合法律制度规定的是（　）。
A.甲企业无租使用他人房产，由出租人缴纳
B.房屋产权所有人不在房产所在地的，房产代管人为纳税人
C.刘某将个人拥有产权的房屋出典给李某，则李某为该房屋房产税的纳税人
D.房屋产权未确定的，房产代管人为纳税人

12.某公司2019年将一处房产用于投资联营（收取固定收入，不承担联营风险），当年取得固定收入160万元。该房产原值3 000万元，当地政府规定的房产计税余值的扣除比例为30%，计算该公司2019年应缴纳的房产税。

13.某市企业2018年度生产经营用房原值12 000万元；幼儿园用房原值400万元；出租房屋原值600万元，年租金80万元。已知房产原值减除比例为30%，房产税税率从价计征的为1.2%，从租计征的为12%，计算该企业当年应缴纳房产税税额。

14.金某在市区拥有三套房产，一套自住，房产原值100万元；一套按照市场价格出租给李某居住，房产原值60万元，每月租金5 000元；还有一套出租给甲公司办公使用，房产原值150万元，每月租金15 000元；上述租赁房产的期限均为2019年全年。另外，金某在农村还有一套别墅，造价160万元，目前用于出租，年租金10万元。当地规定的房产税扣除比例为30%，计算金某2019年应缴纳房产税税额。

15. 2018年12月，牛大壮花费100万元在县城购置一套商品住宅。2019年7月1日，牛大壮将该套住房出租给某幼儿园，月租金5 000元。另外，牛大壮还将在10年前花费10万元在农村老家建成的住宅也从7月1日开始出租给本村村民从事手工业加工，月租金1 000元。已知当地规定的房地产原值减除比例为20%，适用税率为1.2%，从租计征的适用税率为12%，问：牛大壮2019年应缴纳多少房产税？

16.根据房产税法律制度的规定，下列说法中，正确的有（　　）。
A.房产税的征税范围为城市、县城、建制镇、农村和工矿区的房屋
B.给排水管道、电梯、暖气设备、中央空调属于以房屋为载体不可移动的附属设施，应计入房产原值，计征房产税
C.从价计征的房产税，以房产原值为计税依据
D.房产税在房产所在地缴纳

17.根据房产税法律制度的规定，下列选项中，符合房产税纳税义务发生时间规定的有（　　）。
A.纳税人将原有房产用于生产经营，从生产经营之次月起，缴纳房产税
B.纳税人自行新建房屋用于生产经营，从建成之次月起，缴纳房产税
C.纳税人委托施工企业建设的房屋，从办理验收手续之月起，缴纳房产税
D.纳税人购置新建商品房，自房屋交付使用之次月起，缴纳房产税

18.根据房产税法律制度的规定，下列各项中，免征房产税的是（　　）。
A.高校学生公寓   B.个人所有的营业用房产
C.企业用于投资联营，收取固定利润，不承担联营风险的房产   D.国家机关用于出租的房产

19.根据房产税法律制度的规定，下列说法中，正确的有（　　）。
A.老年服务机构自用房产免征房产税
B.个人所有的非营业用房产免征房产税
C.国家外汇管理局所属分支机构自用的房产免征房产税
D.对邮政部门坐落在城市、县城、建制镇、工矿区范围内的房产免征房产税

任务二　契税法律制度

任务情境

2018年12月，牛大壮花费100万元在县城购置85平方米住宅一套。2020年1月1日，牛大壮将该套商品住宅以120万元的价格出售给马大富，马大富购入后用该套住房和一辆价值10万元的宝马牌小汽车与朱大贵价值130万元的住房进行交换，朱大贵购入住房后对该商品房进行翻建，花费100万元。以上房屋皆为本人家庭首套唯一住房。问：牛大壮、马大富、朱大贵各需缴纳多少契税？

任务概要和任务目标

契税属于财产转移税，是在土地、房屋权属转移时向土地、房屋承受者征收的一种税，契税的征税对象是对在中华人民共和国境内转移土地、房屋权属的行为。契税的计税依据通常为土地、房屋的成交价格。契税按比例征税，应纳税额为计税依据和税率的乘积。

契税纳税义务发生时间为纳税人签订土地、房屋权属转移合同或者取得土地、房屋权属凭证的当天，纳税人应当自纳税义务发生之日起10日内办理纳税申报手续，并在核定的期限内缴纳税款。

本任务应当掌握契税的概念、征税范围、计税依据、税率、纳税人、应纳税额的计算、税收优惠和征收管理，应该能够正确地计算契税的应纳税额。

任务相关知识

中国契税起源于东晋时期的"估税"。当时规定，凡买卖田宅、奴婢、牛马，立有契据者，每一万钱交易额官府征收四百钱即税率为4%，其中卖方缴纳3%，买方缴纳1%。北宋开宝二年（公元969年），开始征收印契钱（性质上是税，只是名称为钱）。这时不再由买卖双方分摊，而是由买方缴纳了。从此，开始以保障产权为由征收契税。以后历代封建王朝都对土地、房屋的买卖、典当等产权变动征收契税。由于契税是以保障产权的名义征收的，长期以来都是纳税人自觉向政府申报投税，请求验印或发给契证，因此，契税在群众中影响较深，素有"地凭文契官凭印""买地不税契，诉讼没凭据"的谚语。

中华人民共和国成立后，政务院于1950年发布《契税暂行条例》，规定对土地、房屋的买卖、典当、赠与和交换征收契税。1997年7月7日，国务院发布了《中华人民共和国契税暂行条例》，并于同年10月1日起开始实施。2020年8月11日，第十三届全国人民代表大会常务委员会第二十一次会议通过了《中华人民共和国契税法》，将于2021年9月1日开始施行，届时《中华人民共和国契税暂行条例》将同时废止。①

【中华人民共和国契税暂行条例】

【中华人民共和国契税法】

一、契税的概念

契税是土地、房屋权属转移时按照契约向土地、房屋承受者征收的一种税。

---

① 百度百科：契税. https://baike.baidu.com/item/%E5%A5%91%E7%A8%8E/577946?fr=aladdin.

二、契税的征税范围

契税,对在中华人民共和国境内转移土地、房屋权属的行为征税,契税的征税对象是对在中华人民共和国境内转移土地、房屋权属的行为,契税属于财产转移税。

境内是指中华人民共和国实际税收行政管辖范围内。转移土地、房屋权属是指转移土地使用权和房屋所有权,具体包括下列行为:

1)国有土地使用权出让;
2)土地使用权转让,包括出售、赠与和交换,不包括农村集体土地承包经营权的转移;
3)房屋买卖;
4)房屋赠与;
5)房屋交换。

以作价投资(入股)、偿还债务、划转、奖励等方式转移土地、房屋权属的,也属于转移土地使用权和房屋所有权的行为,应当征收契税。

三、契税的计税依据

土地、房屋权属转移行为不同,其契税计税依据也不相同。

1)国有土地使用权出让、土地使用权出售、房屋买卖的,计税依据为土地或房屋的成交价格。
2)土地使用权赠与、房屋赠与的,计税依据为由征收机关参照土地使用权出售、房屋买卖的市场价格核定的金额。
3)土地使用权交换、房屋交换的,计税依据为交换的差额。
4)先以划拨方式取得土地使用权,后经批准改为出让方式取得该土地使用权的,计税依据为应补缴的土地出让金和其他出让费用。

成交价格明显低于市场价格并且无正当理由的,或者所交换土地使用权、房屋的价格的差额明显不合理并且无正当理由的,由征收机关参照市场价格核定。

四、契税的税率

契税实行3%~5%的幅度税率。各省、自治区、直辖市人民政府在幅度税率规定范围内决定本地适用的税率。

五、契税应纳税额的计算

契税采用比例税率。应纳税额的计算公式为:

$$应纳税额 = 计税依据 \times 税率$$

应纳税额以人民币计算。转移土地、房屋权属以外汇结算的,按照纳税义务发生之日中国人民银行公布的人民币市场汇率中间价折合成人民币计算。

六、契税的税收优惠

1)国家机关、事业单位、社会团体、军事单位承受土地、房屋用于办公、教学、医疗、科研和军事设施的,免征契税。
2)城镇职工按规定第一次购买公有住房的,免征契税。
3)因不可抗力灭失住房而重新购买住房的,酌情减免。不可抗力是指自然灾害、战争等不能预见、不可避免,并不能克服的客观情况。
4)土地、房屋被县级以上人民政府征用、占用后,重新承受土地、房屋权属的,由省级人民政府确定是否减免。
5)承受荒山、荒沟、荒丘、荒滩土地使用权,并用于农、林、牧、渔业生产的,免征契税。
6)经外交部确认,依照中国有关法律规定以及中国缔结或参加的双边和多边条约或协定,应当予以免税的外国驻华使馆、领事馆、联合国驻华机构及其外交代表、领事官员和其他外交人员承受土地、房屋权属。

7）个人购买普通住房契税优惠。

①对个人购买家庭唯一住房（家庭成员范围包括购房人、配偶以及未成年子女，下同），面积为90平方米及以下的，减按1%的税率征收契税；面积为90平方米以上的，减按1.5%的税率征收契税。

②除北京市、上海市、广州市、深圳市外，个人购买家庭第二套改善性住房，面积为90平方米及以下的，减按1%的税率征收契税；面积为90平方米以上的，减按2%的税率征收契税。家庭第二套改善性住房是指已拥有一套住房的家庭，购买的家庭第二套住房。

七、契税的纳税人

契税的纳税义务人是承受境内转移土地、房屋权属的单位和个人。

单位是指企业单位、事业单位、国家机关、军事单位和社会团体以及其他组织，个人是指个体经营者及其他个人，包括中国公民和外籍人员。

八、契税的征收管理

（一）纳税义务发生时间

契税的纳税义务发生时间，为纳税人签订土地、房屋权属转移合同的当天，或者纳税人取得其他具有土地、房屋权属转移合同性质凭证的当天。

（二）纳税地点

纳税人应当向土地、房屋所在地的契税征收机关办理纳税申报。

（三）纳税期限

纳税人应当自纳税义务发生之日起10日内，向契税征收机关办理纳税申报，并在契税征收机关核定的期限内缴纳税款。

思政园地

林则徐减税赈灾为民请命[①]

清道光十三年，林则徐任江苏巡抚，江南发生特大水灾。林则徐找到上司两江总督陶澍，经商量后他俩决定联衔上疏，请求朝廷缓征江南漕赋，拨发赈银，以解民困。正在这时突然接到皇帝谕旨，圣旨中严斥："近来江苏等省几乎无岁不缓、无年不赈，国家经费有常，岂容以展缓旷典，年复一年，视为相沿成例？"可见皇帝是已知有灾先发制人，下达圣旨不准下属上疏缓征税粮。林则徐接到圣旨，彻夜难眠。第二天与众官员商议此事，无一人敢联衔上疏请求缓征。林则徐冒着丢掉官职和脑袋的风险，以个人名义挥笔单衔上疏，在奏章中如实奏明灾情的严重。奏章送到京都后，总督陶澍在复奏中也替林则徐说了不少实话，支持其缓征粮税的观点。道光皇帝面临实际灾情困境，再加上林则徐奏章中"上筹国计，下恤民生"等言词很有道理，故而批下了"准予暂缓征收"的圣旨。暂缓征收的圣旨下达后，很多受灾百姓来到巡抚衙门表示感谢，并表示回去要自觅生路，生产自救以报答林大人为民请命之恩。

[①] 彭安才.林则徐治税为民的故事[J].税收征纳，2014（01）.

任务工单

编号	6-2-1	知识点	契税法律制度（综合）	日期	
姓名		学号		班级	评分

1.概念	

2.征税范围	征税范围	排除

3.纳税人	

4.税收优惠	

5.计税依据	不动产价格	出让、出售、买卖	
		赠与	
		交换	
		以划拨方式取得土地使用权，经批准转让房地产	

6.税率	

7.应纳税额的计算	应纳税额=
	甲企业拥有经营性房屋A，价格为200万元，乙企业拥有经营性房屋B，价格为130万元。甲、乙两企业将A、B房屋互换，当地契税税率为3%，应当由哪一方缴纳契税？交多少？

8.征收管理	1.纳税义务发生时间	
	2.纳税期限	
	3.纳税地点	

编号	6-2-2	知识点	契税法律制度（综合）	日期	
姓名		学号		班级	评分

1.根据契税法律制度的规定，下列选项中，属于契税纳税人的是（　　）。
A.出让土地使用权的某市税务局　　B.销售别墅的某房地产有限公司
C.对外捐赠房屋的某工业企业　　D.购买花园别墅的某企业主

2.根据契税法律制度的规定，下列各项中，应征收契税的是（　　）。
A.法定继承人承受房屋权属　　B.企业以行政划拨方式取得土地使用权
C.承包者获得农村集体土地承包经营权　　D.运动员因成绩突出获得国家奖励的住房

3.根据契税法律制度的规定，下列行为属于契税征税范围的有（　　）。
A.国有土地使用权出让　　B.国有土地使用权转让　　C.房屋买卖　　D.房屋出租

4.根据契税法律制度的规定，下列各项中，可依法减免契税的有（　　）。
A.某医院购买的医疗大楼　　B.某村民承受本村一片荒山土地使用权，用于开发果园
C.某职工为改善住房条件而新买的商品房　　D.某企业刚收购的办公大楼

5.根据契税法律制度的规定，下列说法中，不正确的是（　　）。
A.转让土地和房屋权属的一方为契税的纳税人
B.以获奖方式取得房屋产权的，实质是接受赠与房产，应照章纳税
C.契税属于财产转移税
D.翻建新房的应照章缴纳契税

6.根据契税法律制度的规定，纳税人发生下列行为，免征契税的是（　　）。
A.以实物交换房屋　　B.以获奖方式取得房屋产权
C.同一公司所属全资子公司之间土地、房屋权属的划转　　D.接受赠与房屋

7.根据税收法律制度的规定，下列各项中，属于契税纳税人的是（　　）。
A.向养老院捐赠房产的甲　　B.承租住房的乙　　C.购买商品房的丙　　D.出售商铺的丁

8.（判断题）境内承受转移土地、房屋权属的单位和个人为契税的纳税人，但不包括外商投资企业和外国企业。（　　）

9.（判断题）纳税人承受荒山、荒沟、荒丘、荒滩土地使用权，用于农、林、牧、渔业生产的，免征契税。（　　）

10.关于契税计税依据的下列表述中，符合法律制度规定的有（　　）。
A.受让国有土地使用权的，以成交价格为计税依据
B.受赠房屋的，由征收机关参照房屋买卖的市场价格规定计税依据
C.购入土地使用权的，以评估价格为计税依据
D.交换土地使用权的，以交换土地使用权的价格差额为计税依据

11.（填空题）契税纳税人应当自纳税义务发生之日起（　　）内，向（　　）的契税征收机关办理纳税申报，并在契税征收机关核定的期限内缴纳税款。

12.2018年8月，李某以价值40万元（不含增值税，下同）的字画和价值60万元的房屋与张某一套价值150万元的房产进行交换，李某另支付差价款50万元。已知当地的契税税率为5%，则李某应缴纳契税（　　）万元。
A.1　　B.3　　C.5　　D.4.5

13.甲企业将原值为28万元的房产作价30万元（不含增值税，下同）投资于乙企业，乙企业办理产权登记后又与丙企业等价交换其30万元的房产，当地契税税率为3%，则下列表述正确的是（　　）。
A.甲企业应缴纳契税2.1万元　　B.乙企业应缴纳契税0.9万元
C.丙企业应缴纳契税0.9万元　　D.乙企业应缴纳契税0万元

14.根据契税法律制度的规定,下列关于契税征收管理的表述中,正确的有( )。
A.契税的纳税义务发生时间是纳税人签订土地、房屋权属转移合同的当天
B.契税实行属地征收管理
C.纳税人应向土地、房屋所在地的税务征收机关申报纳税
D.纳税人应当自纳税义务发生之日起15日内向税务机关办理纳税申报

15.甲原有两套相同的住房,2020年1月,将其中一套无偿赠送给同学乙,将另一套以市场价格60万元与丙的住房进行了等价置换,又以100万元价格购置了一套新住房。已知契税的税率为3%,根据契税法律制度的规定,下列说法正确的有( )。
A.甲应缴纳契税3万元   B.甲应缴纳契税4.8万元
C.乙应缴纳契税1.8万元   D.乙无须缴纳契税

16.甲、乙两单位互换经营性用房,甲换入的房屋价格为100万元,乙换入的房屋价格为300万元,当地契税税率为3%,则对契税的缴纳说法正确的是( )。
A.甲应缴纳契税3万元   B.甲应缴纳契税4万元
C.乙应缴纳契税4万元   D.乙应缴纳契税9万元

17.(判断题)契税纳税人应当自纳税义务发生之日起7日内,向土地、房屋所在地的税收征收机关办理纳税申报,并在税收征收机关核定的期限内缴纳税款。( )

18.根据契税法律制度的规定,下列关于契税征收管理的表述中,正确的有( )。
A.契税的纳税义务发生时间是纳税人签订土地、房屋权属转移合同的当天
B.契税实行属地征收管理
C.纳税人应向土地、房屋所在地的税务征收机关申报纳税
D.纳税人应当自纳税义务发生之日起15日内向税务机关办理纳税申报

19.根据契税法律制度的规定,下列各项中,符合契税有关规定的有( )。
A.城镇职工按规定第一次购买公有住房,减按1%征收契税
B.契税在土地、房屋所在地的征收机关缴纳
C.契税的纳税义务发生时间是纳税人签订土地、房屋权属转移合同的当天
D.以获奖方式取得房屋产权的,其实质是接受赠与房产,应照章缴纳契税

20.根据契税法律制度的规定,下列关于契税纳税义务发生时间的表述中,正确的有( )。
A.取得土地权属转移合同性质凭证的当天   B.签订房地产权属转移合同的当天
C.签订土地权属转移合同的当天   D.缴纳房地产预付款的当天

21.根据契税法律制度的规定,对于个人购买住房的减免税政策叙述正确的有( )。
A.个人购买家庭唯一住房无须缴纳契税
B.对个人购买家庭唯一住房均减按1%的税率征收契税
C.对个人购买家庭唯一住房,面积为90平方米以上的,减按1.5%的税率征收契税
D.对个人购买家庭第二套改善性住房,减按1.5%的税率征收契税
E.对个人购买家庭第二套改善性住房,面积为90平方米及以下的,减按1%的税率征收契税

任务三　土地增值税法律制度

任务情境

某机械厂分别以100万元的价格出售已经购买使用了3年零11个月的甲、乙、丙三座厂房,三座厂房的账面原值都为50万元,分别累计折旧20万元。三座厂房的土地性质为商业用地,且都无法提供土地出让金的支付原始凭证等资料。甲厂房评估土地价值为20万元,按照成本法对于写字楼进行评估,重置成本为60万元,成新率50%。乙厂房无评估价值,但尚有原始购买发票,发票金额为50万元。丙厂房既无评估价值,也没有原始购买发票。机械厂为甲、乙、丙三座厂房分别支付与转让房地产有关的税金5万元,转让有关费用1万元,另外为甲厂房单独支付评估费1万元。

机械厂销售甲、乙、丙三座厂房分别应当缴纳多少土地增值税?

任务概要和任务目标

土地增值税是对有偿转让国有土地使用权、地上建筑物及其附着物并取得增值的单位和个人征收的一种税,对无偿转让的不征税。

土地增值税的计税依据为纳税人取得的增值额,纳税人取得的增值额为纳税人转让房地产取得的收入减除规定扣除项目后的余额。增值额取决于两个因素,即纳税人转让房地产取得的收入和规定的扣除项目。

纳税人转让房地产所取得的收入包括转让房地产的全部价款及有关的经济收益,包括货币收入、实物收入和其他收入。

关于规定的扣除项目,内容比较复杂。

首先,在总体上包括土地款(取得土地使用权所支付的金额)、房地产开发成本(开发土地和新建房及配套设施的成本)、房地产开发费用(开发土地和新建房及配套设施的费用)、与转让房地产有关的税金以及财政部规定的其他扣除项目(专门针对房地产开发企业的加计扣除优惠项目)等五大块。

其次,针对房地产公司新开发项目、非房地产公司新开发项目及销售旧房产等三种不同的房地产转让情况,扣除项目及其金额有所不同。

针对房地产公司新开发的项目,扣除项目为上面提及的五大块。

针对非房地产公司新开发的项目,没有财政部规定的其他扣除项目一块,因为这一块是专门针对房地产开发企业的。

针对旧房地产有偿转让,又分为房产有评估价格、没有评估价格但有购入发票和既没有评估价格也没有购入发票等三种不同的转让情形。

对于有评估价格的,规定的扣除项目为取得土地使用权所支付的地价款(相当于土地款)、房屋及建筑物的评估价格(相当于实际的房地产开发成本和开发费用)、按国家统一规定交纳的有关费用(因为评估而产生的符合规定的评估费)、转让环节缴纳的税金。

对于不能取得评估价格,但能提供购房发票的,扣除项目及其金额为加计扣除的发票所载金额(相当于土地款和房地产开发成本和费用)、与旧房地产转让有关费用和与旧房地产转让有关的税金。

对既没有评估价格,又不能提供购房发票的情况,地方税务机关可以根据规定,实行核定征收。

土地增值税实行四级超率累进税率,其应纳税额为每级距增值额和对应税率乘积的和,在实际计算中,应纳税额采用以增值额乘以适用的税率减除扣除项目金额乘以速算扣除系数的简便计算方法进行计算。

对房地产公司的房地产开发项目,符合土地增值税清算条件的,纳税人应当按照规定及时办理土地增值税清算手续,结清该项目应当缴纳的土地增值税税款。

纳税人应当在签订转让房地产合同后七日内申报缴纳土地增值税。

本任务应当了解土地增值税的概念；掌握土地增值税的征税范围、计税依据、税率、纳税人、应纳税额的计算、税收优惠和征收管理，能够正确计算和缴纳土地增值税。

任务相关知识

1993年中华人民共和国国务院发布了第138号令，公布了《中华人民共和国土地增值税暂行条例》。根据《中华人民共和国土地增值税暂行条例》的第十四条规定，财政部制定了《中华人民共和国土地增值税暂行条例实施细则》，实施细则是关于土地增值税条例的细则。条例和实施细则分别自1994年1月1日起施行。

【中华人民共和国土地增值税暂行条例】

【《中华人民共和国土地增值税暂行条例实施细则》】

【土地增值税实务】

一、土地增值税的概念

土地增值税是指有偿转让国有土地使用权、地上的建筑物及其附着物并取得收入的单位和个人，以转让所取得的收入包括货币收入、实物收入和其他收入减去法定扣除项目金额后的增值额为计税依据向国家缴纳的一种税赋，不包括以继承、赠与方式无偿转让房地产的行为。

国有土地，是指按国家法律规定属于国家所有的土地。地上的建筑物，是指建于土地上的一切建筑物，包括地上地下的各种附属设施。附着物，是指附着于土地上的不能移动，一经移动即遭损坏的物品。收入，包括转让房地产的全部价款及有关的经济收益。单位，是指各类企业单位、事业单位、国家机关和社会团体及其他组织。个人，包括个体经营者。

二、土地增值税的征税范围

（一）土地增值税征税范围的一般规定

1）土地增值税只对"转让"国有土地使用权的行为征税，对"出让"国有土地使用权的行为不征税。

2）土地增值税既对转让国有土地使用权的行为征税，也对转让地上建筑物及其他附着物产权的行为征税。

3）土地增值税只对"有偿转让"的房地产征税，对以"继承、赠与"等方式无偿转让的房地产，不予征税。不予征收土地增值税的行为主要包括两种：

①房产所有人、土地使用人将房产、土地使用权赠与"直系亲属或者承担直接赡养义务人"。

②房产所有人、土地使用人通过中国境内非营利的社会团体、国家机关将房屋产权、土地使用权赠与教育、民政和其他社会福利、公益事业。

（二）土地增值税征税范围的特殊规定

1.以房地产进行投资联营

以房地产进行投资联营一方以土地作价入股进行投资或者作为联营条件，暂免征收土地增值税。其中如果投资联营的企业从事房地产开发，或者房地产开发企业以其建造的商品房进行投资联营的就不能暂免征税。

2.房地产开发企业将开发的房产转为自用或者用于出租

房地产开发企业将开发的房产转为自用或者用于出租等商业用途，如果产权没有发生转移，不征收土地增值税。

3.房地产互换

房地产的互换,由于发生了房产转移,因此属于土地增值税的征税范围。但是对于个人之间互换自有居住用房的行为,经过当地税务机关审核,可以免征土地增值税。

4.合作建房

对于一方出地,另一方出资金,双方合作建房,建成后按比例分房自用的,暂免征收土地增值税;但建成后转让的,应征收土地增值税。

5.房地产的出租

房地产的出租,指房产所有者或土地使用者,将房产或土地使用权租赁给承租人使用,由承租人向出租人支付租金的行为。房地产企业虽然取得了收入,但没有发生房产产权、土地使用权的转让,因此,不属于土地增值税的征税范围。

6.房地产的抵押

房地产的抵押,指房产所有者或土地使用者作为债务人或第三人向债权人提供不动产作为清偿债务的担保而不转移权属的法律行为。这种情况下房产的产权、土地使用权在抵押期间并没有发生权属的变更,因此对房地产的抵押,在抵押期间不征收土地增值税。

7.企业兼并转让房地产

在企业兼并中,对被兼并企业将房地产转让到兼并企业中的,免征土地增值税。

8.房地产代建行为

房地产的代建行为,是指房地产开发公司代客户进行房地产的开发,开发完成后向客户收取代建收入的行为。对于房地产开发公司而言,虽然取得了收入,但没有发生房地产权属的转移,其收入属于劳务性质,故不在土地增值税征税范围。

9.房地产重新评估

按照财政部门的规定,国有企业在清产核资时对房地产进行重新评估而产生的评估增值,因其既没有发生房地产权属的转移,房产产权、土地使用权人也未取得收入,所以不属于土地增值税征税范围。

10.土地使用者处置土地使用权

土地使用者转让、抵押或置换土地,无论其是否取得了该土地的使用权属证书,无论其在转让、抵押或置换土地过程中是否与对方当事人办理了土地使用权属证书变更登记手续,只要土地使用者享有占用、使用收益或处分该土地的权利,且有合同等证据表明其实质转让、抵押或置换了土地并取得了相应的经济利益,土地使用者及其对方当事人应当依照税法规定缴纳营业税、土地增值税和契税等。

11.改制重组有关土地增值税政策

以下改制重组有关土地增值税政策不适用于房地产转移任意一方为房地产开发企业的情形:

1)按照《中华人民共和国公司法》的规定,非公司制企业整体改制为有限责任公司或者股份有限公司,有限责任公司(股份有限公司)整体改制为股份有限公司(有限责任公司),对改制前的企业将国有土地使用权、地上的建筑物及其附着物(以下称房地产)转移、变更到改制后的企业,暂不征土地增值税。

2)按照法律规定或者合同约定,两个或两个以上企业合并为一个企业,且原企业投资主体存续的,对原企业将房地产转移、变更到合并后的企业,暂不征土地增值税。

3)按照法律规定或者合同约定,企业分设为两个或两个以上与原企业投资主体相同的企业,对原企业将房地产转移、变更到分立后的企业,暂不征土地增值税。

4)单位、个人在改制重组时以房地产作价入股进行投资,对其将房地产转移、变更到被投资的企业,暂不征土地增值税。

三、土地增值税的计税依据

土地增值税的计税依据是有偿转让国有土地使用权及地上建筑物和其他附着物产权所取得的增值额。增值额为纳税人转让房地产所取得的收入减除规定扣除项目金额后的余额。用公式表示为:

$$增值额 = 转让房地产的收入 - 扣除项目金额$$

（一）转让房地产的收入

纳税人转让房地产所取得的收入，包括转让房地产的全部价款及有关的经济收益，包括货币收入、实物收入和其他收入。

根据规定，纳税人有下列情形之一的，按照房地产评估价格确定收入计算征收土地增值税：

1.隐瞒、虚报房地产成交价格的

隐瞒、虚报房地产成交价格的，应由评估机构参照同类房地产的市场交易价格进行评估，税务机关根据评估价格确定转让房地产的收入。

2.提供扣除项目金额不实的

提供扣除项目金额不实的，应由评估机构按照房屋重置成本价乘以成新度折扣率计算的房屋成本价和取得土地使用权时的基准地价进行评估，税务机关根据评估价格确定扣除项目金额。

3.转让房地产的成交价格低于房地产评估价格，又无正当理由的

转让房地产的成交价格低于房地产评估价格，又无正当理由的，由税务机关参照房地产评估价格确定转让房地产的收入。

（二）转让新建房的扣除项目及其金额

根据规定，新建房是指建成后未使用的房产，凡是已使用一定时间或达到一定磨损程度的房产均属旧房。

根据规定，房地产公司开发的新建房和非房地产企业开发的新建房，在扣除项目和扣除标准上有所不同。新建房的具体扣除项目及其金额规定如下：

1.取得土地使用权所支付的金额

取得土地使用权所支付的金额，是指纳税人为取得土地使用权所支付的地价款和缴纳的有关费用。

2.房地产开发成本

房地产开发成本是指开发土地和新建房及配套设施的成本，是纳税人开发房地产项目的实际发生成本。

房地产开发成本按照实际发生数扣除。

房地产开发成本包括以下一些项目：

1）土地征用及拆迁补偿费，包括土地征用费、耕地占用税、劳动力安置费及有关地上、地下附着物拆迁补偿的净支出、安置动迁用房支出等。

2）前期工程费，包括规划、设计、项目可行性研究和水文、地质、勘察、测绘、"三通一平"等支出。

3）建筑安装工程费，是指以出包方式支付给承包单位的建筑安装工程费，以自营方式发生的建筑安装工程费。

4）基础设施费，包括开发小区内道路、供水、供电、供气、排污、排洪、通信、照明、环卫、绿化等工程发生的支出。

5）公共配套设施费，包括不能有偿转让的开发小区内公共配套设施发生的支出。

6）开发间接费用，是指直接组织、管理开发项目发生的费用，包括工资、职工福利费、折旧费、修理费、办公费、水电费、劳动保护费、周转房摊销等。

3.房地产开发费用

房地产开发费用是开发土地和新建房及配套设施的费用，包括与房地产开发项目有关的销售费用、管理费用、财务费用。

房地产开发费用按照规定的标准扣除。规定标准如下：

1）财务费用中的利息支出，凡能够按转让房地产项目计算分摊并提供金融机构证明的，允许据实扣除，但最高不能超过按商业银行同类同期贷款利率计算的金额。除利息以外的其他房地产开发费用（包括销售费用、管理费用和除利息以外的其他财务费用），按取得土地使用权所支付的金额和房地产开发成本计算的金额之和的5%以内计算扣除。扣除的具体比例，由各省、自治区、直辖市人民政府规定。

上述规定的含义为：纳税人能够按照转让房地产项目计算分摊利息并提供金融机构证明的，其允许扣除

的房地产开发费用=利息（最高不能超过按商业银行同类同期贷款利率计算的金额）+（取得土地使用权所支付的金额+房地产开发成本）×5%以内（扣除的具体比例，由各省、自治区、直辖市人民政府规定）。

2）财务费用中的利息支出，凡不能按转让房地产项目计算分摊利息支出或不能提供金融机构证明的，房地产开发费用（包括销售费用、管理费用、财务费用）按取得土地使用权所支付的金额和房地产开发成本计算的金额之和的10%以内计算扣除。扣除的具体比例，由各省、自治区、直辖市人民政府规定。

上述规定的含义为：纳税人不能够按照转让房地产项目计算分摊利息，或不能提供金融机构证明的，其允许扣除的房地产开发费用=（取得土地使用权所支付的金额+房地产开发成本）×10%以内（扣除的具体比例，由各省、自治区、直辖市人民政府规定）。

4. 与转让房地产有关的税金

与转让房地产有关的税金，包括以下几种：

1）在转让房地产时缴纳的城市维护建设税

2）在转让房地产时缴纳的印花税

在转让房地产时缴纳的印花税是指房地产开发企业以外的其他纳税人在转让房地产时缴纳的印花税。

对于房地产开发企业，由于房地产开发企业缴纳的印花税按照规定列入管理费用，在管理费用中扣除，所以印花税不再单独扣除，以避免重复扣除。

3）因转让房地产缴纳的教育费附加，视同税金予以扣除

对从事房地产开发的纳税人，与转让房地产有关的税金可以按照取得土地使用权所支付的金额和开发土地的成本、费用计算的金额之和，加计20%扣除。

5. 财政部规定的其他扣除项目

由于房地产开发项目开发周期长、资金投入大，为了给房地产开发企业以合理的投资回报，财政部规定对从事房地产开发的纳税人，允许按照取得土地使用权时所支付的金额和房地产开发成本之和，加计20%扣除。非房地产开发企业不能享受此项加计扣除政策。

对以上扣除项目及其金额的计算举例如下：

【例题1】某房地产开发公司开发出售一幢写字楼，收入总额为1 000万元。开发该写字楼有关支出为：支付地价款及各种费用100万元；房地产开发成本300万元；财务费用中的利息支出为50万元（可按转让项目计算分摊并提供金融机构证明）；转让环节缴纳的城市维护建设税税费和教育费附加共计为55万元，印花税为5万元。该单位所在地政府规定的其他房地产开发费用计算扣除比例为5%，计算该房地产开发公司转让该写字楼可以扣除的项目金额如下：

（1）取得土地使用权支付的地价款及有关费用为100万元；

（2）房地产开发成本为300万元；

（3）房地产开发费用=50+（100+300）×5%=70（万元）；

（4）允许扣除的税费为55万元；

（5）从事房地产开发的纳税人加计扣除20%允许扣除额=（100+300）×20%=80（万元）；

（6）允许扣除的项目金额合计=100+300+70+55+80=605（万元）。

【例题2】某房地产开发公司开发出售一幢写字楼，收入总额为1 000万元。开发该写字楼有关支出为：支付地价款及各种费用100万元；房地产开发成本300万元；财务费用中的利息支出为50万元（可按转让项目计算分摊，但不能提供金融机构证明）；转让环节缴纳的城市维护建设税税费和教育费附加共计为55万元，印花税为5万元。该单位所在地政府规定的其他房地产开发费用计算扣除比例为5%，计算该房地产开发公司转让该写字楼可以扣除的项目金额如下：

（1）取得土地使用权支付的地价款及有关费用为100万元；

（2）房地产开发成本为300万元；

（3）房地产开发费用=（100+300）×10%=40（万元）；

（4）允许扣除的税费为55万元；

（5）从事房地产开发的纳税人加计扣除20%允许扣除额=（100+300）×20%=80（万元）；

（6）允许扣除的项目金额合计=100+300+40+55+80=575（万元）。

【例题3】某机械制造厂新建设一幢厂房后对外转让,转让收入总额为1 000万元。该机械制造厂建设该厂房有关支出为:支付地款及各种费用100万元;厂房建设成本300万元;财务费用中的利息支出为50万元(可按转让项目计算分摊并提供金融机构证明);转让环节缴纳的城市维护建设税税费和教育费附加共计为55万元,印花税为5万元。该单位所在地政府规定的其他房地产开发费用计算扣除比例为5%,计算该机械制造厂转让该厂房可以扣除的项目金额如下:

(1)取得土地使用权支付的地价款及有关费用为100万元;
(2)厂房开发成本为300万元;
(3)厂房开发费用=50+(100+300)×5%=70(万元);
(4)允许扣除的税费=55+5=60(万元);
(5)允许扣除的项目金额合计=100+300+70+60=530(万元)。

(三)转让旧房的扣除项目及其金额

根据规定,旧房是指已经使用一定时间或达到一定磨损程度的房产。

关于旧房转让土地增值税扣除项目及其金额的确定,分为以下3种情况:

1)能提供旧房及建筑物评估价格的。对能提供旧房及建筑物评估价格的,扣除项目为:

①取得土地使用权所支付的地价款。根据规定,对取得土地使用权时未支付地价款或不能提供已支付的地价款凭据的,不允许扣除取得土地使用权所支付的金额。

②房屋及建筑物的评估价格。

③按国家统一规定缴纳的有关费用。根据规定,纳税人转让旧房及建筑物时因计算纳税的需要而对房地产进行评估,其支付的评估费用允许在计算增值额时予以扣除。对纳税人隐瞒、虚报房地产成交价格等情形而按房地产评估价格计算征收土地增值税所发生的评估费用,不允许在计算土地增值税时予以扣除。

④在转让环节缴纳的税金。根据规定,对于个人购入房地产再转让的,其在购入时缴纳的契税,在旧房及建筑物的评估价中已包括了此项因素,在计征土地增值税时,不另作为"与转让房地产有关的税金"予以扣除。另外,房地产开发企业缴纳的印花税列入管理费用,已相应予以扣除,不再允许单独扣除。其他的土地增值税纳税义务人在计算土地增值税时允许扣除在转让时缴纳的印花税。

此种情况举例如下。

【例题】甲房地产企业以5 000万元出售一幢写字楼,账面原值500万元,累计折旧50万元。土地性质为商业用地,由于取得时间较早,无法提供土地出让金的支付原始凭证等资料。甲房地产企业委托资产评估公司评估,评估土地价值为1 200万元,按照成本法对于写字楼进行评估,重置成本为1 000万元,成新率60%,甲房地产企业支付评估费10万元,支付与转让房地产有关的税金150万元。计算甲房地产企业缴纳土地增值税可以扣除的项目金额如下:

(1)甲房地产企业取得土地使用权所支付的地价款和按国家统一规定缴纳的有关费用为0;
(2)办公楼评估价格为1 000×60%=600(万元);
(3)与转让房地产有关的税金150万元;
(4)支付评估费用10万元;
(5)扣除项目合计=0+600+150+10=760(万元)。

2)不能取得评估价格,但能提供购房发票的。纳税人转让旧房及建筑物,凡不能取得评估价格,但能提供购房发票的,扣除项目及其金额规定如下:

①加计扣除的发票所载金额。购房发票所载金额实际上包含了"取得土地使用权所支付的金额"以及"旧房及建筑物的评估价格"两部分,对这两部分的扣除金额,按发票所载金额并从购买年度起至转让年度止每年加计5%计算。

计算扣除项目时的"每年"按购房发票所载日期起至售房发票开具之日止,每满12个月计1年;超过1年,未满12个月但超过6个月的,可以视同为1年。

②与转让房地产有关的费用。

③与转让房地产有关的税金。对纳税人购房时缴纳的契税，凡能提供契税完税凭证的，准予作为"与转让房地产有关的税金"予以扣除，但不得作为加计5%的基数。

总结以上规定，对于不能取得评估价格，但能提供购房发票的旧房转让，土地增值税扣除项目的计算公式为：

扣除项目金额=发票所载金额×[1+（转让年度−购买年度）×5%]+与转让房地产有关的税金（包括转让旧房时缴纳的营业税、城市维护建设税、印花税、契税以及教育费附加，必须提供相应的完税凭证）+与转让房地产有关的费用

此种情况举例如下。

【例题】乙房地产企业以1 000万元出售一幢已经使用了2年零11个月的豪华别墅住宅，账面原值200万元，累计折旧20万元。该别墅住宅原始购买发票金额为200万元，支付与转让房地产有关的费用10万元，与转让房地产有关的税金50万元。该房产无评估价值。计算乙房地产企业缴纳土地增值税可以扣除的项目金额如下：

（1）加计扣除的发票所载金额=发票所载金额×[1+（转让年度−购买年度）×5%]）=200×（1+3×5%）=230（万元）；

（2）与转让房地产有关的税金50万元；

（3）支付与转让房地产有关的费用10万元；

（4）土地增值税扣除项目金额=发票所载金额×[1+（转让年度−购买年度）×5%]+与房地产转让有关税金+与房地产转让有关费用=200×（1+3×5%）+50+10=290（万元）。

3）既没有评估价格，又不能提供购房发票的情况。转让旧房及建筑物，既没有评估价格，又不能提供购房发票的情况，地方税务机关可以根据规定，实行核定征收。

此种情况举例如下：

【例题】丙房地产企业以2 000万元出售500平方米商业房，账面原值500万元，累计折旧50万元。支付与转让房地产有关的费用20万元。该办公楼既无法取得评估资料，也不能找到原始购买发票。计算丙企业应当缴纳的土地增值税。

假设核定征收率为15%，转让价2 000万元公允，应纳土地增值税如下：

（1）丙企业商业房转让收入2 000万元；

（2）核定征收率15%；

（3）应纳土地增值税税额为2 000×15%=300（万元）。

四、土地增值税的税率

土地增值税实行四级超率累进税率：

1）增值额未超过扣除项目金额50%的部分，税率为30%。

2）增值额超过扣除项目金额50%、未超过扣除项目金额100%的部分，税率为40%。

3）增值额超过扣除项目金额100%、未超过扣除项目金额200%的部分，税率为50%。

4）增值额超过扣除项目金额200%的部分，税率为60%。

如表6-1所示。

表6-1 土地增值税税率表

档次	增值额与扣除项目金额的比率	税率	速算扣除系数	税额计算公式
1	未超过50%的部分	30%	0	增值额×30%
2	超过50%，未超过100%的部分	40%	5%	增值额×40%−扣除项目金额×5%
3	超过100%，未超过200%的部分	50%	15%	增值额×50%−扣除项目金额×15%
4	超过200%的部分	60%	35%	增值额×60%−扣除项目金额×35%

五、土地增值税应纳税额的计算

1. 理论计算方法

由于土地增值税实行超率累进税率，土地增值税的应纳税额为每级距增值额和对应税率乘积的和，计算公式为：

土地增值税应纳税额=（第一级距增值额×30%）+（第二级距增值额×40%）+
（第三级距增值额×50%）+（第四级距增值额×60%）
=∑（每级距的增值额×税率）

2. 简便计算方法

由于以上公式计算比较复杂，在实际中适用用增值额乘以适用的税率减除扣除项目金额乘以速算扣除系数的简便计算方法，用公式表示为：

1）增值额未超过扣除项目50%的：土地增值税应纳税额=增值额×30%。
2）增值额超过扣除项目50%，但未超过100%的：土地增值税应纳税额=增值额×40%-扣除项目金额×5%。
3）增值额超过扣除项目超过100%，但未超过200%的：土地增值税应纳税额=增值额×50%-扣除项目金额×15%。
4）增值额超过扣除项目超过200%的：土地增值税应纳税额=增值额×60%-扣除项目金额×35%。

举例如下：

【例题】某房地产开发公司出售一幢写字楼，收入总额为1 000万元。开发该写字楼有关支出为：支付地价款及各种费用100万元；房地产开发成本300万元；财务费用中的利息支出为50万元（可按转让项目计算分摊并提供金融机构证明）；转让环节缴纳的有关税费共计为55万元。该单位所在地政府规定的其他房地产开发费用计算扣除比例为5%。计算该房地产开发公司应缴纳的土地增值税如下：

（1）取得土地使用权支付的地价款及有关费用为100万元；
（2）房地产开发成本为300万元；
（3）房地产开发费用=50+（100+300）×5%=70（万元）；
（4）允许扣除的税费为55万元；
（5）从事房地产开发的纳税人加计扣除20%允许扣除额=（100+300）×20%=80（万元）；
（6）允许扣除的项目金额合计=100+300+70+55+80=605（万元）；
（7）增值额=1 000-605=395（万元）；
（8）增值率=395÷605×100%=65.29%；
（9）应纳税额=395×40%-605×5%=127.75（万元）。

六、土地增值税的税收优惠

有下列情形之一的，免征土地增值税：

1）纳税人建造普通标准住宅出售，增值额未超过扣除项目金额20%的。

普通标准住宅，是指按所在地一般民用住宅标准建造的居住用住宅。高级公寓、别墅、度假村等不属于普通标准住宅。

增值额未超过扣除项目金额之和20%的，免征土地增值税；增值额超过扣除项目金额之和20%的，应就其全部增值额按规定计税。

2）企事业单位、社会团体以及其他组织转让旧房增值额未超过扣除项目金额20%的。
3）因国家建设需要依法征收、收回的房地产。

因国家建设需要依法征用、收回的房地产，是指因城市实施规划、国家建设的需要而被政府批准征用的房产或收回的土地使用权。

因城市实施规划、国家建设的需要而搬迁，由纳税人自行转让原房地产的，免征土地增值税。

4）个人销售住房。

5）个人之间互换自有居住用房地产。

个人之间互换自有居住用房地产的，经当地税务机关核实，可以免征土地增值税。

七、土地增值税的纳税人

纳税人为转让国有土地使用权及地上建筑物和其他附着物产权并取得收入的单位和个人。

八、土地增值税的征收管理

（一）纳税申报

纳税人应在转让房地产合同签订后的七日内，到房地产所在地主管税务机关办理纳税申报。

纳税人因经常发生房地产转让而难以在每次转让后申报的，经税务机关审核同意后，可以定期进行纳税申报，具体期限由税务机关根据情况确定。

（二）房地产开发企业纳税清算

为了加强房地产开发企业的土地增值税征收管理，规范土地增值税清算工作，2009年5月，国家税务总局制定了《土地增值税清算管理规程》。《土地增值税清算管理规程》是办理房地产开发项目土地增值税清算的规范性文件。

【土地增值税清算管理规程】

1.房地产开发企业纳税清算的含义

土地增值税清算，是指房地产开发企业纳税人在符合土地增值税清算条件后，依照税收法律、法规及土地增值税有关政策规定，计算房地产开发项目应缴纳的土地增值税税额，并填写《土地增值税清算申报表》，向主管税务机关提供有关资料，办理土地增值税清算手续，结清该房地产项目应缴纳土地增值税税款的行为。

2.纳税清算前期管理

主管税务机关应加强对房地产开发项目的日常税收管理，实施项目管理。主管税务机关应从纳税人取得土地使用权开始，按项目分别建立档案、设置台账，对纳税人项目立项、规划设计、施工、预售、竣工验收、工程结算、项目清盘等房地产开发全过程情况实行跟踪监控，做到税务管理与纳税人项目开发同步。

3.清算受理

（1）纳税人申请办理土地增值税清算

纳税人符合下列条件之一的，应进行土地增值税的清算，纳税人应当在满足条件之日起90日内到主管税务机关办理清算手续。

1）房地产开发项目全部竣工、完成销售的；

2）整体转让未竣工决算房地产开发项目的；

3）直接转让土地使用权的。

（2）主管税务机关要求纳税人进行土地增值税清算

对符合以下条件之一的，主管税务机关可要求纳税人进行土地增值税清算，主管税务机关下达清算通知后，纳税人应当在收到清算通知之日起90日内办理清算手续。

1）已竣工验收的房地产开发项目，已转让的房地产建筑面积占整个项目可售建筑面积的比例在85%以上，或该比例虽未超过85%，但剩余的可售建筑面积已经出租或自用的；

2）取得销售（预售）许可证满三年仍未销售完毕的；

3）纳税人申请注销税务登记但未办理土地增值税清算手续的，土地增值税清算应在办理注销登记前完成；

4）省（自治区、直辖市、计划单列市）税务机关规定的其他情况。

（3）纳税人清算土地增值税时应提供的清算资料

1）土地增值税清算表及其附表。

2）房地产开发项目清算说明，主要内容应包括房地产开发项目立项、用地、开发、销售、关联方交易、融资、税款缴纳等基本情况及主管税务机关需要了解的其他情况。

3）项目竣工决算报表、取得土地使用权所支付的地价款凭证、国有土地使用权出让合同、银行贷款利息结算通知单、项目工程合同结算单、商品房购销合同统计表、销售明细表、预售许可证等与转让房地产的收入、成本和费用有关的证明资料。主管税务机关需要相应项目记账凭证的，纳税人还应提供记账凭证复印件。

4）纳税人委托税务中介机构审核鉴证的清算项目，还应报送中介机构出具的《土地增值税清算税款鉴证报告》。

（4）清算的受理

主管税务机关收到纳税人清算资料后，对符合清算条件的项目，且报送的清算资料完备的，予以受理；对纳税人符合清算条件，但报送的清算资料不全的，应要求纳税人在规定限期内补报，纳税人在规定的期限内补齐清算资料后，予以受理；对不符合清算条件的项目，不予受理。

4.清算审核

税务机关受理清算后对纳税人报送的资料和申报的情况进行审核，包括案头审核和实地审核。

案头审核是指对纳税人报送的清算资料进行数据、逻辑审核，重点审核项目归集的一致性、数据计算准确性等。

实地审核是指在案头审核的基础上，通过对房地产开发项目实地查验等方式，对纳税人申报情况的客观性、真实性、合理性进行审核。

土地增值税清算审核结束，主管税务机关应当将审核结果书面通知纳税人，并确定办理补、退税期限。

5.核定征收

在土地增值税清算过程中，发现纳税人符合核定征收条件的，应按核定征收方式对房地产项目进行清算。在土地增值税清算中符合以下条件之一的，可实行核定征收。

1）依照法律、行政法规的规定应当设置但未设置账簿的；

2）擅自销毁账簿或者拒不提供纳税资料的；

3）虽设置账簿，但账目混乱或者成本资料、收入凭证、费用凭证残缺不全，难以确定转让收入或扣除项目金额的；

4）符合土地增值税清算条件，企业未按照规定的期限办理清算手续，经税务机关责令限期清算，逾期仍不清算的；

5）申报的计税依据明显偏低，又无正当理由的。

核定征收的，由主管税务机关发出核定征收的税务事项告知书后，税务人员对房地产项目开展土地增值税核定征收核查，经主管税务机关审核合议，通知纳税人申报缴纳应补缴税款或办理退税。

【个人转让不动产需缴纳哪些税费】

思政园地

【你的力量，将是中国的力量】

任务工单

编号	6-3-1	知识点	土地增值税法律制度（综合）	日期	
姓名		学号		班级	评分

1.概念	

2.征税范围	征税		减免征	
	不征			

3.纳税人	

4.征税依据	应税收入	扣除项目（房地产公司的房地产新项目）

5.税率	

6.应纳税额的计算	应纳税额=∑（每级距的增值额×适用税率）		
	增值额与扣除项目的比率	税率	速算扣除法计算公式
	比率≤50%部分	30%	应纳税额=增值额×30%
	50%＜比率≤100%部分	40%	应纳税额=增值额×40%–扣除项目金额×5%
	100%＜比率≤200%部分	50%	应纳税额=增值额×50%–扣除项目金额×15%
	比率＞200%部分	60%	应纳税额=增值额×60%–扣除项目金额×35%
	某生产企业2020年1月转让一栋已经使用36个月的办公楼，取得转让收入500万元，缴纳税费共计25万元。该办公楼原造价300万元，按现行市场价格重新建造需要800万元，该办公楼经评估四成新。计算应纳土地增值税税额。		

7.征收管理	1.纳税地点	
	2.申报时间	
	3.纳税清算	

编号	6-3-2	知识点	土地增值税法律制度（扣除项目）		日期	
姓名		学号		班级	评分	

转让项目			具体扣除项目		扣除标准	
新建项目	房地产开发企业	购地	1.取得土地使用权所支付的金额			
		开发	2.房地产开发成本			
			3.房地产开发费用	利息明确的		
				利息不明确的		
		销售	4.与转让房地产有关的税金			
		优惠	5.加计扣除额			
	非房地产开发企业	购地				
		开发		利息明确的		
				利息不明确的		
		销售				
旧房地产项目	有评估价格的					
	没有评估价格但有发票的					
	既没有评估价格也没有发票的					

编号	6-3-3	知识点	土地增值税法律制度（综合）	日期	
姓名		学号		班级		评分	

1. 根据土地增值税法律制度的规定，下列行为中，应征收土地增值税的有（　　）。
   A. 个人出租不动产　　　　　　B. 企业出售不动产
   C. 企业转让国有土地使用权　　D. 政府出让国有土地使用权

2. 根据土地增值税法律制度的规定，下列各项中，属于土地增值税征税范围的是（　　）。
   A. 房地产的出租　　　　　　　B. 企业间房地产的交换
   C. 房地产的代建　　　　　　　D. 房地产的抵押

3. 根据土地增值税法律制度的规定，下列说法中，正确的有（　　）。
   A. 对出让国有土地的行为不征收土地增值税
   B. 个人之间互换自有居住用房地产的，可以免征土地增值税
   C. 纳税人转让的房地产坐落在两个或两个以上地区的，应按房地产所在地分别申报纳税
   D. 纳税人是自然人的，当转让的房地产坐落地与其居住所在地不一致时，应在房地产坐落地所管辖的税务机关申报纳税

4. 纳税人转让旧房及建筑物，凡不能取得评估价格，但能提供购房发票的，可按发票所载金额并从购买年度起至转让年度止每年加计扣除的比例为（　　）。
   A. 2%　　　　　　B. 5%　　　　　　C. 10%　　　　　　D. 20%

5. 根据土地增值税法律制度的规定，下列各项中，属于土地增值税扣除项目中房地产开发成本项目的有（　　）。
   A. 耕地占用税　　B. 公共配套设施费　　C. 基础设施费　　D. 销售费用

6. 根据土地增值税法律制度的规定，在计算土地增值税时，下列项目准予据实扣除的有（　　）。
   A. 公共配套设施费　　B. 建筑安装工程费　　C. 销售费用　　D. 管理费用

7. 根据土地增值税法律制度的规定，下列各项中，在计算土地增值税计税依据时不允许扣除的是（　　）。
   A. 在转让房地产时缴纳的城市维护建设税　　B. 纳税人为取得土地使用权所支付的地价款
   C. 土地征用及拆迁补偿费　　　　　　　　　D. 超过贷款期限的利息部分

8. 根据土地增值税法律制度的规定，纳税人转让旧房及建筑物，在计算土地增值税时，准予扣除的项目有（　　）。
   A. 转让环节缴纳的税金　　　　B. 取得土地使用权所支付的地价款
   C. 评估价格　　　　　　　　　D. 重置成本

9. 根据土地增值税法律制度的规定，下列单位中，属于土地增值税纳税人的有（　　）。
   A. 建造房屋的施工单位　　　　　B. 出售房产的中外合资房地产公司
   C. 转让国有土地使用权的事业单位　D. 房地产管理的物业公司

10. 根据土地增值税法律制度的规定，土地增值税的计税依据是纳税人转让房地产所取得的增值额，则决定土地增值额大小的因素有（　　）。
    A. 转让房地产的收入额　　B. 房产原值　　C. 扣除项目金额　　D. 房产市值

11. 根据土地增值税法律制度的规定，下列各项中，属于税务机关应按照房地产评估价格对纳税人计算征收土地增值税的情形有（　　）。
    A. 纳税人隐瞒、虚报房地产成交价格的　　B. 纳税人提供扣除项目金额不实的
    C. 纳税人商业信誉差的　　　　　　　　　D. 纳税人转让房地产的成交价格低于房地产评估价格，又无正当理由的

12. （判断题）根据土地增值税法律制度的规定，对从事房地产开发的纳税人可按规定计算的金额之和，加计20%扣除。此条优惠只适用于从事房地产开发的纳税人，除此之外的其他纳税人不适用。（　　）

13. （判断题）根据土地增值税法律制度的规定，房地产开发费用中的财务费用，其利息支出凡不能按转让房地产项目计算分摊的或不能提供金融机构证明的，房地产开发费用按规定计算的金额之和的15%以内计算扣除。（　　）

14. （判断题）房地产开发企业按照《房地产开发企业财务制度》有关规定，其在房地产销售环节中缴纳的印花税，已列入管理费用，故在计算土地增值税时不允许单独再扣除。（　　）

15. 2016年2月，甲企业转让2010年自建的房产一栋取得收入2 000万元，该房产购入时的土地成本为600万元，房屋重置成本为300万元，成新率为50%，评估价格为150万元，缴纳增值税100万元，城市维护建设税及教育费附加10万元，评估费5万元，甲企业在计算土地增值税时准予扣除的项目有（　　）。
 A.土地成本600万元　　　　　　　　　B.重置成本300万元
 C.评估价格150万元　　　　　　　　　D.缴纳的增值税100万元
 E.缴纳的城市维护建设税及教育费附加10万元　　F.缴纳的评估费5万元

16. 根据土地增值税法律制度的规定，个人之间互换自有居住用房地产，经当地税务机关核实，可以（　　）。
 A.免征土地增值税　　　　　　　　　B.不征收土地增值税
 C.减半征收土地增值税　　　　　　　D.按照正常计税规则征收土地增值税

17. 我国土地增值税的计算采用的税率类型属于（　　）。
 A.三级超率累进税率　B.四级超率累进税率　C.五级超额累进税率　D.七级超额累进税率

18. 根据土地增值税法律制度的规定，下列项目中，属于房地产开发成本的有（　　）。
 A.土地出让金　　B.耕地占用税　　C.公共配套设施费　　D.借款利息费用

19. 根据税收法律制度的规定，下列各项中，属于超率累进税率的是（　　）。
 A.资源税　　　　B.城镇土地使用税　　C.印花税　　　D.土地增值税

20. 根据我国《土地增值税暂行条例》的规定，我国现行的土地增值税适用的税率属于（　　）。
 A.比例税率　　　B.超额累进税率　　C.定额税率　　D.超率累进税率

21. 某企业2020年转让一栋2011年建造的公寓楼，当时造价为800万元，已计提折旧500万元。2020年经房地产评估机构评定，该楼的重置价格为1 500万元，成新度折扣率为六成。在计算土地增值税时，其评估价格为（　　）万元。
 A.300　　　　　　B.480　　　　　　C.600　　　　　　D.900

22. 2020年5月，某企业转让一栋厂房，取得收入1 000万元，签订产权转移书据，相关税费15万元，2015年5月购买该厂房时支付价款800万元，厂房经税务机关认定的重置成本价为1 200万元，成新率50%。计算该企业在缴纳土地增值税时的增值额。

23. 甲公司开发一项房地产项目，取得土地使用权支付的金额为100万元，发生开发成本600万元，发生开发费用200万元，其中利息支出60万元无法提供金融机构贷款利息证明。已知，当地省人民政府规定房地产开发费用的扣除比例为10%，计算甲公司缴纳土地增值税时可以扣除的房地产开发费用。

24. 2019年某房地产开发企业进行普通标准住宅开发,已知支付的土地出让金及相关税费为300万元,住宅开发成本280万元,房地产开发费用中的利息支出为30万元(不能提供金融机构证明);销售过程中缴纳城市维护建设税和教育费附加45万元,该企业所在省人民政府规定的房地产开发费用的计算扣除比例为10%,房地产开发加计扣除比例为20%。计算该企业在缴纳土地增值税税额时准予扣除的项目金额。

25. 根据土地增值税法律制度的规定,房地产开发企业有下列情形之一,税务机关可以核定征收土地增值税的有( )。
A.依照法律、行政法规的规定应当设置但未设置账簿的
B.擅自销毁账簿或者拒不提供纳税资料的
C.符合土地增值税清算条件,未按照规定的期限办理清算手续,经税务机关责令限期清算,逾期仍不清算的
D.申报的计税依据明显偏低,又无正当理由的

26. 根据土地增值税法律制度的规定,下列各项中,不属于土地增值税免税项目的是( )。
A.个人转让住房   B.因国家建设需要被政府批准收回的土地使用权
C.企业出售闲置办公用房   D.因城市规划需要被政府批准征用的房产

27. 根据土地增值税法律制度的规定,下列各项中,免征土地增值税的是( )。
A.由一方出地,另一方出资金,企业双方合作建房,建成后转让的房地产
B.因城市实施规划、国家建设的需要而搬迁,企业自行转让原房地产
C.企业之间交换房地产
D.企业以房地产抵债而发生权属转移的房地产

28. 根据土地增值税法律制度的规定,下列情形中,应予缴纳土地增值税的有( )。
A.纳税人进行其他房地产开发的同时建造普通标准住宅,不能准确核算增值额的
B.企事业单位转让旧房作为经济适用房房源且增值额未超过扣除项目金额20%的
C.纳税人建造高级公寓出售,增值额未超过扣除项目金额20%的
D.因国家建设需要依法征用、收回的房地产

29.(判断题)纳税人隐瞒、虚报房地产成交价格的,按照房产的购置原价计算征收土地增值税。( )

30.(判断题)外商投资企业不属于土地增值税的纳税人。( )

31.(判断题)土地增值税纳税人转让房地产而取得的实物收入,如钢材、水泥等建材,房屋、土地等不动产,一般要按照房产原值确认应税收入。( )

32.(判断题)土地增值税的纳税人为自然人时,当转让的房地产坐落地与其居住所在地不一致时,在办理过户手续所在地的税务机关申报纳税。( )

33.(判断题)对于一方出地,一方出资金,双方合作建房,建成后按比例分房自用的,暂免征收土地增值税;建成后转让的,也不征收土地增值税。( )

34.(判断题)土地增值税扣除项目涉及的增值税进项税额,不得计入扣除项目。( )

35.(填空题)对竣工验收的房地产开发项目,已转让的房地产建筑面积占整个项目可售建筑面积的比例在( )以上的,主管税务机关可要求纳税人进行土地增值税清算。

任务四　城镇土地使用税法律制度

任务情境

某机械制造企业位于市区，实际占用面积为6 000平方米，其中生产区占地5 000平方米，生活区占地1 000平方米，该机械制造企业还有一个位于农村的仓库，租给公安局使用，实际占用面积为1 500平方米，已知城镇土地使用税适用年税额为每平方米5元，计算该机械制造企业全年应缴纳城镇土地使用税税额。

任务概要和任务目标

城镇土地使用税是指对使用城市、县城、建制镇和工矿区的国有土地和集体土地的单位和个人所征收的一种税。城镇土地使用税实行定额税率，按照每平方米适用的税额乘以实际占用的土地面积计算应纳税额。土地使用税按年计算、分期缴纳，由土地所在地的税务机关征收。

本任务应当掌握城镇土地使用税的概念、征税范围、计税依据、税率、纳税人、应纳税额的计算、税收优惠和征收管理，能够正确计算和缴纳城镇土地使用税。

任务相关知识

一、城镇土地使用税的概念

城镇土地使用税是指国家在城市、县城、建制镇、工矿区范围内，对使用土地的单位和个人，以其实际占用的土地面积为计税依据，按照规定的税额计算征收的一种税。开征城镇土地使用税，有利于加强对土地的管理，促进合理、节约使用土地，提高土地使用效益。

城镇土地使用税按年计算、分期缴纳。

二、城镇土地使用税的征税范围

城镇土地使用税的征税范围为城市、县城、建制镇和工矿区的国家所有、集体所有的土地。

三、城镇土地使用税的计税依据

土地使用税以纳税人实际占用的土地面积为计税依据。土地占用面积的组织测量工作，由省、自治区、直辖市人民政府根据实际情况确定。

1）凡有由省、自治区、直辖市人民政府确定的单位组织测定土地面积的，以测定的面积为准；
2）尚未组织测量，但纳税人持有政府部门核发的土地使用证书的，以证书确认的土地面积为准；
3）尚未核发出土地使用证书的，应由纳税人申报土地面积，据以纳税，待核发土地使用证以后再作调整。

四、城镇土地使用税的税率

城镇土地使用税每平方米年税额如下：
1）大城市[①]1.5元至30元；
2）中等城市[②]1.2元至24元；

[①] 人口总计在50万以上的，为大城市。
[②] 人口总计在20万至50万的，为中等城市。

3）小城市[①]0.9元至18元；

4）县城、建制镇、工矿区0.6元至12元。

省、自治区、直辖市人民政府，应当在规定的税额幅度内，根据市政建设状况、经济繁荣程度等条件，确定所辖地区的适用税额幅度。

市、县人民政府应当根据实际情况，将本地区土地划分为若干等级，在省、自治区、直辖市人民政府确定的税额幅度内，制定相应的适用税额标准，报省、自治区、直辖市人民政府批准执行。

经省、自治区、直辖市人民政府批准，经济落后地区土地使用税的适用税额标准可以适当降低，但降低额不得超过规定最低税额的30%。经济发达地区土地使用税的适用税额标准可以适当提高，但须报经财政部批准。

五、城镇土地使用税应纳税额的计算

城镇土地使用税根据实际占用的土地面积，按照适用的单位税额计算缴纳。城镇土地使用税按年计算，其计算公式为：

$$年应纳税额＝实际占用面积（平方米）\times 适用税额$$

六、城镇土地使用税的税收优惠

1. 法定项目免税

下列土地，免征土地使用税：

1）国家机关、人民团体、军队自用的土地；

2）由国家财政部拨付事业经费的单位自用的土地；

3）宗教寺庙、公园、名胜古迹自用的土地；

4）市政街道、广场绿化地带等公共用地；

5）直接用于农、林、牧、渔业的生产用地；

6）经批准开山填海整治的土地和改造的废弃用地，从使用的月份起，免征土地使用税5年~10年；

7）由财政部另行规定免税的能源、交通、水利设施用地和其他用地。

国家机关、人民团体、军队自用的土地，是指这些单位本身的办公用地和公务用地；事业单位自用的土地，是指这些单位本身的业务用地；宗教寺庙自用的土地，是指举行宗教仪式等的用地和寺庙内的宗教人员生活用地；公园、名胜古迹自用的土地，是指供公共参观游览的用地及其管理单位的办公用地。

以上单位的生产、营业用地和其他用地，不属于免税范围，应按规定缴纳土地使用税。

2. 困难减免

纳税人缴纳土地使用税确有困难需要定期减免的，由省级地税局审核，报国家税务总局批准。

3. 耕地征用免税

新征用的耕地，自批准征用之日起1年内，免征土地使用税。

4. 贫困地区减税

经济落后地区土地使用税的适用税额标准，经省级人民政府批准，可以适当降低，但降低额不得超过税法规定最低税额的30%。

5. 免税单位与纳税单位之间无偿使用的土地

对免税单位无偿使用纳税单位的土地（如公安、海关等单位使用铁路、民航等单位的土地），免征城镇土地使用税；对纳税单位无偿使用免税单位的土地，纳税单位应照章缴纳城镇土地使用税。

6. 房地产开发公司开发建造商品房的用地

房地产开发公司开发建造商品房的用地，除经批准开发建设经济适用房的用地外，对各类房地产开发用地一律不得减免城镇土地使用税。

7. 城镇内的集贸市场（农贸市场）用地

[①] 人口总计在20万以下的，为小城市。

城镇内的集贸市场（农贸市场）用地，按规定应征收城镇土地使用税。为了促进集贸市场的发展及照顾各地的不同情况，各省、自治区、直辖市税务局可根据具体情况，自行确定对集贸市场用地征收或者免征城镇土地使用税。

8.防火、防爆、防毒等安全防范用地

对于各类危险品仓库、厂房所需的防火、防爆、防毒等安全防范用地，可由各省、自治区、直辖市税务局确定，暂免征收城镇土地使用税；对仓库库区、厂房本身用地，应依法征收城镇土地使用税。

9.搬迁企业的用地

企业搬迁后原场地不使用的、企业范围内荒山等尚未利用的土地，免征城镇土地使用税。免征税额由企业在申报缴纳城镇土地使用税时自行计算扣除，并在申报表附表或备注栏中作相应说明。

10.个人所有的居住房屋及院落用地

个人所有的居住房屋及院落用地城镇土地使用税的征免，由各省级地税局确定。

11.企业的铁路专用线、公路等用地，在厂区以外、与社会公用地段未加隔离的，暂免征收城镇土地使用税；在企业厂区（包括生产、办公及生活区）以内的，应照章征收城镇土地使用税。

12.石油天然气生产企业城镇土地使用税政策

1）下列石油天然气生产建设用地暂免征收城镇土地使用税：

①地质勘探、钻井、井下作业、油气田地面工程等施工临时用地；

②企业厂区以外的铁路专用线、公路及输油（气、水）管道用地；

③油气长输管线用地。

2）在城市、县城、建制镇以外工矿区内的消防、防洪排涝、防风、防沙设施用地，暂免征收城镇土地使用税。

13.林业系统用地

1）对林区的育林地、运材道、防火道、防火设施用地，免征城镇土地使用税；

2）林业系统的林区贮木场、水运码头用地，暂予免征城镇土地使用税；

3）林业系统的森林公园、自然保护区，可比照公园免征城镇土地使用税；

4）除上述列举免税的土地外，对林业系统的其他生产用地及办公、生活区用地，均应征收城镇土地使用税。

14.盐场、盐矿用地

1）盐场的盐滩、盐矿的矿井用地，暂免征收城镇土地使用税；

2）对盐场、盐矿的其他用地，各省、自治区、直辖市税务局根据实际情况，确定征收城镇土地使用税或给予定期减征、免征的照顾；

3）对盐场、盐矿的生产厂房、办公、生活区用地，应照章征收城镇土地使用税。

15.矿山企业用地

矿山的采矿场、排土场、尾矿库、炸药库的安全区，以及运矿运岩公路、尾矿输送管道及回水系统用地，免征城镇土地使用税。

16.电力行业用地

1）对厂区围墙外的灰场、输灰管、输油（气）管道、铁路专用线用地，免征城镇土地使用税；

2）对供电部门的输电线路用地、变电站用地，免征城镇土地使用税；

3）厂区围墙外的其他用地，应照章征税；

4）火电厂厂区围墙内的用地，均应征收城镇土地使用税；

5）水电站的发电厂房用地（包括坝内、坝外式厂房），生产、办公、生活用地，应征收城镇土地使用税。

17.水利设施用地

对水利设施及其管护用地（如水库库区、大坝、堤防、灌渠、泵站等用地），免征土地使用税；其他用地，如生产、办公、生活用地，应照章征收土地使用税。

18.交通部门用地

对港口的码头（即泊位，包括岸边码头、伸入水中的浮码头、堤岸、堤坝、栈桥等）用地，免征土地使用税。

对港口的露天堆货场用地，原则上应征收土地使用税，企业纳税确有困难的，可由省、自治区、直辖市税务局根据其实际情况，给予定期减征或免征土地使用税的照顾。

19.民航机场用地

民航机场的飞行区（包括跑道、滑行道、停机坪、安全带、夜航灯光区）用地、机场场外道路用地，场内外通信导航设施用地和飞行区四周排水防洪设施用地，免征城镇土地使用税。

20.老年服务机构自用土地

对政府部门和企事业单位、社会团体以及个人等社会力量投资兴办的福利性、非营利性的老年服务机构，暂免征收老年服务机构自用土地的城镇土地使用税。

21.科技孵化用地

自2019年1月1日至2021年12月31日，对国家级、省级科技企业孵化器、大学科技园和国家备案众创空间自用以及无偿或通过出租等方式提供给在孵对象使用的房产、土地，免征房产税和城镇土地使用税。

七、城镇土地使用税的纳税人

1）在城市、县城、建制镇、工矿区范围内使用土地的单位和个人，为城镇土地使用税的纳税人。

2）拥有土地使用权的单位和个人不在土地所在地的，其土地的实际使用人和代管人为纳税人。

3）土地使用权未确定的或权属纠纷未解决的，其实际使用人为纳税人。

4）土地使用权共有的，共有各方都是纳税人，由共有各方分别纳税。

八、城镇土地使用税的征收管理

城镇土地使用税按年计算、分期缴纳。缴纳期限由省、自治区、直辖市人民政府确定。城镇土地使用税由土地所在地的税务机关征收。

关于城镇土地使用税的纳税义务发生时间，规定如下：

1）纳税人购置新建商品房，自房屋交付使用之次月起开始。

2）纳税人购置存量房，自办理产权登记，房地产权属登记机关签发房屋权属证书之次月起。

3）纳税人出租、出借房产，自交付出租、出借房产之次月起。

4）以出让或转让方式有偿取得土地使用权的，应由受让方从合同约定交付土地时间的次月起缴纳土地使用税。

5）征用的耕地，自批准征用之日起满1年时开始缴纳土地使用税；征用的非耕地，自批准征用次月起缴纳土地使用税。

思政园地

苏东坡与税[①]

宋代大文豪苏东坡任杭州知府时，一天，他审理了一件偷税案。见作案人清秀文雅不象商贾，顿生疑惑。一问才知此人叫吴味道，乃赴京应考路过杭州，因缺路费故运"建阳纱"到京城出售，为不缴关税，则以伪装的书卷夹带"建阳纱"，伪装的书卷冒题苏东坡名号，并封呈京师苏辙（苏东坡的弟弟）收，现被公差查获。问明原委，东坡判决："念你一介寒士能知罪认罚，且偷税目的是为筹应考路费，故从宽发落，但务必缴清税款，方可北上赴考。"东坡虽未追究书生的冒名之罪，但在税上却毫不含糊。

---

① 芳舟，树清.古代文人治税故事[J].辽宁税务高等专科学校学报，1993（01）.

任务工单

编号	6-4-1	知识点	城镇土地使用税法律制度（综合）	日期	
姓名		学号		班级	评分

城镇土地使用税		
1.概念		
2.征税范围		
3.税收优惠	1.法定项目免税：	
	2.政策减免：	
4.纳税人	在（　　）内使用土地的单位或个人	1.拥有土地使用权的单位和个人不在土地所在地的： 2.土地使用权未确定的或权属纠纷未解决的： 3.土地使用权共有的：
5.计税依据	（　　）面积（平方米）	1.省级政府确定的单位组织测定的面积； 2.尚未组织测量的： 3.尚未核发出土地使用证书的：

6.税率	有幅度的差别定额税率（差距20倍）（元/平方米）			
		中等城市（20~50万）		
	1.5~30	1.2~24	0.9~18	0.6~12

7.应纳税额	应纳税额=
8.征收管理	1.纳税期限
	2.纳税义务发生时间
	3.纳税地点

编号	6-4-2	知识点	城镇土地使用税法律制度（综合）	日期	
姓名		学号		班级		评分	

1.根据城镇土地使用税法律制度的规定，下列各项中，属于城镇土地使用税的征税范围的有（ ）。
A.集体所有的建制镇土地　　B.集体所有的城市土地
C.集体所有的农村土地　　　D.国家所有的工矿区土地

2.根据城镇土地使用税法律制度的规定，下列关于城镇土地使用税纳税人的表述中，正确的有（ ）。
A.城镇土地使用税由拥有土地使用权的单位和个人缴纳
B.土地使用权共有的，共有各方均为纳税人，由共有各方分别纳税
C.土地使用权未确定或权属纠纷未解决的，由实际使用人纳税
D.拥有土地使用权的纳税人不在土地所在地的，由代管人或实际使用人纳税

3.甲房地产开发企业开发一住宅项目，实际占地面积1 200平方米，建筑面积2 400平方米，容积率为2，甲房地产开发企业缴纳的城镇土地使用税的计税依据为（ ）平方米。
A.1 800　　　B.2 400　　　C.3 600　　　D.1 200

4.根据城镇土地使用税法律制度的规定，下列各项中，可以作为城镇土地使用税计税依据的有（ ）。
A.省政府确定的单位测定的面积
B.土地使用权证书确定的面积
C.由纳税人申报的面积为准，核发土地使用权证书后再作调整
D.税务部门规定的面积

5.根据城镇土地使用税法律制度的规定，下列各项中，应缴纳城镇土地使用税的是（ ）。
A.军队用于出租的土地　　　　　　　B.寺庙内宗教人员的宿舍用地
C.财政拨付事业经费单位的员工食堂用地　D.市人民政府办公用地

6.根据城镇土地使用税法律制度的规定，城镇土地使用税采用的税率形式是（ ）。
A.全省统一的定额税率　　　　　B.各纳税区域统一的比例税率
C.规定幅度税额的定额税率　　　D.规定幅度税额的比例税率

7.根据城镇土地使用税法律制度的规定，下列说法中，正确的有（ ）。
A.城镇土地使用税以建筑面积为计税依据，而不以使用面积为计税依据
B.国家机关自用的土地免征城镇土地使用税
C.公园、名胜古迹内的索道公司经营用地，免征城镇土地使用税
D.纳税人占用耕地，已缴纳了耕地占用税的，从批准征用之日起满1年后征收城镇土地使用税

8.根据城镇土地使用税法律制度的规定，下列说法中，正确的有（ ）。
A.城镇土地使用税采用固定税额
B.非农业正式户口人数在50万以上的为大城市
C.城镇土地使用税每个幅度税额的差距为25倍
D.各省级人民政府在法定税额幅度内确定所辖地区的适用税额幅度

9.根据城镇土地使用税法律制度的规定，下列表述中，正确的有（ ）。
A.城镇土地使用税由拥有土地使用权的单位或个人缴纳
B.土地使用权未确定或权属纠纷未解决的，由双方到税务机关协商确定
C.土地使用权共有的，由共有各方分别纳税
D.对外商投资企业和外国企业暂不征收城镇土地使用税

10.（判断题）自2009年1月1日起，公园、名胜古迹内的索道公司经营用地应按规定缴纳城镇土地使用税。（ ）

11.（判断题）根据规定，以出让或转让方式有偿取得土地使用权的，应由受让方从合同约定交付土地时间的当月起缴纳城镇土地使用税；合同未约定交付土地时间的，由受让方从合同签订的次月起缴纳城镇土地使用税。（ ）

12.（判断题）经批准开山填海整治的土地和改造的废弃土地，从使用的月份起免缴土地使用税10到15年。（ ）

任务五　车船税法律制度

任务情境

某渔业公司2016年拥有机动船舶10艘，每艘净吨位为150吨，非机动驳船5艘，每艘净吨位为80吨，已知机动船舶适用年基准税额为每吨3元，计算该渔业公司当年应当缴纳多少车船税。

任务概要和任务目标

车船税，是指对中华人民共和国境内应税车辆、船舶的所有人或者管理人所征收的一种税。车船税的征税范围为依法应当在我国车船管理部门登记的车辆和船舶。中华人民共和国境内应税车辆、船舶的所有人或者管理人为车船税的纳税人。车船税实行定额税率，应纳税额为适用税额和计税单位的乘积。

车船税按年申报，分月计算，一次性缴纳。

学习本任务应当掌握车船税的概念、征税范围、税目、税率、纳税人、应纳税额的计算、税收优惠和征收管理，能够正确计算和申报缴纳车船税。

任务相关知识

2011年2月25日第十一届全国人民代表大会常务委员会第十九次会议通过《中华人民共和国车船税法》，自2012年1月1日起施行，并于2019年进行了修正。由国务院制定的《中华人民共和国车船税法实施条例》于2012年1月1日与《中华人民共和国车船税法》同时施行。

【中华人民共和国车船税法】

【中华人民共和国车船税法实施条例】

一、车船税的概念

车船税，是指在中华人民共和国境内的车辆、船舶的所有人或者管理人按照中华人民共和国车船税法应缴纳的一种税。

二、车船税的征税范围

车船税的征税范围为依法应当在我国车船管理部门登记的车辆和船舶。

（一）征收车船税的车辆和船舶

1. 车辆

1）依法应当在车船管理部门登记的机动车辆和船舶；
2）依法不需要在车船管理部门登记、在单位内部场所行驶或者作业的机动车辆和船舶。

2. 船舶

船舶，包括机动船舶和非机动船舶。机动船舶，指依靠燃料等能源作为动力运行的船舶，如客轮、货船、气垫船等；非机动船舶，指依靠人力或者其他力量运行的船舶，如木船、帆船、舢板等。

（二）不征收车船税的车辆和船舶

不征收车船税的车辆和船舶包括纯电动乘用车、燃料电池乘用车和拖拉机。

三、车船税的税目

车船税的税目包括以下6类：

1. 乘用车

乘用车，是指在设计和技术特性上主要用于载运乘客及随身行李，核定载客人数包括驾驶员在内不超过9人的汽车。

2. 商用车

商用车，是指除乘用车外，在设计和技术特性上用于载运乘客、货物的汽车，划分为客车和货车。

3. 挂车

挂车，是指就其设计和技术特性需由汽车或者拖拉机牵引，才能正常使用的一种无动力的道路车辆。

4. 其他车辆

其他车辆，包括专用作业车和轮式专用机械车。

专用作业车，是指在其设计和技术特性上用于特殊工作的车辆。

轮式专用机械车，是指有特殊结构和专门功能，装有橡胶车轮可以自行行驶，最高设计车速大于每小时20千米的轮式工程机械车。

5. 摩托车

摩托车，是指无论采用何种驱动方式，最高设计车速大于每小时50千米，或者使用内燃机，其排量大于50毫升的两轮或者三轮车辆。

6. 船舶

船舶，是指各类机动、非机动船舶以及其他水上移动装置，但是船舶上装备的救生艇筏和长度小于5米的艇筏除外。其中，机动船舶是指用机器推进的船舶；拖船是指专门用于拖（推）动运输船舶的专业作业船舶；非机动驳船，是指在船舶登记管理部门登记为驳船的非机动船舶；游艇是指具备内置机械推进动力装置，长度在90米以下，主要用于游览观光、休闲娱乐、水上体育运动等活动，并应当具有船舶检验证书和适航证书的船舶。

四、车船税的税率

（一）车船税的税率

车船税实行定额税率，具体适用的税额见表6-2。

表6-2　车船税税目税率表

税目		计税单位	年基准税额	备注
乘用车［按发动机气缸容量（排气量）分档］	1.0升（含）以下的	每辆	60元至360元	核定载客人数9人（含）以下
	1.0升以上至1.6升（含）的		300元至540元	
	1.6升以上至2.0升（含）的		360元至660元	
	2.0升以上至2.5升（含）的		660元至1 200元	
	2.5升以上至3.0升（含）的		1 200元至2 400元	
	3.0升以上至4.0升（含）的		2 400元至3 600元	
	4.0升以上的		3 600元至5 400元	

续表

税目		计税单位	年基准税额	备注
商用车	客车	每辆	480元至1 440元	核定载客人数9人以上，包括电车
	货车	整备质量每吨	16元至120元	包括半挂牵引、三轮汽车和低速载货车等
挂车		整备质量每吨	按照货车税额的50%计算	
其他车辆	专用作业车	整备质量每吨	16元至120元	不包括拖拉机
	轮式专用机械车		16元至120元	
摩托车		每辆	36元至180元	
船舶	机动船舶	净吨位每吨	3元至6元	拖船、非机动驳船分别按照机动船舶税额的50%计算
	游艇	艇身长度每米	600元至2 000元	

（二）具体适用税额的确定

1.车辆的具体适用税额

车辆的具体适用税额由省、自治区、直辖市人民政府依照《车船税税目税额表》规定的税额幅度和国务院的规定确定，并报国务院备案。

税额涉及的排气量、整备质量、核定载客人数、净吨位、千瓦、艇身长度，以车船登记管理部门核发的车船登记证书或者行驶证所载数据为准。

2.船舶的具体适用税额

船舶的具体适用税额由国务院在《车船税税目税额表》规定的税额幅度内确定。

（1）机动船舶的具体适用税额

1）净吨位不超过200吨的，每吨3元；

2）净吨位超过200吨但不超过2 000吨的，每吨4元；

3）净吨位超过2 000吨但不超过10 000吨的，每吨5元；

4）净吨位超过10 000吨的，每吨6元；

5）拖船按照发动机功率每1千瓦折合净吨位0.67吨计算征收车船税。

（2）游艇的具体适用税额

1）艇身长度不超过10米的，每米600元；

2）艇身长度超过10米但不超过18米的，每米900元；

3）艇身长度超过18米但不超过30米的，每米1 300元；

4）艇身长度超过30米的，每米2 000元；

5）辅助动力帆艇，每米600元。

五、车船税应纳税额的计算

（一）计算公式

车船税应纳税额的计算公式为：

$$应纳税额 = 计税单位 \times 适用年基准税额$$

各税目计算公式如表6-3所示。

表6-3 车船税各税目计算公式

税目	计税单位	计算公式
乘用车、摩托车、客车	每辆	应纳税额=辆数×适用年基准税额
货车、专用作业车、轮式专用机械车	整备质量每吨	应纳税额=整备质量吨数×适用年基准税额
挂车	整备质量每吨（按50%计算）	应纳税额=整备质量吨数×适用年基准税额×50%
机动船舶	净吨位每吨	应纳税额=净吨位×适用年基准税额
拖船、非机动驳船	净吨位每吨（按50%计算）	应纳税额=净吨位×适用年基准税额×50%
游艇	艇身长度每米	应纳税额=艇身长度米数×适用年基准税额

（二）新购置车船应纳税额的计算

购置的新车船，购置当年的应纳税额自纳税义务发生的当月起按月计算。应纳税额为年应纳税额除以12再乘以应纳税月份数，计算公式为：

$$应纳税额 = 适用年基准税额 \div 12 \times 应纳税月数$$

（三）盗抢、报废、灭失车船重新缴纳车船税应纳税额的计算

在一个纳税年度内，已完税的车船被盗抢、报废、灭失的，纳税人可以凭有关管理机关出具的证明和完税凭证，向纳税所在地的主管税务机关申请退还自被盗抢、报废、灭失月份起至该纳税年度终了期间的税款。

已办理退税的被盗抢车船失而复得的，纳税人应当从公安机关出具相关证明的当月起计算缴纳车船税。计算公式为：

$$应纳税额 = 适用年基准税额 \div 12 \times 应纳税月数$$

（四）滞纳金的计算

车船税滞纳金按照欠税金额每日万分之五计算，计算公式为：

$$滞纳金 = 欠税金额 \times 滞纳天数 \times 0.5‰$$

六、车船税的税收优惠

（一）中华人民共和国车船税法规定的税收优惠

1）下列车船免征车船税：
①捕捞、养殖渔船；
②军队、武装警察部队专用的车船；
③警用车船；
④悬挂应急救援专用号牌的国家综合性消防救援车辆和国家综合性消防救援专用船舶；
⑤依照法律规定应当予以免税的外国驻华使领馆、国际组织驻华代表机构及其有关人员的车船。

2）对节约能源、使用新能源的车船可以减征或者免征车船税；具体办法由国务院规定，并报全国人民代表大会常务委员会备案。

3）对受严重自然灾害影响纳税困难以及有其他特殊原因确需减税、免税的，可以减征或者免征车船税。具体办法由国务院规定，并报全国人民代表大会常务委员会备案。

4）省、自治区、直辖市人民政府根据当地实际情况，可以对公共交通车船，农村居民拥有并主要在农村地区使用的摩托车、三轮汽车和低速载货汽车定期减征或者免征车船税。

（二）中华人民共和国车船税法及实施条例规定的税收优惠

1）节约能源、使用新能源的车船可以免征或者减半征收车船税。免征或者减半征收车船税的车船的范围，由国务院财政、税务主管部门商国务院有关部门制定，报国务院批准。

2）对受地震、洪涝等严重自然灾害影响纳税困难以及其他特殊原因确需减免税的车船，可以在一定期限内减征或者免征车船税。具体减免期限和数额由省、自治区、直辖市人民政府确定，报国务院备案。

（三）财政部、税务总局等部门规定的税收优惠

1）对购置的新能源汽车免征车辆购置税。

自2021年1月1日至2022年12月31日，对购置的新能源汽车免征车辆购置税。免征车辆购置税的新能源汽车是指纯电动汽车、插电式混合动力（含增程式）汽车、燃料电池汽车。

2）对新能源汽车和船舶，免征车船税。

新能源汽车是指纯电动商用车、插电式（含增程式）混合动力汽车、燃料电池商用车。纯电动乘用车和燃料电池乘用车不属于车船税征税范围，对其不征车船税。

符合新能源标准的节能、新能源汽车，由工业和信息化部、税务总局不定期联合发布《享受车船税减免优惠的节约能源使用新能源汽车车型目录》予以公告。

免征车船税的新能源船舶应符合以下标准：船舶的主推进动力装置为纯天然气发动机。发动机采用微量柴油引燃方式且引燃油热值占全部燃料总热值的比例不超过5%的，视同纯天然气发动机。

七、车船税的纳税人

中华人民共和国境内应税车辆、船舶的所有人或者管理人为车船税的纳税人。

从事机动车第三者责任强制保险业务的保险机构为机动车车船税的扣缴义务人，应当在收取保险费时依法代收车船税，并出具代收税款凭证。

八、车船税的征收管理

（一）纳税义务发生时间

船税纳税义务发生时间为取得车船所有权或者管理权的当月。车船所有权或者管理权的当月，应当以购买车船的发票或者其他证明文件所载日期的当月为准。

（二）纳税地点

车船税的纳税地点为车船的登记地或者车船税扣缴义务人所在地。依法不需要办理登记的车船，车船税的纳税地点为车船的所有人或者管理人所在地。

（三）纳税期限

车船税按年申报，分月计算，一次性缴纳。纳税年度为公历1月1日至12月31日。具体申报纳税期限由省、自治区、直辖市人民政府规定。

思政园地

【父亲的账本】

任务工单

编号	6-5-1	知识点	车船税法律制度（综合）	日期	
姓名		学号		班级	评分

1.概念	

2.征税范围	1.需要登记的车船。 2.（　　）的车船。 包括（　　）和（　　）	3.税收减免		

4.纳税人	

5.税目及税率	幅度定额税率。省级政府在幅度范围内确定具体适用税额		
	乘用车：指在设计和技术特性上主要用于载运乘客及随身行李，核定载客人数包括驾驶员在内不超过（　　）人的汽车	气缸容量1.0升以下的	60~360元/辆
		气缸容量1.0~1.6升（含）的	300~540元/辆
		气缸容量1.6~2.0升（含）的	360~660元/辆
		气缸容量2.0~2.5升（含）的	660~1 200元/辆
		气缸容量2.5~3.0升（含）的	1 200~2 400元/辆
		气缸容量3.0~4.0升（含）的	2 400~3 600元/辆
		气缸容量4.0升以上的	3 600~5 400元/辆
	商用车：除乘用车外，载运乘客、货物的汽车	480~1 440元/辆	
		16~120元/整备质量吨（整备质量吨指汽车的自重）	
	其他车辆（不包括拖拉机）		
		16~120/整备质量吨	
		36~180元/辆	
		3~6元/净吨（船舶可以用来装载货物的容积折合成的吨数）	
		600~2 000元/（艇身长）米	

6.应纳税额的计算	应纳税额（乘用车、客车）= 应纳税额（机动船舶）= 应纳税额（游艇）= 应纳税额（货车、其他车）=

7.征收管理	1.纳税义务发生时间	
	2.纳税地点	
	3.纳税申报	
	4.退补	

编号	6-5-2	知识点	车船税法律制度（综合）	日期	
姓名		学号		班级	评分

1.根据车船税法律制度的规定，下列使用的车船中，应纳车船税的有（　　）。
A.私人拥有的汽车　　　　B.中外合资企业拥有的汽车
C.国有运输企业拥有的货船　　D.旅游公司拥有的客船

2.根据车船税法律制度的规定，下列各项中，属于车船税征税范围的有（　　）。
A.地铁列车　　B.游艇　　C.两轮摩托车　　D.拖拉机

3.根据车船税法律制度的规定，下列各项中，属于车船税免税项目的有（　　）。
A.非机动驳船　　B.武警消防车　　C.监狱专用的船舶　　D.捕捞渔船

4.根据车船税法律制度的规定，下列纳税主体中，属于车船税纳税人的有（　　）。
A.在中国境内拥有并使用船舶的国有企业　　B.在中国境内拥有并使用车辆的外籍个人
C.在中国境内拥有并使用船舶的内地居民　　D.在中国境内拥有并使用车辆的外国企业

5.根据车船税法律制度的规定，下列各项中，属于车船税计税依据的有（　　）。
A.每辆　　B.整备质量每吨　　C.净吨位每吨　　D.购置价格

6.根据车船税法律制度的规定，我国车船税的税率形式是（　　）。
A.地区差别比例税率　　B.有幅度的比例税率　　C.有幅度的定额税率　　D.全国统一的定额税率

7.（判断题）农用运输车不属于车辆购置税的征税范围。（　　）

8.（判断题）购置的新车船，购置当年车船税的应纳税额自纳税义务发生的次月起按月计算。（　　）

9.（判断题）甲钢铁厂拥有的依法不需要在车船登记部门登记的在单位内部场所行驶的机动车辆，属于车船税的征税范围。（　　）

10.根据车船税法律制度的规定，下列各项中，属于机动船舶计税依据的是（　　）。
A.净吨位每吨　　B.整备质量每吨　　C.每米　　D.购置价格

11.根据车船税法律制度的规定，下列车船中，应缴车船税以"净吨位数"为计税依据的是（　　）。
A.商用货车　　B.专用作业车　　C.摩托车　　D.非机动驳船

12.2019年6月15日，甲公司购买2辆乘用车。已知乘用车发动机气缸容量排气量为2.0升，当地规定的车船税年基准税额为480元/辆，计算甲公司2019年应纳车船税税额。

13.某公司2019年3月购进2辆小轿车，排气量均为1.6升，按合同规定车辆当月交付，当地省政府规定年税额为400元/辆，计算该公司当年购进小轿车应缴纳的车船税税额。

14.某企业2018年年初拥有整备质量为10吨的载货汽车6辆，小轿车4辆；当年11月，1辆小轿车被盗，取得公安机关开具的相关证明，并能够提供该被盗小轿车当年的车船税完税证明。已知当地载货汽车车船税年税额为60元/吨，小轿车车船税年税额为360元/辆，计算该企业2018年应缴纳的车船税税额。

15.根据车船税法律制度的规定，下列表述中，正确的有（　　）。
A.从事机动车第三者责任强制保险业务的保险机构为机动车车船税的扣缴义务人，应当在收取保险费时依法代收车船税，并出具代收税款凭证
B.已办理退税的被盗抢车船失而复得的，纳税人应当从公安机关出具相关证明的当月起计算缴纳车船税
C.没有扣缴义务人的，纳税人应当向主管税务机关自行申报缴纳车船税
D.已缴纳车船税的车船在同一纳税年度内办理转让过户的，不另纳税，也不退税

16.根据车船税法律制度的规定，下列各项中，免征车船税的是（　　）。
A.家庭自用的纯电动乘用车　　B.国有企业的公用汽油动力乘用车
C.外国驻华使领馆的自用商务车　　D.个体工商户自用摩托车

任务六　印花税法律制度

任务情境

某机械制造企业2019年11月开业。企业开业时领受工商营业执照、房屋产权证、土地使用证、银行开户许可证各一份。企业建账时共设立营业账簿3个，其中记载资金的账簿一个，记载实收资本50万元。2020年1月，该机械制造企业签订货物销售合同一份，合同销售金额150万元。2020年2月，该机械制造企业出售旧卡车一台，转让价格为80万元。

该机械制造企业上述活动应当缴纳多少印花税？

任务概要和任务目标

经济活动和经济交往往往伴随着订立合同和领受营业执照等行为，印花税就是对订立、领受这些凭证的行为所征收的一种税，可见，印花税是一种行为税。印花税并非对所有订立、领受凭证的行为征税，而仅仅是对订立、领受印花税税目税率表中列举的凭证和经财政部确定的其他凭证的行为征税。书立、领受应税凭证的单位和个人是印花税的纳税义务人。根据书立、领受、使用应税凭证的不同，纳税人分为立合同人、立账簿人、立据人、领受人和使用人等。

印花税的计税依据因应税凭证的不同而相异，或者为凭证载明的金额、价款，或者按件。印花税的税率也因为凭证性质的不同，或者按比例税率征收或者按件定额征收。印花税的应纳税额为计税依据与比例税率或定额税率的乘积。

印花税由纳税人自行计算应纳税额，购买并一次贴足印花税票的办法缴纳。应纳税额较大或者贴花次数频繁的，可以向税务机关申请以缴款书的方式缴纳印花税或者按期汇总缴纳印花税。

本任务应当掌握印花税的概念、征税范围、计税依据、税目、税率、纳税人、应纳税额的计算、税收优惠、缴纳方法和管理，以及印花税的征收管理，能够正确计算和缴纳印花税。

任务相关知识

1988年8月国务院发布《中华人民共和国印花税暂行条例》，条例自1988年10月1日起施行。依据《中华人民共和国印花税暂行条例》第十五条的规定，财政部制定了《中华人民共和国印花税暂行条例施行细则》，细则与条例同时施行。2011年1月8日，根据国务院令第588号《国务院关于废止和修改部分行政法规的决定》，《中华人民共和国印花税暂行条例》进行了修订。2018年，财政部起草了《中华人民共和国印花税法》，于2018年11月1日向社会公开征求意见。

【印花税】

【中华人民共和国印花税法】

【中华人民共和国印花税暂行条例】

【中华人民共和国印花税暂行条例施行细则】

【印花税政策】

一、印花税的概念

印花税是对经济活动和经济交往中订立、领受具有法律效力的凭证的行为所征收的一种税。因采用在应税凭证上粘贴印花税票作为完税的标志而得名。

二、印花税的征税范围

在中华人民共和国境内书立、领受规定的凭证应当缴纳印花税。印花税只对税目税率表中列举的凭证和经财政部确定征税的其他凭证征税。

在中华人民共和国境内书立、领受凭证是指在中国境内具有法律效力，受中国法律保护的凭证，凭证无论在中国境内或者境外书立，均应依照规定缴纳印花税。

印花税具体分为以下5类：

1）购销、加工承揽、建设工程承包、财产租赁、货物运输、仓储保管、借款、财产保险、技术合同或者具有合同性质的凭证。

2）产权转移书据。是指单位和个人产权的买卖、继承、赠与、交换、分割等所立的书据。

这里的产权是指需要在政府相关机构登记注册的产权，包括土地使用权、房屋使用权、股权（不包括上市和挂牌公司股票）、版权、商标专用权、专利权和专有技术使用权。专有技术使用权的转让需要在政府管理部门登记注册方能生效，因此专有技术使用权转让按"产权转移书据"税目贴花。

3）营业账簿。是指单位或者个人记载生产经营活动的财务会计核算账簿。

4）权利、许可证照。包括政府部门发给的房屋产权证、工商营业执照、商标注册证、专利证和土地使用证。

5）经财政部确定征税的其他凭证。

三、印花税的计税依据

印花税的计税依据，按照下列方法确定：

1）应税合同的计税依据，为合同列明的价款或者报酬，不包括增值税税款；合同中价款或者报酬与增值税税款未分开列明的，按照合计金额确定。应税合同未列明价款或者报酬的，按照订立合同时市场价格确定；依法应当执行政府定价的，按照其规定确定；不能按照市场价格确定的，按照实际结算的价款或者报酬确定。

2）应税产权转移书据的计税依据，为产权转移书据列明的价款，不包括增值税税款；产权转移书据中价款与增值税税款未分开列明的，按照合计金额确定。应税产权转移书据未列明价款或者报酬的，按照订立产权转移书据时市场价格确定；依法应当执行政府定价的，按照其规定确定。

3）应税营业账簿的计税依据，为营业账簿记载的实收资本（股本）、资本公积合计金额。

4）应税权利、许可证照的计税依据，按件确定。

5）证券交易的计税依据，为成交金额。

以非集中交易方式转让证券时无转让价格的，按照办理过户登记手续前一个交易日收盘价计算确定计税依据；办理过户登记手续前一个交易日无收盘价的，按照证券面值计算确定计税依据。

四、印花税的税目和税率

纳税人根据应纳税凭证的性质，分别按比例税率或者按件定额计算应纳税额。具体税率、税额的确定，依照《印花税税目税率表》执行。如表6-4所示。

表6-4 印花税税目税率表

序号	税目	范围	税率	纳税义务人	说明
1	购销合同	包括供应、预购、采购、购销结合及协作、调剂、补偿、易货等合同	按购销金额万分之三贴花	立合同人	

续表

序号	税 目	范 围	税 率	纳税义务人	说 明
2	加工承揽合同	包括加工、定做、修缮、修理、印刷、广告、测绘、测试等合同	按加工或承揽收入万分之五贴花	立合同人	
3	建设工程勘察设计合同	包括勘察、设计合同	按收取费用万分之五贴花	立合同人	
4	建筑安装工程承包合同	包括建筑、安装工程承包合同	按承包金额万分之三贴花	立合同人	
5	财产租赁合同	包括租赁房屋、船舶、飞机、机动车辆、机械、器具、设备等合同	按租赁金额千分之一贴花。税额不足1元的按1元贴花	立合同人	
6	货物运输合同	包括民用航空、铁路运输、海上运输、内河运输、公路运输和联运合同	按运输费用万分之五贴花	立合同人	单据作为合同使用的,按合同贴花
7	仓储保管合同	包括仓储、保管合同	按仓储保管费用千分之一贴花	立合同人	仓单或栈单作为合同使用的,按合同贴花
8	借款合同	银行及其他金融组织和借款人(不包括银行同业拆借)所签订的借款合同	按借款金额万分之零点五贴花	立合同人	单据作为合同使用的,按合同贴花
9	财产保险合同	包括财产、责任、保证、信用等保险合同	按投保金额万分之零点三贴花	立合同人	单据作为合同使用的,按合同贴花
10	技术合同	包括技术开发、转让、咨询、服务等合同	按所载金额万分之三贴花	立合同人	
11	产权转移书据	包括财产所有权和版权、商标专用权、专利权、专有技术使用权等转移书据	按所载金额万分之五贴花	立据人	
12	营业账簿	生产经营用账册	记载资金的账簿①,按固定资产原值与自有流动资金总额万分之五贴花;其他账簿②按件贴花5元	立账簿人	
13	权利、许可证照	包括政府部门发给的房屋产权证、工商营业执照、商标注册证、专利证、土地使用证	按件贴花5元	领受人	

---

① 记载资金的账簿,是指载有固定资产原值和自有流动资金的总分类账簿,或者专门设置的记载固定资产原值和自有流动资金的账簿。

② 其他账簿,是指除上述账簿以外的账簿,包括日记账簿和各明细分类账簿。

五、印花税应纳税额的计算

（一）印花税应纳税额计算方法及公式

1. 应税合同

应税合同的应纳税额为价款或者报酬乘以适用税率，公式为：

$$应纳税额=价款或者报酬\times 适用税率$$

【例1】某机械制造企业2020年1月签订货物销售合同一份，合同销售金额150万元，计算该合同应缴纳的印花税=150×10 000×0.3‰=450（元）。

2. 应税产权转移书据

应税产权转移书据的应纳税额为价款乘以适用税率，公式为：

$$应纳税额=价款\times 适用税率$$

【例2】某汽车运输企业2020年2月出售一台旧卡车，转让价格为80万元，计算汽车运输企业转让该卡车应缴纳的印花税=80×10 000×0.5‰=400（元）。

3. 应税营业账簿

应税营业账簿的应纳税额为实收资本（股本）、资本公积合计金额乘以适用税率，公式为：

$$应纳税额=（实收资本（股本）+资本公积）\times 适用税率$$

【例3】某机械制造企业设立营业账簿3个，其中记载资金的账簿1个，记录实收资本50万元，计算设置营业账簿应缴纳的印花税=2×5+500 000×0.5‰=10+250=260（元）。

4. 应税权利、许可证照

应税权利、许可证照的应纳税额为应税权利、许可证照的件数乘以适用税额，公式为：

$$应纳税额=件数\times 适用税额$$

【例4】某机械制造企业2019年11月开业，领受工商营业执照、房屋产权证、土地使用证、银行开户许可证各一份，计算领受权利、许可证照应缴纳的印花税=5×3=15（元）。

5. 证券交易

证券交易的应纳税额为成交金额或者按照印花税法第七条的规定计算确定的计税依据乘以适用税率，公式为：

$$应纳税额=成交金额或者按照规定计算确定的计税依据\times 适用税率$$

（二）同一应税凭证载有两个或者两个以上经济事项应纳税额的计算

同一应税凭证载有两个或者两个以上经济事项并分别列明价款或者报酬的，按照各自适用税目税率计算应纳税额；未分别列明价款或者报酬的，按税率高的计算应纳税额。

（三）由两方或者两方以上当事人订立的同一应税凭证应纳税额的计算

同一应税凭证由两方或者两方以上当事人订立的，应当按照各自涉及的价款或者报酬分别计算应纳税额。

六、印花税的税收优惠

（一）印花税暂行条例规定的免税凭证

1）下列凭证免纳印花税：
①已缴纳印花税的凭证的副本或者抄本。
②财产所有人将财产赠给政府、社会福利单位、学校所立的书据。
③经财政部批准免税的其他凭证，包括：国家指定的收购部门与村民委员会、农民个人书立的农副产品收购合同，无息、贴息贷款合同，外国政府或者国际金融组织向我国政府及国家金融机构提供优惠贷款所书立的合同。

2)应纳税额不足1角的,免纳印花税。应纳税额在1角以上的,其税额尾数不满5分的不计,满5分的按1角计算缴纳。

(二)财政部和国家税务总局等部门规定的税收优惠

除印花税暂行条例规定的印花税优惠政策以外,财政部和国家税务总局等部门也下发了一些印花税税收优惠政策,主要优惠政策如下:

1.资金账簿减半征收印花税,其他账簿免征印花税
自2018年5月1日起,对按万分之五税率贴花的资金账簿减半征收印花税,对按件贴花5元的其他账簿免征印花税。

2.住房类优惠
个人销售或购买住房暂免征收印花税。个人出租、承租住房签订的租赁合同,免征印花税。

3."支持三农"类优惠
对农民专业合作社与本社成员签订的农业产品和农业生产资料购销合同,免征印花税。

4.支持教育类
财产所有人将财产赠给学校所立的书据,以及与高校学生签订的高校学生公寓租赁合同,免征印花税。

5.支持文化类优惠
各类发行单位之间,以及发行单位与订阅单位或个人之间书立的征订凭证,暂免征印花税。

6.支持交通运输类优惠
由外国运输企业运输进出口货物的,外国运输企业所持的一份运费结算凭证免征印花税。

七、印花税的纳税人

在中华人民共和国境内书立、领受本条例所列举凭证的单位和个人,是印花税的纳税义务人。

根据书立、领受、使用应税凭证的不同,纳税人可分为立合同人、立账簿人、立据人、领受人和使用人等。立合同人,是指合同的当事人。

八、印花税的缴纳方法

1)印花税实行由纳税人根据规定自行计算应纳税额,购买并一次贴足印花税票的缴纳办法。

2)为简化贴花手续,应纳税额较大或者贴花次数频繁的,纳税人可向税务机关提出申请,采取以缴款书代替贴花或者按期汇总缴纳的办法。

3)印花税票应当粘贴在应纳税凭证上,并由纳税人在每枚税票的骑缝处盖戳注销或者画销。

4)应纳税凭证应当于书立或者领受时贴花。如果合同在国外签订的,应在国内使用时贴花。

5)同一凭证,由两方或者两方以上当事人签订并各执一份的,应当由各方就所执的一份各自全额贴花。

6)产权转移书据由立据人贴花,如未贴或者少贴印花,书据的持有人应负责补贴印花。所立书据以合同方式签订的,应由持有书据的各方分别按全额贴花。

7)同一凭证,因载有两个或者两个以上经济事项而适用不同税目税率,如分别记载金额的,应分别计算应纳税额,相加后按合计税额贴花;如未分别记载金额的,按税率高的计税贴花。

8)应纳税凭证所载金额为外国货币的,纳税人应按照凭证书立当日的中华人民共和国国家外汇管理局公布的外汇牌价折合人民币,计算应纳税额。

9)应纳税凭证粘贴印花税票后应即注销。

10)已贴花的凭证,修改后所载金额增加的,其增加部分应当补贴印花税票。

11)一份凭证应纳税额超过500元的,应向当地税务机关申请填写缴款书或者完税证,将其中一联粘贴在凭证上或者由税务机关在凭证上加注完税标记代替贴花。

12)同一种类应纳税凭证,需频繁贴花的,应向当地税务机关申请按期汇总缴纳印花税。

13)凡多贴印花税票者,不得申请退税或者抵用。

九、印花税的征税管理

(一)纳税义务发生时间

印花税纳税义务发生时间为纳税人订立、领受应税凭证或者完成证券交易的当日。证券交易印花税扣缴义务发生时间为证券交易完成的当日。

(二)纳税地点

单位纳税人应当向其机构所在地的主管税务机关申报缴纳印花税。个人纳税人应当向应税凭证订立、领受地或者居住地的税务机关申报缴纳印花税。纳税人出让或者转让不动产产权的,应当向不动产所在地的税务机关申报缴纳印花税。证券交易印花税的扣缴义务人应当向其机构所在地的主管税务机关申报缴纳扣缴的税款。

(三)纳税期限

印花税按季、按年或者按次计征。实行按季、按年计征的,纳税人应当于季度、年度终了之日起15日内申报并缴纳税款。实行按次计征的,纳税人应当于纳税义务发生之日起15日内申报并缴纳税款。证券交易印花税按周解缴。证券交易印花税的扣缴义务人应当于每周终了之日起5日内申报解缴税款及孳息。

思政园地

【缺一不可】

任务工单

编号	6-6-1	知识点	印花税法律制度(综合)		日期	
姓名		学号		班级	评分	

1.概念					
2.征税对象	3.税目	4.计税依据		5.税率	6.应纳税额的计算公式
(1)书立、领受应税凭证	①合同				
	②产权转移书据				
	③权利许可证照				
	④营业账簿				
(2)证券交易	证券交易				
7.税收优惠	免税:				
8.纳税人					
9.征收管理	(1)纳税方法				
	(2)纳税义务发生时间				
	(3)纳税地点				
	(4)纳税申报				

编号	6-6-2	知识点	印花税法律制度（综合）	日期	
姓名		学号		班级	
				评分	

1. 根据印花税法律制度的规定，下列合同中，应该缴纳印花税的有（   ）。
   A.买卖合同　　　B.技术合同　　　C.货物运输合同　D.财产租赁合同

2. 根据印花税法律制度的规定，下列选项中，不属于印花税征税范围的是（   ）。
   A.餐饮服务许可证　B.营业执照　　C.商标注册证　　D.专利证书

3. 某年10月，某企业领受营业执照、商标注册证、不动产权证、食品经营许可证各一件。已知"权利、许可证照"印花税单位税额为每件5元，该企业当月应缴纳"权利、许可证照"印花税（   ）元。

4. 征收印花税的权利、许可证照包括政府部门发给的（   ）、（   ）、（   ）、（   ）和（   ）。

5. 根据印花税法律制度的规定，下列各项中，应按"产权转移书据"计征印花税的是（   ）。
   A.非专利技术转让所书立的合同　　　B.专利申请转让所书立的合同
   C.大型机器设备销售合同　　　　　　D.专利实施许可所书立的合同

6. 甲公司从乙公司购买中央空调一台，签订购销合同，则根据印花税法律制度的规定，贴花完税的时间是（   ）。
   A.发出空调的当天　B.合同书立、领受时　C.合同约定的付款日期　D.凭证生效日期

7. 甲向乙购买一批货物，合同约定丙为鉴定人，丁为担保人，关于该合同印花税纳税人的下列表述中，正确的是（   ）。
   A.甲和乙为纳税人　B.甲和丙为纳税人　C.乙和丁为纳税人　D.甲和丁为纳税人

8. 根据印花税法律制度的规定，下列各项中，以件数为印花税计税依据的是（   ）。
   A.营业账簿　　　B.著作权转让书据　　C.不动产权证书　　D.财产保险合同

9. 下列关于印花税计税依据的说法，正确的是（   ）。
   A.租赁合同，以所租赁财产的金额作为计税依据
   B.运输合同，以所运货物金额和运输费用的合计金额为计税依据
   C.借款合同，以借款金额和借款利息的合计金额为计税依据
   D.财产保险合同，以保险费收入为计税依据

10. 根据印花税法律制度的规定，下列各项中，属于印花税纳税人的有（   ）。
    A.合同的双方当事人、担保人、证人、鉴定人　　B.会计账簿的立账簿人
    C.产权转移书据的立据人　　　　　　　　　　　D.在国外书立、领受，但在国内使用应税凭证的单位

11. 某企业设立营业账簿5个，其中记载资金的账簿1个，记录实收资本100万元，计算该企业设置营业账簿应缴纳的印花税。

12. 根据印花税法律制度的规定，下列各项中，按件贴花、税额为每件5元的印花税应税凭证有（   ）。
    A.权利、许可证照　　　　B.营业账簿中的记载资金的账簿
    C.营业账簿中的其他账簿　D.合同类凭证

13. （判断题）印花税同一应税凭证，载有两个或两个以上经济事项而适用不同税目税率，如分别记载金额的，应分别计算印花税应纳税额，按相加后的合计税额贴花。（   ）

任务七　资源税法律制度

任务情境

某煤矿企业为增值税一般纳税人，2020年1月开采原煤500万吨，销售原煤100万吨，取得不含税销售额2 000万元，另外收取不含增值税装卸费、仓储费共计10万元（不能单独核算）。已知原煤适用的资源税税率为10%，该企业2020年1月应缴纳多少资源税？

任务概要和任务目标

资源税是对在中国境内开采应税资源的单位和个人征收的一种税。资源税的纳税人为在中华人民共和国领域和中华人民共和国管辖的其他海域开发应税资源的单位和个人。资源税的应税资源包括矿产和盐两大类。资源税的计税依据为应税资源的销售额或销售数量。依据《资源税税目税率表》，资源税的税率实行比例税率从价计征或定额税率从量计征；实行从价计征的，应纳税额为应税资源产品的销售额和具体适用税率的乘积；从量计征的，应纳税额为应税产品的销售数量和具体适用税率的乘积。资源税按月或者按季申报缴纳，不能按固定期限计算缴纳的，可以按次申报缴纳。

本任务应当掌握资源税的概念、征税范围、计税依据、税目、税率、纳税人、应纳税额的计算、税收优惠和征收管理，能够正确计算和申报资源税。

【资源税法要点】　　【一张图带你了解资源税法】

任务相关知识

一、资源税的概念

资源税是对在中国境内开采应税资源的单位和个人征收的一种税。

二、资源税的征税范围

资源税的应税资源包括矿产和盐两大类，具体包括：

1. 能源矿产

能源矿产又称燃料矿产、矿物能源。主要有液态的石油，气态的天然气、页岩气、煤层气，固态的煤、铀、钍、油页岩、油砂、天然沥青、石煤，还有呈液态、气态的地热资源等。

2. 金属矿产

金属矿产指从中提取某种金属元素或化合物的矿产。

通常人们根据金属的颜色和性质等特征，将金属分为黑色金属和有色金属两大类。黑色金属主要指铁及其合金，如钢、生铁、铁合金、铸铁等。黑色金属以外的金属称为有色金属。

3. 非金属矿产

非金属矿产是与金属矿产相对而言的，非金属矿产是指在经济上有用的某种非金属元素，或可直接利用矿物、岩石的某种化学、物理或工艺性质的矿产资源。非金属矿产主要品种为金刚石、石墨、自然硫、硫铁矿、水晶、刚玉、蓝晶石等。

4.水气矿产

水气矿产包括矿泉水、二氧化碳气、硫化氢气、氮气和氦气等。

5.盐

盐包括钠盐、钾盐、镁盐、锂盐，天然卤水和海盐。

三、资源税的计税依据

资源税的计税依据为应税资源的销售额或销售数量。

以销售额为计税依据的实行从价计税，以销售数量为计税依据的实行从量计税。实行从价计征的，应纳税额按照应税资源产品的销售额乘以具体适用税率计算。实行从量计征的，应纳税额按照应税产品的销售数量乘以具体适用税率计算。

（一）销售额

（1）销售额的概念

资源税的销售额，包括纳税人销售应税产品向购买方收取的全部价款和价外费用，但不包括收取的增值税销项税额。

（2）煤炭的销售额

自2014年12月1日起在全国范围内实施煤炭资源税从价计征改革，煤炭应税产品包括原煤和以未税原煤加工的洗选煤。

1）纳税人开采原煤直接对外销售的，以原煤销售额作为应税煤炭销售额计算缴纳资源税。原煤销售额不含从坑口到车站、码头等的运输费用。

2）纳税人将其开采的原煤，自用于连续生产洗选煤的，在原煤移送使用环节不缴纳资源税；自用于其他方面的，视同销售原煤，计算缴纳资源税。

纳税人将其开采的原煤加工为洗选煤销售的，以洗选煤销售额乘以折算率作为应税煤炭销售额计算缴纳资源税。洗选煤销售额包括洗选副产品的销售额，不包括洗选煤从洗选煤厂到车站、码头等的运输费用。

纳税人将其开采的原煤加工为洗选煤自用的，视同销售洗选煤，计算缴纳资源税。

纳税人同时销售应税原煤和洗选煤的，应当分别核算原煤和洗选煤的销售额；未分别核算或者不能准确提供原煤和洗选煤销售额的，一并视同销售原煤计算缴纳资源税。

（二）销售数量

（1）销售数量的含义

销售数量，包括纳税人开采或者生产应税产品的实际销售数量和视同销售的自用数量。

（2）销售数量的确定

1）纳税人不能准确提供应税产品销售数量或移送使用数量的，以应税产品的产量或主管税务机关确定的折算比，换算成的数量为征税数量。

2）金属和非金属矿产品原矿，因无法准确掌握纳税人移送使用原矿数量的，可将其精矿按选矿比折算成原矿数量，以此作为征税数量。

3）凡同时开采多种资源产品的要分别核算，不能准确划分不同资源产品征税数量的，从高适用税率。

四、资源税的税目和税率

1）资源税的税率依据《资源税税目税率表》确定。

2）《资源税税目税率表》中规定实行幅度税率的，其具体适用税率由省、自治区、直辖市人民政府统筹考虑该应税资源的品位、开采条件以及对生态环境的影响等情况，在《资源税税目税率表》规定的税率幅度内提出，报同级人民代表大会常务委员会决定，并报全国人民代表大会常务委员会和国务院备案。《资源税税目税率表》中规定征税对象为原矿或者选矿的，应当分别确定具体适用税率。

3)《资源税税目税率表》中规定可以选择实行从价计征或者从量计征的，具体计征方式由省、自治区、直辖市人民政府提出，报同级人民代表大会常务委员会决定，并报全国人民代表大会常务委员会和国务院备案。资源税税目税率表如表6-5所示。

表6-5 资源税税目税率表

税目			征税对象	税率
能源矿产		原油	原矿	6%
		天然气、页岩气、天然气水合物	原矿	6%
		煤	原矿或者选矿	2%~10%
		煤成（层）气	原矿	1%~2%
		铀、钍	原矿	4%
		油页岩、油砂、天然沥青、石煤	原矿或者选矿	1%~4%
		地热	原矿	1%~20%或者每立方米1~30元
金属矿产	黑色金属	铁、锰、铬、钒、钛	原矿或者选矿	1%~9%
	有色金属	铜、铅、锌、锡、镍、锑、镁、钴、铋、汞	原矿或者选矿	2%~10%
		铝土矿	原矿或者选矿	2%~9%
		钨	选矿	6.5%
		钼	选矿	8%
		金、银	原矿或者选矿	2%~6%
		铂、钯、钌、锇、铱、铑	原矿或者选矿	5%~10%
		轻稀土	选矿	7%~12%
		中重稀土	选矿	20%
		铍、锂、锆、锶、铷、铯、铌、钽、锗、镓、铟、铊、铪、铼、镉、硒、碲	原矿或者选矿	2%~10%
非金属矿产	矿物类	高岭土	原矿或者选矿	1%~6%
		石灰岩	原矿或者选矿	1%~6%或者每吨（或者每立方米）1~10元
		磷	原矿或者选矿	3%~8%
		石墨	原矿或者选矿	3%~12%
		萤石、硫铁矿、自然硫	原矿或者选矿	1%~8%
		天然石英砂、脉石英、粉石英、水晶、工业用金刚石、冰洲石、蓝晶石、硅线石（砂线石）、长石、滑石、刚玉、菱镁矿、颜料矿物、天然碱、芒硝、钠硝石、明矾石、砷、硼、碘、溴、膨润土、硅藻土、陶瓷土、耐火粘土、铁矾土、凹凸棒石粘土、海泡石粘土、伊利石粘土、累托石粘土	原矿或者选矿	1%~12%
		叶蜡石、硅灰石、透辉石、珍珠岩、云母、沸石、重晶石、毒重石、方解石、蛭石、透闪石、工业用电气石、白垩、石棉、蓝石棉、红柱石、石榴子石、石膏	原矿或者选矿	2%~12%
		其他粘土（铸型用粘土、砖瓦用粘土、陶粒用粘土、水泥配料用粘土、水泥配料用红土、水泥配料用黄土、水泥配料用泥岩、保温材料用粘土）	原矿或者选矿	1%~5%或者每吨（或者每立方米）0.1~5元

	税目		征税对象	税率
岩石类	岩石类	大理岩、花岗岩、白云岩、石英岩、砂岩、辉绿岩、安山岩、闪长岩、板岩、玄武岩、片麻岩、角闪岩、页岩、浮石、凝灰岩、黑曜岩、霞石正长岩、蛇纹岩、麦饭石、泥灰岩、含钾岩石、含钾砂页岩、天然油石、橄榄岩、松脂岩、粗面岩、辉长岩、辉石岩、正长岩、火山灰、火山渣、泥炭	原矿或者选矿	1%~10%
		砂石	原矿或者选矿	1%~5%或者每吨（或者每立方米）0.1~5元
	宝玉石类	宝石、玉石、宝石级金刚石、玛瑙、黄玉、碧玺	原矿或者选矿	4%~20%
水气矿产	二氧化碳气、硫化氢气、氦气、氡气		原矿	2%~5%
	矿泉水		原矿	1%~20%或者每立方米1~30元
盐	钠盐、钾盐、镁盐、锂盐		选矿	3%~15%
	天然卤水		原矿	3%~15%或者每吨（或者每立方米）1~10元
	海盐			2%~5%

五、资源税应纳税额的计算

（1）从价计征的

实行从价计征的，应纳税额按照应税资源产品的销售额乘以具体适用税率计算。计算公式为：

$$应纳税额=应税资源产品的销售额 \times 具体适用税率$$

（2）从量计征的

实行从量计征的，应纳税额按照应税产品的销售数量乘以具体适用税率计算。计算公式为：

$$应纳税额=应税产品的销售数量 \times 具体适用税率$$

六、资源税的税收优惠

（一）免征资源税

根据《中华人民共和国资源税法》，有下列情形之一的，免征资源税：

1）开采原油以及在油田范围内运输原油过程中用于加热的原油、天然气；
2）煤炭开采企业因安全生产需要抽采的煤成（层）气。

（二）减征资源税

1）有下列情形之一的，减征资源税：
①从低丰度油气田开采的原油、天然气，减征20%资源税；
②高含硫天然气、三次采油和从深水油气田开采的原油、天然气，减征30%资源税；
③稠油、高凝油减征40%资源税；

④从衰竭期矿山开采的矿产品，减征30%资源税。

2）根据国民经济和社会发展需要，国务院对有利于促进资源节约集约利用、保护环境等情形可以规定免征或者减征资源税，报全国人民代表大会常务委员会备案。

3）根据《中华人民共和国资源税法》，有下列情形之一的，省、自治区、直辖市可以决定免征或者减征资源税：

①纳税人开采或者生产应税产品过程中，因意外事故或者自然灾害等原因遭受重大损失；

②纳税人开采共伴生矿、低品位矿、尾矿。

免征或者减征资源税的具体办法，由省、自治区、直辖市人民政府提出，报同级人民代表大会常务委员会决定，并报全国人民代表大会常务委员会和国务院备案。

七、资源税的纳税人

在中华人民共和国领域和中华人民共和国管辖的其他海域开发应税资源的单位和个人，为资源税的纳税人。

八、资源税的征收管理

（一）纳税义务发生时间

纳税人销售应税产品，纳税义务发生时间为收讫销售款或者取得索取销售款凭据的当日；自用应税产品的，纳税义务发生时间为移送应税产品的当日。

（二）纳税地点

纳税人应当向应税产品开采地或者生产地的税务机关申报缴纳资源税。

（三）纳税期限

资源税按月或者按季申报缴纳；不能按固定期限计算缴纳的，可以按次申报缴纳。

纳税人按月或者按季申报缴纳的，应当自月度或者季度终了之日起15日内，向税务机关办理纳税申报并缴纳税款；按次申报缴纳的，应当自纳税义务发生之日起15日内，向税务机关办理纳税申报并缴纳税款。

思政园地

【为什么要收税】

任务工单

编号	6-7-1	知识点	资源税法律制度（综合）		日期	
姓名		学号		班级	评分	
1.概念						
征税对象	领域、海域内（　　）或者（　　）应税资源		1.开采或者生产应税产品自用的： 2.开采或者生产应税产品自用于连续生产应税产品的：			
	2.税目		3.计算依据及税率（从价计征或者从量计征）			
能源矿产			原矿	6%		
			原矿	6%		
			原矿	2%~10%		
			原矿	1%~20%或者1~30元/立方米		
金属矿产	黑色金属		原矿或选矿	1%~9%		
	有色金属		原矿或选矿	2%~6%		
非金属矿产	矿物类		原矿或选矿	1%~6%或者1~10元/吨或立方米		
	岩石类		原矿或选矿	1%~10%		
	宝石类		原矿或选矿	4%~20%		
水气矿产			原矿	2%~5%		
			原矿	1%~20%或者1~30元/立方米		
盐				2%~5%		
4.税收优惠	免征					
	减征					
	各省决定减免					
5.应纳税额	应纳税额（从价计征）= 应纳税额（从量计征）=					
6.征收管理	（1）纳税义务发生时间					
	（2）纳税期限					
	（3）纳税地点					

编号	6-7-2	知识点	资源税法律制度（综合）	日期	
姓名		学号		班级	评分

1.根据资源税法律制度的规定，下列各项中，不属于资源税征税范围的是（　　）。
A.天然原油　　　　　　　　B.金矿
C.人造石油　　　　　　　　D.以未税原煤加工的洗选煤

2.根据资源税法律制度的规定，下列各项中，不属于资源税征税范围的是（　　）。
A.食用盐　　　　　　　　　B.海盐
C.湖盐　　　　　　　　　　D.提取地下卤水晒制的盐

3.根据资源税法律制度的规定，下列经营者中，属于资源税纳税人的是（　　）。
A.销售汽油的加油站　　　　B.进口铁矿石的冶炼厂
C.销售精盐的超市　　　　　D.开采原煤的煤矿企业

4.根据资源税法律制度的规定，下列各项中，属于资源税征税范围的有（　　）。
A.石灰石　　　　　　　　　B.硫酸钾
C.黏土　　　　　　　　　　D.砂石

5.根据资源税法律制度的规定，下列各项中，免征资源税的有（　　）。
A.进口的原油　　　　　　　B.出口的原油
C.开采原油过程中用于加热的原油　　D.开采原油过程中用于修井的原油

6.根据资源税法律制度的规定，下列行为中，不需要在我国缴纳资源税的是（　　）。
A.个体工商户在境内开采天然气　　B.外商投资企业在境内开采煤炭资源
C.境内某企业销售外购的金属矿　　D.境内某盐场销售生产的井矿盐

7.根据资源税法律制度的规定，下列收购未税矿产品的单位或个人，不能成为资源税扣缴义务人的是（　　）。
A.独立矿山　　　　　　　　B.联合企业
C.其他收购未税矿产品的单位　　D.自然人

8.根据资源税法律制度的规定，下列各项中，不属于资源税征税范围的是（　　）。
A.以未税原煤加工的洗选煤　　B.以空气加工生产的液氧
C.开采的原煤　　　　　　　D.开采的天然气

9.某大型油田2014年10月份生产原油20万吨，其中出售15万吨，取得不含税销售额30 000万元。当月在采油过程中回收并销售伴生天然气500万立方米，取得不含税销售额300万元。已知原油和天然气适用税率都为6%，计算该油田10月份应缴资源税（　　）万元。

10.根据资源税法律制度的规定，对实际开采年限在15年以上的衰竭期矿山开采的矿产资源，资源税减征（　　）。
A.20%　　　　　　　　　　B.30%
C.40%　　　　　　　　　　D.50%

11.某矿业公司开采销售应税矿产品，资源税实行从量计征，则该公司计征资源税的征税数量是（　　）。
A.实际产量　　　　　　　　B.发货数量
C.计划产量　　　　　　　　D.销售数量

12.根据资源税法律制度的规定，纳税人以1个月为一期纳税的，自期满之日起一定时期内申报纳税，该期限为（　　）。
A.5日　　　　　　　　　　B.10日
C.3日　　　　　　　　　　D.15日

13. 根据资源税法律制度的规定，下列单位和个人的生产经营行为中，不缴纳资源税的是（　　）。
   A.冶炼企业进口铁矿石　　　　　　B.个体经营者开采煤矿
   C.军事单位开采石油　　　　　　　D.中外合作开采天然气

14. 根据资源税法律制度的规定，下列单位和个人的生产经营行为应缴纳资源税的有（　　）。
   A.炼油企业进口原油　　　　　　　B.中外合作开采天然气
   C.国有企业开采有色金属原矿　　　D.个体经营者开采原煤

15. 根据资源税法律制度的规定，下列各项中，应计入资源税销售额的有（　　）。
   A.收取的价款　　　　　　　　　　B.收取的包装费
   C.收取的增值税销项税额　　　　　D.收取的运输装卸费

16. 某矿业公司开采销售应税矿产品，资源税实行从量计征，则该公司计征资源税的征税数量是（　　）。
   A.实际产量　　　　　　　　　　　B.发货数量
   C.计划产量　　　　　　　　　　　D.销售数量

17. 甲砂石企业开采砂石1 000吨，对外销售800吨，移送50吨砂石继续精加工并于当月销售。已知砂石的资源税税率为4元/吨，甲企业应当缴纳的资源税的下列计算中，正确的是（　　）。
   A.（800+50）×4=3 400（元）　　　B.800×4=3 200（元）
   C.1 000×4=4 000（元）　　　　　　D.50×4=200（元）

18. 根据资源税法律制度的规定，下列关于资源税计税依据的说法中，正确的有（　　）。
   A.单位自产自用的天然气，以移送时的自用数量计价征收资源税
   B.单位对外销售自产的原油，以销售额为计税依据
   C.纳税人将其开采的矿产品原矿自用于连续生产应税产品，按照移送使用数量计征资源税
   D.单位自产自用的铁矿石，以实际移送使用数量为计税依据

19. （判断题）纳税人将其开采的原煤自用于连续生产洗选煤的，在原煤移送使用环节，不缴纳资源税。（　　）

20. 根据资源税法律制度的规定，下列关于资源税纳税环节的表述中，正确的有（　　）。
   A.纳税人自采原矿销售的，在原矿销售环节缴纳资源税
   B.纳税人以自产原矿加工金锭销售的，在金锭销售环节缴纳资源税
   C.纳税人以自产原矿加工金锭自用的，在金锭自用环节缴纳资源税
   D.纳税人自采原矿加工金精矿销售的，在原矿移送环节缴纳资源税

21. （判断题）中外合作开采石油、天然气的企业属于资源税的纳税义务人。（　　）

22. 纳税人在开采或者生产应税产品的过程中，因为意外事故或者自然灾害等原因遭受重大损失的，由省、自治区、直辖市人民政府酌情决定减税或者免税。（　　）

23. 根据资源税法律制度的规定，关于资源税纳税义务发生时间的下列表述中，不正确的是（　　）。
   A.销售应税资源品目采取预收货款结算方式的，为收讫销售款的当天
   B.销售应税资源品目采取分期收款结算方式的，为销售合同规定的收款日期的当天
   C.自产自用应税资源品目的，为移送使用应税产品的当天
   D.扣缴义务人代扣代缴资源税税款的，为支付首笔货款或开具应支付货款凭据的当天

任务八　城市维护建设税法律制度

任务情境

某公司2020年2月向税务机关实际缴纳增值税10万元、消费税5万元;向海关缴纳进口环节增值税4万元、消费税3万元。已知该公司适用的城市维护建设税适用税率为7%,该公司当月应当缴纳多少城市维护建设税?

任务概要和任务目标

城市维护建设税是指对在中国境内缴纳增值税、消费税的单位和个人征收的一种用于城市的公用事业和公共设施维护的一种税。在中华人民共和国境内缴纳增值税、消费税的单位和个人,为城市维护建设税的纳税人。城市维护建设税的征税对象为在中国境内缴纳的增值税和消费税,但其征税范围不包括进口货物或者境外单位和个人向境内销售劳务、服务、无形资产而缴纳的增值税、消费税。

城市维护建设税的计税依据为纳税人实际缴纳的增值税、消费税税额。城市维护建设税的税率依据纳税人所在地的不同分为7%、5%和1%三档。城市维护建设税的应纳税额为纳税人实际缴纳的增值税、消费税税额和具体适用的税率的乘积。

城市维护建设税与增值税、消费税同时缴纳。负有增值税、消费税扣缴义务的单位和个人在扣缴增值税、消费税的同时扣缴城市维护建设税。

本任务应当掌握了解城市维护建设税的概念、征税范围、计税依据、税率、纳税人、应纳税额的计算、税收优惠和征收管理,应当能够正确计算和申报缴纳城市维护建设税。

任务相关知识

1985年2月8日,国务院发布《中华人民共和国城市维护建设税暂行条例》,该条例后根据国务院令第588号《国务院关于废止和修改部分行政法规的决定》进行了修订。

2020年8月11日,第十三届全国人民代表大会常务委员会第二十一次会议通过了《中华人民共和国城市维护建设税法》,《中华人民共和国城市维护建设税法》内容比较简单,共十一条,自2021年9月1日起施行,《中华人民共和国城市维护建设税暂行条例》同时废止。

【中华人民共和国城市维护建设税暂行条例】

【中华人民共和国城市维护建设税法】

一、城市维护建设税的概念

城市维护建设税是对在中华人民共和国境内缴纳增值税、消费税的单位和个人征收的一种税。城市维护建设税应当保证用于城市的公用事业和公共设施的维护建设,具体安排由地方人民政府确定。所在地不在市区、县城或者镇的纳税人缴纳的税款,应当专用于乡镇的维护和建设。

二、城市维护建设税的征税范围

对进口货物或者境外单位和个人向境内销售劳务、服务、无形资产缴纳的增值税、消费税税额,不征收城市维护建设税。

三、城市维护建设税的计税依据

城市维护建设税以纳税人实际缴纳的增值税、消费税税额为计税依据，具体办法由国务院规定。
城市维护建设税的计税依据可以扣除期末留抵退税退还的增值税税额。

四、城市维护建设税的税率

城市维护建设税税率如下：
1）纳税人所在地在市区的，税率为7%；
2）纳税人所在地在县城、镇的，税率为5%；
3）纳税人所在地不在市区、县城或者镇的，税率为1%。
以上所称的纳税人所在地，是指纳税人住所地或者与纳税人生产经营活动相关的其他地点，具体地点由省、自治区、直辖市确定。

五、城市维护建设税应纳税额的计算

城市维护建设税的应纳税额按照纳税人实际缴纳的增值税、消费税税额乘以具体适用的税率计算。

六、城市维护建设税的税收优惠

根据国民经济和社会发展的需要，国务院可以规定减征或者免征城市维护建设税，报全国人民代表大会常务委员会备案。

七、城市维护建设税的纳税人

在中华人民共和国境内缴纳增值税、消费税的单位和个人，为城市维护建设税的纳税人。

八、城市维护建设税的征税管理

（一）纳税义务发生时间

城市维护建设税的纳税义务发生时间为缴纳增值税、消费税的当日。

（二）纳税地点

城市维护建设税的纳税地点为实际缴纳增值税、消费税的地点。

（三）纳税期限

城市维护建设税按月或者按季计征；不能按固定期限计征的，可以按次计征。

思政园地

【绿"税"护青山】

任务工单

编号	6-8-1	知识点	城市维护建设税法律制度（综合）		日期	
姓名		学号		班级	评分	

1.概念				
2.计税依据	纳税人（　）缴纳的（　）、（　）		不征	
3.税率	根据纳税人所在地实行（　）税率			
	7%	5%		1%
4.应纳税额的计算	应纳税额=			
5.征收管理	纳税义务发生时间			
	纳税地点			
	纳税期限			
	退还			

编号	6-8-2	知识点	城市维护建设税法律制度（综合）	日期	
姓名		学号		班级	
				评分	

1.（判断题）城市维护建设税的计税依据，是纳税人当期应缴的增值税、消费税税额。（　）

2.（判断题）现行法律规定，对外商投资企业、外国企业及外籍个人不征收城市维护建设税。（　）

3.（判断题）对海关进口产品征收的增值税、消费税，不征收城市维护建设税。（　）

4.某企业2020年1月缴纳了增值税18万元，消费税30万元，所得税12万元，土地增值税10万元。已知该企业适用的城市维护建设税适用税率为5%，计算该企业应缴纳的城市维护建设税。

5.某企业2020年3月份销售应税货物缴纳增值税34万元、消费税12万元，出售房产缴纳增值税10万元、土地增值税4万元。已知该企业所在地的城市维护建设税税率为7%，教育费附加率为3%，计算该企业3月份应缴纳的城市维护建设税。

6.根据城市维护建设税法律制度的规定，下列表述中，正确的是（　）。
A.纳税人因违反增值税、消费税的有关规定而加收的滞纳金和罚款，不作为城市维护建设税的计税依据
B.纳税人在被查漏征增值税、消费税时，应同时对其城市维护建设税进行补税
C.海关对进口产品代征的增值税、消费税，不征收城市维护建设税
D.对出口产品退还增值税、消费税的，也要同时退还已经纳的城市维护建设税

7.根据城市维护建设税法律制度的规定，下列表述中，正确的是（　）。
A.城市维护建设税纳税义务发生时间基本上与增值税、消费税纳税义务发生时间一致
B.城市维护建设税的纳税期限比照增值税、消费税的纳税期限，由税务机关根据应纳税额大小分别核定
C.代扣代缴增值税、消费税的单位和个人，以经营地为城市维护建设税的纳税地点
D.城市维护建设税不能按照固定期限缴纳的，可以按次纳税

8.根据城市维护建设税法律制度的规定，城市维护建设税采用的税率形式是（　）。
A.比例税率　B.定额税率　　C.超额累进税率　D.超率累进税率

9.根据城市维护建设税法律制度的规定，下列各项中，不属于城市维护建设税的计税依据的有（　）。
A.实际缴纳增值税、消费税的税额　　　　B.纳税人偷逃增值税、消费税被查补的税款
C.纳税人偷逃增值税、消费税被处的罚款　D.纳税人滞纳增值税、消费税而加收的滞纳金

10.根据城市维护建设税法律制度的规定，下列选项中，属于城市维护建设税纳税人的有（　）。
A.事业单位　B.私营企业　　C.个体工商户　D.外国企业

11.（判断题）由受托方代扣代缴、代收代缴增值税、消费税的单位和个人，其代扣代缴、代收代缴的城市维护建设税按受托方所在地适用税率执行。（　）

12.下列关于城市维护建设税税收优惠的表述中，正确的是（　）。
A.对出口货物退还增值税的，可同时退还已缴纳的城市维护建设税
B.海关对进口货物代征的增值税，不征收城市维护建设税
C.对增值税实行先征后退办法的，除另有规定外，不予退还对随增值税附征的城市维护建设税
D.对增值税实行即征即退办法的，除另有规定外，不予退还对随增值税附征的城市维护建设税

任务九　教育费附加法律制度

任务情境

某公司2020年2月向税务机关实际缴纳增值税10万元、消费税5万元，向海关缴纳进口环节增值税4万元、消费税3万元。该公司当月应缴纳多少教育费附加？

任务概要和任务目标

教育费附加是为了扩大地方教育经费的资金来源，加快地方教育事业发展，而对缴纳增值税、消费税的单位和个人征收的一种预算外资金，教育费附加专门用于发展地方教育事业。

教育费附加，以各单位和个人实际缴纳的增值税、消费税的税额为计征依据，教育费附加率为3%，两者的乘积即为应纳缴纳的教育费附加。教育费附加与增值税、消费税同时缴纳。

任务相关知识

为了扩大地方教育经费的资金来源，加快地方教育事业发展，国务院于1986年4月28日发布《征收教育费附加的暂行规定》，指出凡缴纳增值税、营业税的单位和个人都应当按照该规定缴纳教育费附加。

2005年8月20日，国务院发布第448号国务院令，公布《国务院关于修改〈征收教育费附加的暂行规定〉的决定》，决定自2005年10月1日起施行。

【中华人民共和国征收教育费附加的暂行规定】

一、教育费附加的概念

教育费附加是由税务机关负责征收，同级教育部门统筹安排，同级财政部门监督管理，专门用于发展地方教育事业的预算外资金。

二、教育费附加的计征依据和教育费附加率

教育费附加，以各单位和个人实际缴纳的增值税、消费税的税额为计征依据，教育费附加率为3%，分别与增值税、消费税同时缴纳。

三、教育费附加的计算

教育费附加按照纳税人实际缴纳的增值税、消费税税额乘以附加率计算。

四、教育费附加的缴纳人

凡缴纳消费税、增值税的单位和个人都应当缴纳教育费附加。

思政园地

【3分钟带你了解纳税信用】

任务工单

编号	6-9	知识点	教育费附加法律制度（综合）	日期	
姓名		学号		班级		评分	

	教育费附加	
1.概念		
2.计征依据		不征
3.附加率		
4.教育费附加的计算	教育费附加＝	
5.征收管理		
习题	1. 2018年12月甲企业当月应缴增值税30万元，实际缴纳20万元，应缴消费税28万元，实际缴纳12万元，已知教育费附加率为3%，则该企业当月应缴纳的教育费附加计算正确的是（　）。 　　A.（30+28）×3%=1.74（万元）　　B.（20+12）×3%=0.96（万元） 　　C. 30×3%=0.9（万元）　　　　　　D. 20×3%=0.6（万元） 2.（判断题）对海关进口产品征收的增值税、消费税，不征收教育费附加。（　） 3.（判断题）教育费附加的计税依据，是纳税人当期应缴的增值税、消费税税额。（　）	

任务十　关税法律制度

任务情境

我国境内某公司2020年3月从国外进口一台机器设备，设备价款80万元。除设备价款外，该公司还支付运抵我国境内输入地点起卸前的包装费、运费2万元，另外，该公司还支付给卖方佣金1万元。已知该批设备适用的进口关税税率为10%，该公司进口该批设备应当缴纳多少进口关税？

任务概要和任务目标

关税是海关对进出境的货物、物品征收的一种税。货物和物品的主要区别在于其性质的不同，货物具有贸易性质，是用来赚钱的，而进出境物品不是为了出售赚钱的，而是用来自用的；另外海关法对物品的数量也有一定的限制，超出了法定的数量，即使目的是自用，也按货物对待。

关税的种类有很多，包括进口关税、出口关税和过境关税等。我国不征收过境关税，出口关税征收的范围也很小，主要征收进口关税。

关税的计征方式包括从价计税、从量计税和复合计税。从价计税的，关税税额为应税进（出）口货物数量、单位完税价格和税率三者的乘积。这里比较麻烦的是关税完税价格的确定。关税完税价格就是用以计算缴纳关税的价格，此价格由海关在货物实际成交价格的基础上进行审查后确定，不同贸易形式货物的完税价格是不一样的，这就涉及不同贸易形式下货物完税价格的确定，这一部分内容比较多，是学习中的一个重点，也是难点。从量计税的，关税税额为应税进（出）口货物数量和单位税额的乘积，计算起来比较容易。

关于关税的税率，进口关税的税率比较多，有最惠国税率、协定税率、特惠税率、普通税率、关税配额税率、暂定税率等多种税率形式，出口关税设置出口税率，在一定期限内也可以实行暂定税率。

本任务要求了解关税的含义，掌握关税的征税范围、计税依据、税率、纳税人、应纳税额的计算、税收优惠和征收管理。

任务相关知识

关税法是指国家制定的调整关税征收与缴纳权利义务关系的法律规范。我国现行关税法律规范以全国人民代表大会于2000年7月修正颁布的《中华人民共和国海关法》为法律依据，以国务院于2003年11月发布的《中华人民共和国进出口关税条例》，以及由国务院关税税则委员会审定并报国务院批准，作为条例组成部分的《中华人民共和国海关进出口税则》和《中华人民共和国海关入境旅客行李物品和个人邮递物品征收进口税办法》为基本法规，由负责关税政策制定和征收管理的主管部门依据基本法规拟定的管理办法和实施细则为主要内容。2015年8月，关税法被补充进第十二届全国人大常委会立法规划。

【中华人民共和国海关法（2017修正）】　　【中华人民共和国进出口关税条例】

一、关税的含义

1.关税的概念和种类

关税是海关对进出境的货物、物品征收的一种税。按照征收对象分，关税可以分为对进境货物和物品征收的进口税、对出境货物或物品征收的出口税以及对过境的货物和物品征收的过境税三种。

现今世界各国的关税，主要是征收进口税。大部分发达国家都已经废止了出口税，有些国家为增加财政收入，限制本国紧缺资源的输出，仍旧对部分出口产品征收出口税。过境税是对过境商品征收的关税，过境税阻碍了国际贸易的开展，世界贸易组织协定严格禁止成员国开征任何形式的过境关税，目前只有少数国家开征过境税。

二、关税的征税范围

关税的征税范围是进出境货物和物品。

货物和物品是两个不同的概念，两者的主要区别在于货物以交易为目的，具有贸易性质，而物品限于自用目的，并非用于交易。

三、关税的计税依据

关税的计税依据即完税价格。完税价格即用来计算缴纳关税税款的价格，这里的"完"就是"缴纳"的意思，完税价格就是计算缴纳关税的价格，也就是关税的计税依据。

计算缴纳关税的完税价格并非买卖双方的实际货物成交价格，而是由海关在此基础上进行审查后确定的价格。在有些情况下，海关审查确定的完税价格同实际货物成交价格是一致的，但在有些情况下，海关会以成交价格为基础重新确定一个价格，并以此计征关税。在计征关税时由海关认定并用以计征关税的价格即完税价格。

（一）进口货物完税价格

1. 进口货物完税价格的确定方法

进口货物的完税价格由海关以货物的成交价格以及该货物运抵中华人民共和国境内输入地点起卸前的运输及其相关费用、保险费为基础审查确定。

进口货物的成交价格，是指卖方向中华人民共和国境内销售该货物时买方为进口该货物向卖方实付、应付的，并按照规定调整后的价款总额，包括直接支付的价款和间接支付的价款。

2. 一般贸易进口货物完税价格的确定

进口货物的成交价格不符合规定条件的，或者成交价格不能确定的，海关经了解有关情况，并与纳税义务人进行价格磋商后，依次以下列价格估定该货物的完税价格：

1）与该货物同时或者大约同时向中华人民共和国境内销售的相同货物的成交价格；

2）与该货物同时或者大约同时向中华人民共和国境内销售的类似货物的成交价格；

3）与该货物进口的同时或者大约同时，将该进口货物、相同或者类似进口货物在第一级销售环节销售给无特殊关系买方最大销售总量的单位价格，但应当扣除同等级或者同种类货物在中华人民共和国境内第一级销售环节销售时通常的利润和一般费用以及通常支付的佣金、进口货物运抵境内输入地点起卸后的相关费用以及进口关税及国内税收；

4）按照下列各项总和计算的价格：生产该货物所使用的料件成本和加工费用，向中华人民共和国境内销售同等级或者同种类货物通常的利润和一般费用，该货物运抵境内输入地点起卸前的运输及其相关费用、保险费；

5）以合理方法估定的价格。

纳税义务人向海关提供有关资料后，可以提出申请，颠倒上面第3）项和第4）项所述方法的适用次序。

3. 以租赁方式进口货物完税价格的确定

以租赁方式进口的货物，以海关审查确定的该货物的租金作为完税价格。

4. 境外加工货物完税价格的确定

运往境外加工的货物，出境时已向海关报明并在海关规定的期限内复运进境的，应当以境外加工费和料件费以及复运进境的运输及其相关费用和保险费审查确定完税价格。

5. 境外修理货物完税价格的确定

运往境外修理的机械器具、运输工具或者其他货物，出境时已向海关报明并在海关规定的期限内复运进境的，应当以境外修理费和料件费审查确定完税价格。

(二)出口货物完税价格

1.出口货物完税价格的确定方法

出口货物的完税价格由海关以该货物的成交价格以及该货物运至中华人民共和国境内输出地点装载前的运输及其相关费用、保险费为基础审查确定。出口货物的成交价格,是指该货物出口时卖方为出口该货物应当向买方直接收取和间接收取的价款总额。出口关税不计入完税价格。

2.出口货物完税价格的确定

出口货物的成交价格不能确定的,海关经了解有关情况,并与纳税义务人进行价格磋商后,依次以下列价格估定该货物的完税价格:

1)与该货物同时或者大约同时向同一国家或者地区出口的相同货物的成交价格;
2)与该货物同时或者大约同时向同一国家或者地区出口的类似货物的成交价格;
3)按照下列各项总和计算的价格:境内生产相同或者类似货物的料件成本、加工费用,通常的利润和一般费用,境内发生的运输及其相关费用、保险费;
4)以合理方法估定的价格。

四、关税的税率

(一)关税税率的种类

进口关税设置最惠国税率、协定税率、特惠税率、普通税率、关税配额税率等税率,对进口货物在一定期限内可以实行暂定税率。出口关税设置出口税率,对出口货物在一定期限内可以实行暂定税率。

(二)关税税率的适用

1.最惠国税率的适用

原产于共同适用最惠国待遇条款的世界贸易组织成员的进口货物,原产于与中华人民共和国签订含有相互给予最惠国待遇条款的双边贸易协定的国家或者地区的进口货物,以及原产于中华人民共和国境内的进口货物,适用最惠国税率。

2.协定税率的适用

原产于与中华人民共和国签订含有关税优惠条款的区域性贸易协定的国家或者地区的进口货物,适用协定税率。

3.特惠税率的适用

原产于与中华人民共和国签订含有特殊关税优惠条款的贸易协定的国家或者地区的进口货物,适用特惠税率。

4.普通税率的适用

原产于上述所列以外国家或者地区的进口货物,以及原产地不明的进口货物,适用普通税率。

5.暂定税率的适用

用最惠国税率的进口货物有暂定税率的,应当适用暂定税率;适用协定税率、特惠税率的进口货物有暂定税率的,应当从低适用税率;适用普通税率的进口货物,不适用暂定税率。

适用出口税率的出口货物有暂定税率的,应当适用暂定税率。

6.关税配额税率的适用

按照国家规定实行关税配额管理的进口货物,关税配额内的,适用关税配额税率;关税配额外的,其税率的适用按照其他规定执行。

7.反倾销、反补贴、保障措施税率的适用

按照有关法律、行政法规的规定对进口货物采取反倾销、反补贴、保障措施的,其税率的适用按照有关规定执行。

8.报复性税率的适用

任何国家或者地区违反与中华人民共和国签订或者共同参加的贸易协定及相关协定,对中华人民共和国

在贸易方面采取禁止、限制、加征关税或者其他影响正常贸易的措施的,对原产于该国家或者地区的进口货物可以征收报复性关税,适用报复性关税税率。

五、关税应纳税额的计算

(一)从价税应纳税额的计算

$$关税税额=应税进(出)口货物数量 \times 单位完税价格 \times 税率$$

(二)从量税应纳税额的计算

$$关税税额=应税进(出)口货物数量 \times 单位税额$$

(三)复合税应纳税额的计算

我国目前实行的复合税都是先计征从量税,再计征从价税。

$$关税税额=应税进(出)口货物数量 \times 单位货物税额+应税进(出)口货物数量 \times 单位完税价格 \times 税率$$

(四)滑准税应纳税额的计算

滑准税是指关税的税率随着进口货物价格的变动而反方向变动的一种税率形式,即价格越高,税率越低,税率为比例税率。征收这种关税的目的是使该种进口商品,不论其进口价格高低,其税后价格保持在一个预定的价格标准上,以稳定进口国国内该种商品的市场价格,尽可能减少国际市场价格波动的影响。我国对关税配额外进口一定数量的棉花实施滑准税。

滑准税应纳税额的计算方法与从价税的计算方法相同。

六、关税的税收优惠

1)免征关税的进出口货物包括:关税税额在人民币50元以下的一票货物;无商业价值的广告品和货样;外国政府、国际组织无偿赠送的物资;在海关放行前损失的货物;进出境运输工具装载的途中必需的燃料、物料和饮食用品。

2)在海关放行前遭受损坏的货物,可以根据海关认定的受损程度减征关税。

3)因品质或者规格原因,自出口之日起1年内原状复运进境的出口货物,以及自进口之日起1年内原状复运出境的进口货物,不征收进口关税。

4)因残损、短少、品质不良或者规格不符原因,由进出口货物的发货人、承运人或者保险公司免费补偿或者更换的相同货物,进出口时不征关税。被免费更换的原进口货物不退运出境或者原出口货物不退运进境的,海关应当对原进出口货物重新按照规定征收关税。

七、关税的纳税人

进口货物的收货人、出口货物的发货人、进境物品的所有人,是关税的纳税义务人。

八、关税的征收管理

1)关税由海关征收,由纳税义务人在货物实际进出境时一次性缴纳。
2)旅客携运进出境的行李物品有下列情形之一的,海关暂不予放行:
①旅客不能当场缴纳进境物品税款的;
②进出境的物品属于许可证件管理的范围,但旅客不能当场提交的;
③进出境的物品超出自用合理数量,按规定应当办理货物报关手续或其他海关手续,其尚未办理的;
④进出境物品的属性、内容存疑,需要由有关主管部门进行认定、鉴定、验核的;
⑤按规定暂不予以放行的其他行李物品。

3）进出口货物的纳税义务人，应当自海关填发税款缴款书之日起15日内缴纳税款；逾期缴纳的，由海关征收滞纳金。

4）进出口货物、进出境物品放行后，海关发现少征或者漏征税款，应当自缴纳税款或者货物、物品放行之日起一年内，向纳税义务人补征。因纳税义务人违反规定而造成的少征或者漏征，海关在三年以内可以追征。

5）海关多征的税款，海关发现后应当立即退还；纳税义务人自缴纳税款之日起一年内，可以要求海关退还。

思政园地

【中国收回关税自主权的艰难历程】

任务工单

编号	6-10-1	知识点	关税法律制度（综合）		日期	
姓名		学号		班级	评分	
1.概念						
2.征税对象				3.纳税人		

4.税率	（1）税率的种类	进口税率	最惠国税率		5.暂定税率	
					与暂定税率并存时	适用（　）税率
			协定税率			选择（　）适用
			特惠税率			
			普通税率			不适用（　）税率
			配额税率	（　）内适用（配额外适用其他税率）		
			对进口货物采取反倾销、反补贴、保障措施的，按照（　）税率执行。			
		出口税率	（只对少部分商品征收关税）出口税率		适用暂定税率	
	（2）税率的确定	①进出口货物	海关接受该货物（　）或者（　）之日实施的税率。			
		②货物到达前先行申报的	（　　　　　　　　　　）之日实施的税率。			
		③补征关税或退还关税	原则1：按照实际进口之日的税率。进口之日指的是进入关境的日期。	1.非纳税人原因多征或少征的： 2.减免税货物补税： 3.保税货物转内销补税：（　　　　）之日实施的税率。 4.缓税进口以后纳税的：（　　　　）之日实施的税率。 5.分期支付租金的租赁进口货物，分期付税时，都按（　　　　）之日实施的税率。 6.溢卸误卸货物：（　　　　）之日实施的税率。 7.暂时进口货物转正式进口货物：（　　　　）之日实施的税率。		
			原则2：按照查获日期。	1.保税货物未经批准擅自转内销的：（　　　　）的税率。 2.查获走私的货物：（　　　　）的税率。		

5.计税依据	1.关税完税价格（从价计税、滑准税、复合计税）		
	完税价格的组成	进口货物	1.一般贸易进口货物：由海关以货物成交价格为基础的（　　　）价格审查确定。 2.运往境外修理的机械器具、运输工具或者其他货物，在规定期限内复运进境的：以（　　　　　　　）审查确定完税价格。 3.以租赁方式进口的货物：以海关审查确定的该货物的（　　　）作为完税价格。
		出口货物	由海关以该货物成交价格为基础的（　　　）价格，扣除关税后审查确定。 计算公式为：完税价格=离岸价格÷（1+出口税率）（公式含义：去掉价格中的关税）
	完税价格的确定（当完税价格偏低需要估价时）		1.与该货物同时或者大约同时向同一国家或者地区出口的（　　　）货物的成交价格； 2.与该货物同时或者大约同时向同一国家或者地区出口的（　　　）货物的成交价格； 3.按照下列各项总和计算的价格：（　　　）货物的料件成本、加工费用，通常的利润和一般费用，境内发生的运输及其相关费用、保险费； 4.以合理方法估定的价格。
	2 进出口数量（从量计税，复合计税）（略）		
6.应纳税额的计算	从价税计算方法		应纳税额=
	从量税计算方法		应纳税额=
	复合税计算方法		应纳税额=
	滑准税计算方法		应纳税额=
7.税收优惠			
8.征收管理	不予放行		自2016年6月1日起，旅客携运进出境的行李物品有下列情形之一的，海关暂不予放行：
	缴纳		海关填发缴款书（　　　）日内一次性缴纳。逾期不交的按日征收欠缴税额（　　　）的滞纳金。
	退还		海关发现多征税款的：
			纳税义务人发现多缴税款的：
	补征		发现少征漏征的：
	追征		因纳税义务人违规造成少征或者漏征税款的：

编号	6-10-2	知识点	关税法律制度（综合）	日期	
姓名		学号		班级	评分

1.（判断题）根据关税法律制度的规定，对于从境外采购进口的原产于中国境内的货物，应按规定征收进口关税。（ ）

2.根据关税法律制度的规定，进口原产于与我国签订含有特殊关税优惠条款的贸易协定的国家的货物，适用的关税税率是（ ）。
　　A.最惠国税率　　　　　　B.协定税率　　　　　　C.特惠税率　　　　　　D.关税配额税率

3.根据关税法律制度的规定，下列应纳税额的计算方法中，税率随着进口商品价格的变动而反方向变动的是（ ）。
　　A.从价税计算方法　　　　B.复合税计算方法　　　C.从量税计算方法　　　D.滑准税计算方法

4.（填空题）根据关税法律制度的规定，一票货物关税税额在人民币一定金额以下的，可以免征关税，该金额是（ ）元。

5. 2020年1月，我国境内某公司进口一批货物，海关审定的成交价格为1 100万元，货物运抵我国境内输入地点起卸前的运费为96万元，保险费为4万元。已知关税税率为10%，计算该公司该笔业务应缴纳的关税税额。

6.我国境内某公司2020年3月从国外进口一台机器设备，设备价款80万元。除设备价款外，该公司还支付运抵我国境内输入地点起卸前的包装费、运费2万元，另外，该公司还支付给卖方佣金1万元。已知该批设备适用的进口关税税率为10%，计算该企业应缴纳的进口关税税额。

7.甲公司将一台设备运往境外修理，出境前向海关报关出口并在海关规定期限内复运进境，该设备经修理后的市场价格为500万元，经海关审定的修理费和料件费分别为15万元和20万元，计算甲公司该设备复运进境时进口关税完税价格。

8.根据关税法律制度的规定，下列关于关税减免税规定的表述中，正确的有（ ）。
　　A.无商业价值的广告样品进口征收关税
　　B.在起卸后海关放行前，因不可抗力遭受损坏或损失的，可酌情减免关税
　　C.因故退还的中国出口货物，可以免征进口关税，同时已征收的出口关税可以退还
　　D.关税税额在人民币50元以下的一票货物免征关税

9.（判断题）根据规定，出口货物应当以海关审定的货物售予境外的离岸价格作为完税价格。（ ）

10.（判断题）进出口货物的收发货人或其代理人应当在海关签发税款缴款凭证之日起15日内（星期日和法定节假日除外），向指定银行缴纳税款。（ ）

任务十一　环境保护税法律制度

任务情境

某建筑公司因施工作业2020年1月产生工业噪声超标14分贝共计10天，2月超标14分贝共计20天，3月超标14分贝共计31天。已知工业噪声超标14分贝的每月税额为5 600元，该建筑公司2020年第一季度应当缴纳多少环境保护税？

任务概要和任务目标

环境保护税是以保护环境为目标而征收的一种税，环境保护税是对在中华人民共和国领域和中华人民共和国管辖的其他海域，直接向环境排放的大气污染物、水污染物、固体废物和噪声的单位和其他经营者所征收的一种税。环境保护税的征税范围是在中华人民共和国领域和中华人民共和国管辖的其他海域，直接向环境排放的大气污染物、水污染物、固体废物和噪声，纳税人是在中华人民共和国领域和中华人民共和国管辖的其他海域，直接向环境排放的大气污染物、水污染物、固体废物和噪声的单位和其他生产经营者，不包括个人。

环境保护税从量计税，按照《环境保护税税目税额表》，不同的税目适用不同的税额标准。大气污染物、水污染物、固体废物和噪声的计税依据不完全相同。应税大气污染物、应税水污染物的计税依据为污染物排放量折合的污染当量数，应税大气污染物、应税水污染物的应纳税额为折合的污染当量数与具体适用税额的乘积；应税固体废物的计税依据为固体废物的排放量，应纳税额为固体废物的排放量和具体适用税额的乘积。应税噪声的计税依据为超过国家规定标准的分贝数，其应纳税额为超过国家规定标准的分贝数对应的具体适用税额。

本任务要求了解环境保护税的含义，掌握环境保护税的征税范围、计税依据、税率、纳税人、应纳税额的计算、税收优惠和征收管理，能够正确计算和缴纳环境保护税。

任务相关知识

《中华人民共和国环境保护税法》已由第十二届全国人民代表大会常务委员会第二十五次会议于2016年12月25日通过，自2018年1月1日起施行。《中华人民共和国环境保护税法》全文5章、28条，分别为总则、计税依据和应纳税额、税收减免、征收管理、附则。

一、环境保护税的概念

环境保护税是对在中华人民共和国领域和中华人民共和国管辖的其他海域，直接向环境排放的大气污染物、水污染物、固体废物和噪声的单位和其他生产经营者所征收的一种税。环境保护税是以环境保护为目标而征收的一种税。

【《中华人民共和国环境保护税法》】

【环保税基本政策】

【3分钟带你看懂环保税】

二、环境保护税的征税范围

环境保护税的征税范围是在中华人民共和国领域和中华人民共和国管辖的其他海域，直接向环境排放的大气污染物、水污染物、固体废物和噪声。

有下列情形之一的，不属于直接向环境排放污染物，不缴纳相应污染物的环境保护税：

1）企业事业单位和其他生产经营者向依法设立的污水集中处理、生活垃圾集中处理场所排放应税污染物的；

2）企业事业单位和其他生产经营者在符合国家和地方环境保护标准的设施、场所贮存或者处置固体废物的。

依法设立的城乡污水集中处理、生活垃圾集中处理场所超过国家和地方规定的排放标准向环境排放应税污染物的，应当缴纳环境保护税。

企业事业单位和其他生产经营者贮存或者处置固体废物不符合国家和地方环境保护标准的，应当缴纳环境保护税。

三、环境保护税的计税依据

应税污染物的计税依据，按照下列方法确定：

1）应税大气污染物按照污染物排放量折合的污染当量数确定；
2）应税水污染物按照污染物排放量折合的污染当量数确定；
3）应税固体废物按照固体废物的排放量确定；
4）应税噪声按照超过国家规定标准的分贝数确定。

四、环境保护税的税率

环境保护税的税目、税额，依照《中华人民共和国环境保护法》所附的《环境保护税税目税额表》执行，如表6-6所示。

表6-6 环境保护税税目税额表

税目		计税单位	税额	备注
大气污染物		每污染当量	1.2~12元	
水污染物		每污染当量	1.4~14元	
固体废物	煤矸石	每吨	5元	
	尾矿	每吨	15元	
	危险废物	每吨	1 000元	
	冶炼渣、粉煤灰、炉渣、其他固体废物（含半固态、液态废物）	每吨	25元	
噪声	工业噪声	超标1~3分贝	每月350元	1.一个单位边界上有多处噪声超标，根据最高一处超标声级计算应纳税额；当沿边界长度超过100米有两处以上噪声超标，按照两个单位计算应纳税额。 2.一个单位有不同地点作业场所的，应当分别计算应纳税额，合并计征。
		超标4~6分贝	每月700元	
		超标7~9分贝	每月1 400元	

税目	计税单位	税额	备注
	超标10~12分贝	每月2 800元	3. 昼、夜均超标的环境噪声，昼、夜分别计算应纳税额，累计计征。 4. 声源一个月内超标不足15天的，减半计算应纳税额。 5. 夜间频繁突发和夜间偶然突发厂界超标噪声，按等效声级和峰值噪声两种指标中超标分贝值高的一项计算应纳税额
	超标13~15分贝	每月5 600元	
	超标16分贝以上	每月11 200元	

应税大气污染物和水污染物的具体适用税额的确定和调整，由省、自治区、直辖市人民政府在规定的税额幅度内提出，报同级人民代表大会常务委员会决定，并报全国人民代表大会常务委员会和国务院备案。

五、环境保护税应纳税额的计算

（一）环境保护税应纳税额的计算方法

【环境保护税的计算】

环境保护税应纳税额按照下列方法计算：
1）应税大气污染物的应纳税额为污染当量数乘以具体适用税额，其公式为：
$$应纳税额 = 污染当量数 \times 具体适用税额$$
2）应税水污染物的应纳税额为污染当量数乘以具体适用税额，其公式为：
$$应纳税额 = 污染当量数 \times 具体适用税额$$
3）应税固体废物的应纳税额为固体废物排放量乘以具体适用税额，其公式为：
$$应纳税额 = 固体废物排放量 \times 具体适用税额$$
4）应税噪声的应纳税额为超过国家规定标准的分贝数对应的具体适用税额。

（二）应税大气污染物、水污染物、固体废物排放量和噪声分贝数的确定

应税大气污染物、水污染物、固体废物的排放量和噪声的分贝数，按照下列方法和顺序计算：
1）纳税人安装使用符合国家规定和监测规范的污染物自动监测设备的，按照污染物自动监测数据计算；
2）纳税人未安装使用污染物自动监测设备的，按照监测机构出具的符合国家有关规定和监测规范的监测数据计算；
3）因排放污染物种类多等原因不具备监测条件的，按照国务院生态环境主管部门规定的排污系数[①]、物料衡算[②]方法计算；
4）不能按照前面方法计算的，按照省、自治区、直辖市人民政府生态环境主管部门规定的抽样测算的方法核定计算。

六、环境保护税的税收优惠

下列情形，暂予免征环境保护税：
1）农业生产（不包括规模化养殖）排放应税污染物的；
2）机动车、铁路机车、非道路移动机械、船舶和航空器等流动污染源排放应税污染物的；
3）依法设立的城乡污水集中处理、生活垃圾集中处理场所排放相应应税污染物，不超过国家和地方规定的排放标准的；
4）纳税人综合利用的固体废物，符合国家和地方环境保护标准的；

---

① 排污系数，是指在正常技术经济和管理条件下，生产单位产品所应排放的污染物量的统计平均值。
② 物料衡算，是指根据物质质量守恒原理对生产过程中使用的原料、生产的产品和产生的废物等进行测算的一种方法。

5）国务院批准免税的其他情形。

纳税人排放应税大气污染物或者水污染物的浓度值低于国家和地方规定的污染物排放标准30%的，减按75%征收环境保护税。纳税人排放应税大气污染物或者水污染物的浓度值低于国家和地方规定的污染物排放标准50%的，减按50%征收环境保护税。

七、环境保护税的纳税人

在中华人民共和国领域和中华人民共和国管辖的其他海域，直接向环境排放应税污染物的企业事业单位和其他生产经营者为环境保护税的纳税人。

八、环境保护税的征收管理

（一）纳税义务发生时间

纳税义务发生时间为纳税人排放应税污染物的当日。

（二）纳税地点

纳税人应当向应税污染物排放地的税务机关申报缴纳环境保护税。

（三）纳税期限

环境保护税按月计算，按季申报缴纳。不能按固定期限计算缴纳的，可以按次申报缴纳。

思政园地

《诗经》里的"税收故事"

"关关雎鸠，在河之洲，窈窕淑女，君子好逑"，三千年前《诗经》的诗句，至今依然脍炙人口。《诗经》中除了爱情诗歌，还有古老的周代赋税往事。

周代的田赋故事

"有渰萋萋，兴雨祈祈。雨我公田，遂及我私"（《小雅·大田》），"中田有庐，疆场有瓜，是剥是菹，献之皇祖"（《小雅·信南山》），写的是井田制，"公田""中田"是井田中的中间地块，由耕种井田的周边8家佃农合耕，其余8块是私田，由佃农各自耕种，公田收成归王室，私田收成归农户。一直到秦国商鞅变法，废井田开阡陌，及鲁国实行初税亩，井田制遂废。"度其隰原，彻田为粮"（《大雅·公刘》），"王命召伯，彻申伯土田"（《大雅·崧高》），是说田赋的"彻法"。三代田赋，夏代行贡法，商代行助法，至周朝推行税率为什一之彻法，劳动者按十分之一比例缴纳农产谷物税。

周代的军赋故事

"何草不黄？何日不行？何人不将？经营四方"（《小雅·何草不黄》），让我们见证征夫疲于行役。"彼尔维何？维常之华。彼路斯何？君子之车。戎车既驾，四牡业业。岂敢定居？一月三捷""昔我往矣，杨柳依依。今我来思，雨雪霏霏。行道迟迟，载渴载饥。我心伤悲，莫知我哀！"（《小雅·采薇》），让我们看到久戍而归的士卒曾经的军旅生活和怀乡之情。"岂曰无衣？与子同袍。王于兴师，修我戈矛，与子同仇"（《秦风·无衣》），让我们体会士卒为抵御外侮保家卫国同仇敌忾之尚武精神。

周代的徭役故事

《小雅》中之"北山""何草不黄"等章句，倾诉役夫在外行役而忧虑父母生活的心声。《大雅》之《板》《民劳》等篇中，"民亦劳止、汔可小休"等诗句表达服役者渴望喘息休憩。《魏风·陟岵》中"陟彼岵兮，瞻望父兮""陟彼屺兮，瞻望母兮"，是在渴念亲情。《小雅·十月之交》："抑此皇父，岂曰不时，胡为我作，不即我谋，彻我墙屋，田卒污莱"，《小雅·小明》："昔我往矣，日月方除，曷云其还，岁聿云莫，念我独兮，我事孔庶，心之忧矣，惮我不暇"，是谴责劳役误农误产。

周代的税负故事

周代田赋的"彻法",在古代被认为公正适度,所谓"什一者,天下之中正也"(《公羊传》),但《诗经》中写到了税外负担。《豳风·七月》"七月鸣鵙,八月载绩,载玄载黄,我朱孔阳,为公子裳""十月陨萚。一之日于貉,取彼狐狸,为公子裘",农民需向公家上交丝麻织品和猎物以制衣裘。"二之日凿冰冲冲,三之日纳于凌阴,四之日其蚤,献羔祭韭。九月肃霜,十月涤场。朋酒斯飨,曰杀羔羊。跻彼公堂,称彼兕觥,万寿无疆",农民冬日要取冰收藏以待夏日王用,仲春献出羊羔韭菜之类以供王室祭祀之用,缴粮之余还要贡奉果蔬美酒。

周人的赋税心理

《小雅·甫田》"倬彼甫田,岁取十千。我取其陈,食我农人。自古有年。今适南亩,或耘或耔",反映农民尽管收成不好,仍要勤勉劳作以缴公粮的矛盾心理。《小雅·北山》:"或燕燕居息,或尽瘁事国,或息偃在床,或不已于行,或不知叫号,或惨惨劬劳,或栖迟偃仰,或王事鞅掌,或湛乐饮酒,或惨惨畏咎,或出入风议,或靡事不为",是服役者对自身劳碌不息而统治者养尊处优的强烈不满。

饥者歌其食,劳者歌其事,赋者歌其税。一部《诗经》,305篇,49篇涉税诗歌,其中的税收故事,穿越古今,擦亮记忆,是周代赋税历史的文学叙述和鲜活印记。

任务工单

编号	6-11-1	知识点	环境保护税法律制度（综合）		日期	
姓名		学号		班级	评分	

1.概念	

2.征税对象	
征收	不征

	3.税目		4.计税依据和5.税率	6.应纳税额的计算
应税污染物	大气污染物		1.2~12元/每污染当量	应纳税额=
	水污染物		1.4~14元/每污染当量	应纳税额=
	固体废物	煤矸石	5元/每吨	应纳税额=
		尾矿	15元/每吨	
		危险废物	1 000元/每吨	
		炉渣等	25元/每吨	
	工业噪声	超标1~3分贝	350元/月	应纳税额=
		超标4~6分贝	700元/月	
		超标7~9分贝	1 400元/月	
		超标10~12分贝	2 800元/月	
		超标13~15分贝	5 600元/月	
		超标16分贝以上	11 200元/月	

7.纳税人	

8.税收优惠	暂免征	
	减征	①排放应税大气污染物或者水污染物的浓度值低于排放标准30%的，减按（　）征税； ②排放应税大气污染物或者水污染物的浓度值低于排放标准50%的，减按（　）征税。

9.征收管理	（1）纳税义务发生时间	
	（2）纳税期限	
	（3）申报期限	
	（4）纳税地点	

编号	6-11-2	知识点	环境保护税法律制度（综合）	日期	
姓名		学号		班级		评分	

1.根据环境保护税法律制度的规定，下列各项中，不属于环境保护税征税对象的是（　　）。
A.大气污染物　　　　B.水污染物　　　C.固体废物　　D.光污染

2.根据环境保护税法律制度的规定，下列各项中，不属于环境保护税纳税人的是（　　）。
A.在我国领海从事海洋石油开发并直接向环境排放大气污染物的企业
B.在我国城郊从事畜禽养殖并直接向环境排放固体废物的畜禽养殖场
C.在我国市区从事餐饮服务并直接向环境排放水污染物的饭店
D.贮存或者处置固体废物符合国家和地方环境保护标准的企业事业单位

3.（判断题）事业单位和其他生产经营者向依法设立的污水集中处理、生活垃圾集中处理场所排放应税污染物的，不缴纳相应污染物的环境保护税。（　　）

4.（判断题）规模化养鸡场排放固体污染物免征环境保护税。（　　）

5.（判断题）环境保护税的纳税人为在中华人民共和国领域和中华人民共和国管辖的其他海域，直接向环境排放应税污染物的企业事业单位和其他生产经营者。（　　）

6.（填空题）纳税人排放应税大气污染物或者水污染物的浓度值低于国家和地方规定的污染物排放标准50%的，减按（　　）征收环境保护税。

7.根据环境保护税法律制度的规定，下列企业直接排放的污染物中，属于环境保护税征税范围的有（　　）。
A.大气污染物　　　　B.水污染物　　　C.固体废物　　D.噪声

8.下列污染物按照污染物排放量折合的污染当量数确定环境保护税计税依据的有（　　）。
A.大气污染物　　　　B.水污染物　　　C.固体废物　　D.噪声

9.2020年3月，某企业产生炉渣150吨，其中30吨在符合国家和地方环境保护标准的设施中贮存，100吨综合利用且符合国家和地方环境保护标准，其余的直接倒弃于空地。已知炉渣环境保护税税率为25元/吨，计算该企业当月所产生炉渣应缴纳的环境保护税税额。

10.某建筑公司因施工作业2020年1月产生工业噪声超标14分贝共计10天，2月超标14分贝20天，3月超标14分贝共计31天。已知工业噪声超标14分贝的每月税额为5 600元，计算该建筑公司2020年第一季度应当缴纳的环境保护税税额。

11.（判断题）应税大气污染物和水污染物的具体适用税额的确定和调整，由省、自治区、直辖市人民政府统筹考虑本地区环境承载能力、污染物排放现状和经济社会生态发展目标要求，在规定的税额幅度内提出，报全国人民代表大会常务委员会决定，并报国务院备案。（　　）

12.（判断题）一个单位边界上有多处噪声超标，根据最高一处超标声级计算应纳税额；当沿边界长度超过50米有两个以上噪声超标，按照两个单位计算应纳税额。（　　）

任务十二　车辆购置税法律制度

任务情境

某公司2020年5月进口自用小汽车一辆，海关审定的关税完税价格为50万元，缴纳关税10万元，消费税20万元。已知车辆购置税税率为10%，该公司进口该辆小汽车应当缴纳多少车辆购置税？

任务概要和任务目标

车辆购置税是对在中华人民共和国境内购置汽车、有轨电车、汽车挂车、排气量超过150毫升的摩托车的单位和个人征收的一种税。车辆购置税的征税对象包括汽车、有轨电车、汽车挂车、排气量超过150毫升的摩托车。在中华人民共和国境内购置汽车、有轨电车、汽车挂车、排气量超过150毫升的摩托车的单位和个人为车辆购置税的纳税人。

车辆购置的计税依据是应税车辆的计税价格，税率为10%，应纳税额为应税车辆的计税价格的10%。

车辆购置税实行一次性征收。购置已征车辆购置税的车辆，不再征收车辆购置税。

本任务要求了解车辆购置税的含义，掌握车辆购置税的征税范围、计税依据、税率、纳税人、应纳税额的计算、税收优惠和征收管理。

任务相关知识

2018年12月29日，第十三届全国人民代表大会常务委员会第七次会议通过了《中华人民共和国车辆购置税法》，自2019年7月1日起施行。2000年10月22日国务院公布的《中华人民共和国车辆购置税暂行条例》同时废止。

【《中华人民共和国车辆购置税法》】

【7月1日起，车辆购置税法开始实施啦！】

【车辆购置税常务操作】

一、车辆购置税的概念

车辆购置税是对在中华人民共和国境内购置汽车、有轨电车、汽车挂车、排气量超过150毫升的摩托车（以下统称应税车辆）的单位和个人征收的一种税。

购置，是指以购买、进口、自产、受赠、获奖或者其他方式取得并自用应税车辆的行为。

二、车辆购置税的征税对象

车辆购置税的征税对象包括汽车、有轨电车、汽车挂车、排气量超过150毫升的摩托车。

三、车辆购置税的计税依据

车辆购置的计税依据是应税车辆的计税价格。

1）计税价格的确定。应税车辆的计税价格，按照下列规定确定：

①纳税人购买自用应税车辆的计税价格，为纳税人实际支付给销售者的全部价款，不包括增值税税款；

②纳税人进口自用应税车辆的计税价格，为关税完税价格加上关税和消费税；

③纳税人自产自用应税车辆的计税价格，按照纳税人生产的同类应税车辆的销售价格确定，不包括增值税税款；

④纳税人以受赠、获奖或者其他方式取得自用应税车辆的计税价格，按照购置应税车辆时相关凭证载明的价格确定，不包括增值税税款。

2）纳税人申报的应税车辆计税价格明显偏低，又无正当理由的，由税务机关依照《中华人民共和国税收征收管理法》的规定核定其应纳税额。

3）纳税人以外汇结算应税车辆价款的，按照申报纳税之日的人民币汇率中间价折合成人民币计算缴纳税款。

四、车辆购置税的税率

车辆购置税的税率为10%。

五、车辆购置税应纳税额的计算

车辆购置税的应纳税额按照应税车辆的计税价格乘以税率计算。

六、车辆购置税的税收优惠

《中华人民共和国车辆购置税法》规定下列车辆免征车辆购置税：

1）依照法律规定应当予以免税的外国驻华使馆、领事馆和国际组织驻华机构及其有关人员自用的车辆；

2）中国人民解放军和中国人民武装警察部队列入装备订货计划的车辆；

3）悬挂应急救援专用号牌的国家综合性消防救援车辆；

4）设有固定装置的非运输专用作业车辆；

5）城市公交企业购置的公共汽电车辆。

另外，根据国民经济和社会发展的需要，国务院可以规定减征或者其他免征车辆购置税的情形，报全国人民代表大会常务委员会备案。

七、车辆购置税的纳税人

在中华人民共和国境内购置汽车、有轨电车、汽车挂车、排气量超过150毫升的摩托车的单位和个人，为车辆购置税的纳税人。

八、车辆购置税的征收管理

车辆购置税由税务机关负责征收。车辆购置税实行一次性征收。购置已征车辆购置税的车辆，不再征收车辆购置税。

（一）纳税义务发生时间

车辆购置税的纳税义务发生时间为纳税人购置应税车辆的当日。纳税人应当自纳税义务发生之日起60日内申报缴纳车辆购置税。

（二）纳税地点

纳税人购置应税车辆，应当向车辆登记地的主管税务机关申报缴纳车辆购置税；购置不需要办理车辆登记的应税车辆，应当向纳税人所在地的主管税务机关申报缴纳车辆购置税。

（三）纳税期限

纳税人应当在向公安机关交通管理部门办理车辆注册登记前，缴纳车辆购置税。

（四）纳税申报

1）车辆购置税实行一次性征收。购置已征车辆购置税的车辆，不再征收车辆购置税。

2）免税、减税车辆因转让、改变用途等原因不再属于免税、减税范围的，纳税人应当在办理车辆转移登记或者变更登记前缴纳车辆购置税。计税价格以免税、减税车辆初次办理纳税申报时确定的计税价格为基准，每满一年扣减10%。

3）纳税人将已征车辆购置税的车辆退回车辆生产企业或者销售企业的，可以向主管税务机关申请退还车辆购置税。退税额以已缴税款为基准，自缴纳税款之日至申请退税之日，每满一年扣减10%。

思政园地

新华微评：中国不吃关税威胁这一套[①]

中美两国元首即将在日本大阪会晤之际，26日美方一些人又一次以加征关税相威胁，对于这种极限施压的手段，中方早已见怪不怪。一年多的中美经贸摩擦早已表明，中华民族不可欺，中国人民不信邪，中国不吃关税威胁这一套。中美合则两利，斗则俱伤。加征关税解决不了问题，损人害己。唯有切实尊重彼此合理关切，拿出足够诚意平等对话协商，才是解决中美贸易问题的正确态度。（记者韩洁）

---

① 选自：新华社"新华视点"微博，2019-06-27，http://www.xinhuanet.com/world/2019/06/27/c_1124680644.htm。

任务工单

编号	6-12-1	知识点	车辆购置税法律制度（综合）	日期	
姓名		学号		班级	评分

1.概念	

2.征税对象	

3.纳税人	

4.应纳税额的计算		5.计税依据	6.税率
应纳税额=	购买：		
	进口：		
	自产自用：		
	受赠、获奖等方式取得：		

7.税收优惠	免税		因转让、改变用途等原因不再属于免税、减税范围的，应当在（　　）前或者（　　）前缴纳车辆购置税。
	退税（退车时）	车辆退回生产企业或者经销商的，纳税人申请退税时，主管税务机关自纳税人"（　　）之日"起，按已缴纳税款（　　）计算退税；未满1年的，按已缴纳税款（　　）退税。	
		张某2016年10月份购置一辆小汽车自用，当月办理纳税申报并缴纳车辆购置税5万元，2019年10月份该小汽车因安全气囊问题被生产企业召回。根据车辆购置税法律制度的规定，张某应申请退还多少车辆购置税？	

8.征收管理	（1）纳税申报	
	（2）纳税义务发生时间	
	（3）申报地点	

编号	6-12-2	知识点		车辆购置税法律制度（综合）		日期	
姓名		学号			班级	评分	

1. 根据车辆购置税法律制度的规定，下列行为中，属于车辆购置税应税行为的有（　　）。
A. 购买并自用应税车辆的行为
B. 获奖取得并自用应税车辆的行为
C. 受赠取得并使用应税车辆的行为
D. 进口并自用应税车辆的行为

2. 根据车辆购置税法律制度的规定，下列单位和个人中，属于车辆购置税纳税人的有（　　）。
A. 购买应税货车并自用的某外商投资企业
B. 进口应税小轿车并自用的某外贸公司
C. 获得奖励应税轿车并自用的李某
D. 受赠应税小型客车并自用的某学校

3. 根据车辆购置税法律制度的规定，下列车辆中，属于车辆购置税法中的征税范围的有（　　）。
A. 排气量为200毫升的摩托车　B. 有轨电车　C. 汽车挂车　D. 电动自行车

4. 根据车辆购置税的有关规定，纳税人进口自用应税小汽车的计税价格，包括（　　）。
A. 支付给海关的增值税
B. 支付给海关的消费税
C. 支付给海关的关税
D. 进口车辆的关税完税价格

5. 某企业2020年2月购进两辆小轿车自用，其中一辆是未上牌照的新车，不含税成交价15万元，另一辆是从某企业购入已使用4年的轿车，不含税成交价3万元（从原车主取得了完税证明）。计算该企业应当缴纳的车辆购置税税额。

6. 某企业2020年3月1日购入一辆小汽车自用，支付汽车价款12万元，另外支付优先提车费3 000元，增值税1 599元。计算该企业应当缴纳的车辆购置税税额。

7. 某公司2020年5月进口自用小汽车一辆，海关审定的关税完税价格为50万元，缴纳关税10万元，消费税20万元。已知车辆购置税税率为10%，计算该公司进口该辆小汽车应当缴纳的车辆购置税税额。

8. 某进出口公司2019年6月进口1辆小轿车自用，海关审定的关税完税价格为20万元/辆。已知小轿车关税税率为28%，消费税税率为9%，车辆购置税税率为10%，计算该公司应当缴纳的车辆购置税税额。

9. 某工厂2018年1月购置一辆小汽车自用，当月办理纳税申报并缴纳车辆购置税15万元，2019年10月该小汽车因质量问题被生产企业召回。根据车辆购置税法律制度的规定，计算小汽车召回后车辆购置税的申请退税金额。

任务十三 耕地占用税法律制度

任务情境

2020年2月某公司开发住宅社区,经批准共占用耕地10 000平方米,其中800平方米兴建幼儿园,3 000平方米修建学校。已知耕地占用税适用税率为30元/平方米,甲公司应当缴纳多少耕地占用税?

任务概要和任务目标

耕地占用税是对在中华人民共和国境内占用耕地建设建筑物、构筑物或者从事非农业建设的单位和个人征收的一种税。在中华人民共和国境内占用耕地建设建筑物、构筑物或者从事非农业建设的单位和个人,为耕地占用税的纳税人。

耕地占用税的征税范围是在中华人民共和国境内占用的建设建筑物、构筑物或者从事非农业建设的耕地。耕地占用税以纳税人实际占用的耕地面积为计税依据。耕地占用税实行定额税率。耕地占用税的应纳税额为纳税人实际占用的耕地面积和适用税额的乘积。

本任务要求了解耕地占用税的含义,掌握耕地占用税的征税范围、计税依据、税率、纳税人、应纳税额的计算、税收优惠和征收管理,能够正确地计算和缴纳耕地占用税。

任务相关知识

2018年12月29日第十三届全国人民代表大会常务委员会第七次会议通过了《中华人民共和国耕地占用税法》。为贯彻落实《中华人民共和国耕地占用税法》,财政部、税务总局、自然资源部、农业农村部、生态环境部制定了《中华人民共和国耕地占用税法实施办法》,办法自2019年9月1日起施行。

【耕地占用税法政策要点】

【《中华人民共和国耕地占用税法》】

【《中华人民共和国耕地占用税法实施办法》】

【耕地占用税法有啥不明白?小美为您来解惑】

【《中华人民共和国耕地占用税法》问题解答】

【一图读懂耕地占用税】

一、耕地占用税的概念

耕地占用税是对在中华人民共和国境内占用耕地建设建筑物、构筑物或者从事非农业建设的单位和个人征收的一种税。

二、耕地占用税的征税范围

耕地占用税的征税范围是在中华人民共和国境内占用的建设建筑物、构筑物或者从事非农业建设的耕地。耕地，是指用于种植农作物的土地。占用耕地建设农田水利设施的，不缴纳耕地占用税。

占用园地、林地、草地、农田水利用地、养殖水面、渔业水域滩涂以及其他农用地建设建筑物、构筑物或者从事非农业建设的，依法缴纳耕地占用税。但用于建设直接为农业生产服务的生产设施的，不缴纳耕地占用税。直接为农业生产服务的生产设施，是指直接为农业生产服务而建设的建筑物和构筑物。

三、耕地占用税的计税依据

耕地占用税以纳税人实际占用的耕地面积为计税依据。实际占用的耕地面积，包括经批准占用的耕地面积和未经批准占用的耕地面积。

四、耕地占用税的税率

耕地占用税实行定额税率。

（一）税额标准

耕地占用税具体税额如下：
1）人均耕地不超过1亩①的地区（以县、自治县、不设区的市、市辖区为单位，下同），每平方米为10元至50元；
2）人均耕地超过1亩但不超过2亩的地区，每平方米为8元至40元；
3）人均耕地超过2亩但不超过3亩的地区，每平方米为6元至30元；
4）人均耕地超过3亩的地区，每平方米为5元至25元。

（二）具体税额的确定

各地区耕地占用税的适用税额，由省、自治区、直辖市人民政府在规定的税额幅度内提出，报同级人民代表大会常务委员会决定，并报全国人民代表大会常务委员会和国务院备案。

在人均耕地低于0.5亩的地区，省、自治区、直辖市可以根据当地经济发展情况，适当提高耕地占用税的适用税额，但提高的部分不得超过确定的适用税额的50%。占用基本农田的，应当按照当地适用税额，加按150%征收。

五、耕地占用税应纳税额的计算

耕地占用税应纳税额为纳税人实际占用的耕地面积（平方米）乘以适用税额。

六、耕地占用税的税收优惠

1）军事设施、学校、幼儿园、社会福利机构、医疗机构占用耕地，免征耕地占用税。
2）铁路线路、公路线路、飞机场跑道、停机坪、港口、航道、水利工程占用耕地，减按每平方米2元的税额征收耕地占用税。
3）农村居民在规定用地标准以内占用耕地新建自用住宅，按照当地适用税额减半征收耕地占用税；其中农村居民经批准搬迁，新建自用住宅占用耕地不超过原宅基地面积的部分，免征耕地占用税。
4）农村烈士遗属、因公牺牲军人遗属、残疾军人以及符合农村最低生活保障条件的农村居民，在规定用地标准以内新建自用住宅，免征耕地占用税。
5）纳税人因建设项目施工或者地质勘查临时占用耕地，应当依照本法的规定缴纳耕地占用税。纳税人在批准临时占用耕地期满之日起一年内依法复垦，恢复种植条件的，全额退还已经缴纳的耕地占用税。
6）占用园地、林地、草地、农田水利用地、养殖水面、渔业水域滩涂以及其他农用地建设建筑物、构筑物或者从事非农业建设的，依照规定缴纳耕地占用税，但适用税额可以适当低于本地区确定的适用税额，

---

① 1亩 =666.67平方米。

但降低的部分不得超过50%。

七、耕地占用税的纳税人

1）在中华人民共和国境内占用耕地建设建筑物、构筑物或者从事非农业建设的单位和个人，为耕地占用税的纳税人。

2）经批准占用耕地的纳税人。

经批准占用耕地的，纳税人为农用地转用审批文件中标明的建设用地人；农用地转用审批文件中未标明建设用地人的，纳税人为用地申请人，其中用地申请人为各级人民政府的，由同级土地储备中心、自然资源主管部门或政府委托的其他部门、单位履行耕地占用税申报纳税义务。

3）未经批准占用耕地的纳税人。

未经批准占用耕地的，纳税人为实际用地人。

八、耕地占用税的征收管理

（一）纳税义务发生时间和纳税期限

1. 经批准占用耕地的纳税义务发生时间

经批准占用耕地的纳税义务发生时间为纳税人收到自然资源主管部门办理占用耕地手续的书面通知的当日。纳税人应当自纳税义务发生之日起30日内申报缴纳耕地占用税。

2. 未经批准的占用耕地的纳税义务发生时间

未经批准占用耕地的，耕地占用税纳税义务发生时间为自然资源主管部门认定的纳税人实际占用耕地的当日。

3. 损害耕地的纳税义务发生时间

因挖损、采矿塌陷、压占、污染等损毁耕地的纳税义务发生时间为自然资源、农业农村等相关部门认定损毁耕地的当日。

（二）纳税地点

耕地占用税由税务机关负责征收。纳税人占用耕地，应当在耕地所在地申报纳税。

思政园地

【加征额外关税吓唬不了中国人民】

任务工单

编号	6-13-1	知识点	耕地占用税法律制度（综合）		日期	
姓名		学号		班级	评分	

1.概念	

2.纳税人	

3.征税范围		
征收		免征

4.计税依据	

5.税率				
	有幅度的地区差别定额税率（元/m²）			
基准税率	人均耕地≤1亩	1亩<人均耕地≤2亩	2亩<人均耕地≤3亩	人均耕地>3亩
	10~50元/m²	8~40元/m²	6~30元/m²	5~25元/m²
调整税率	（1）占用基本农田的，（　　　　）征收。 （2）（　　　　）的地区，省、自治区、直辖市可以根据当地经济发展情况，适当提高耕地占用税的适用税额，但提高的部分不得超过50%。 （3）耕地之外的农用地税额可以适当降低，但降低的部分不得超过（　　）。 （4）铁路线路、公路线路、飞机场跑道、停机坪、港口、航道、水利工程占用耕地，（　　　）税额征收。 （5）农村居民在规定用地标准以内占用耕地（　　），减半征收。			

6.应纳税额	应纳税额=

7.征收管理	（1）纳税义务发生时间	
	（2）纳税申报期间	
	（3）临时占用1年内复垦恢复的	
	（4）非耕地农用地	

编号	6-13-2	知识点	耕地占用税法律制度（综合）	日期	
姓名		学号		班级		评分	

1.根据耕地占用税法律制度的规定，下列各项中，属于耕地占用税中耕地的有（　　）。
A.菜地　　B.茶园　　C.果园　　D.苗圃

2.（判断题）建设直接为农业生产服务的生产设施占用规定的农用地的，不征收耕地占用税。（　　）

3.（判断题）纳税人占用耕地或其他农用地，应当在纳税人住所所在地申报纳税。（　　）

4.（判断题）纳税人临时占用耕地，应当缴纳耕地占用税。纳税人在批准临时占用耕地的期限内恢复所占用耕地原状的，全额退还已经缴纳的耕地占用税。（　　）

5.2020年2月某公司开发住宅社区，经批准共占用耕地10 000平方米，其中800平方米兴建幼儿园，3 000平方米修建学校。已知耕地占用税适用税率为30元/平方米，计算该公司应缴纳的耕地占用税税额。

6.农村居民李某经批准合法占用耕地100平方米新建住宅，当地适用税额每平方米50元，另外占用80平方米农用耕地建设直接为农业生产服务的生产设施，计算李某应该缴纳的耕地占用税税额。

7.根据耕地占用税法律制度的规定，下列各项中，不缴纳耕地占用税的是（　　）。
A.占用市区工厂土地建设商品房　　　　B.占用市郊菜地建设公路
C.占用牧草地建设厂房　　　　　　　　D.占用果园建设旅游度假村

8.根据耕地占用税法律制度的规定，下列占用农村土地的行为中，需缴纳耕地占用税的有（　　）。
A.占用耕地建房　　　　　　　　　　　B.占用耕地从事其他非农业建设
C.占用鱼塘从事其他非农业建设　　　　D.占用耕地兴办学校

9.（判断题）根据规定，某农场占用苗圃修建水渠用于灌溉，不缴纳耕地占用税。（　　）

10.（判断题）根据规定，军事设施、学校、幼儿园、社会福利机构、医疗机构占用耕地，免征耕地占用税。

11.（判断题）根据规定，占用园地、林地、草地、农田水利用地、养殖水面、渔业水域滩涂以及其他农用地建设直接为农业生产服务的生产设施的，不缴纳耕地占用税。（　　）

12.甲企业2020年2月经批准新占用一块耕地建造办公楼，另占用一块非耕地建造企业仓库。下列关于甲企业城镇土地使用税和耕地占用税的有关处理，说法正确的是（　　）。
A.甲企业建造办公楼占地，应征收耕地占用税，并自批准征用之次月起征收城镇土地使用税
B.甲企业建造办公楼占地，应征收耕地占用税，并自批准征用之日起满一年后征收城镇土地使用税
C.甲企业建造仓库占地，不征收耕地占用税，应自批准征用之月起征收城镇土地使用税
D.甲企业建造仓库占地，不征收耕地占用税，应自批准征用之日起满一年时征收城镇土地使用税

任务十四　烟叶税法律制度

任务情境

某烟草公司2019年9月收购一批晾晒烟叶，支付收购价款200万元，同时支付了价外补贴30万元。计算该烟草公司应缴纳的烟叶税税额。

任务概要和任务目标

烟叶税是对在中华人民共和国境内依法收购烟叶的单位征收的一种税。在中华人民共和国境内，依法收购烟叶的单位为烟叶税的纳税人。烟叶税的征税范围包括烤烟叶和晾晒烟叶。烟叶税的计税依据为纳税人收购烟叶实际支付的价款总额，税率为20%，应纳税额为纳税人收购烟叶实际支付的价款总额和税率的乘积。

本任务要求了解烟叶税的含义，掌握烟叶税的征税范围、计税依据、税率、纳税人、应纳税额的计算、税收优惠和征收管理，能够正确地计算和缴纳烟叶税。

任务相关知识

1994年国务院发布《国务院关于对农业特产收入征收农业税的规定》（国务院令143号），对烟叶在收购环节征税，税率为31%。2004年6月，财政部、国家税务总局下发《关于取消除烟叶外的农业特产农业税有关问题的通知》（财税〔2004〕120号），规定从2004年起，除对烟叶暂保留征收农业特产农业税外，取消对其他农业特产品征收的农业特产农业税。2005年12月29日，第十届全国人大常委会第十九次会议决定，《中华人民共和国农业税条例》自2006年1月1日起废止。2006年4月28日，国务院公布了《中华人民共和国烟叶税暂行条例》，并自公布之日起施行。

【《中华人民共和国烟叶税法》】

一、烟叶税的概念

烟叶税是对在中华人民共和国境内依法收购烟叶的单位征收的一种税。

二、烟叶税的征税范围

烟叶税的征税范围包括烤烟叶和晾晒烟叶。

三、烟叶税的计税依据

烟叶税的计税依据为纳税人收购烟叶实际支付的价款总额。

纳税人收购烟叶实际支付的价款总额包括纳税人支付给烟叶销售者的烟叶收购价款和价外补贴，价外补贴统一暂按烟叶收购价款的10%计算，即烟叶收购金额＝烟叶收购价款×（1+10%）。

四、烟叶税的税率

烟叶税的税率为20%。

五、烟叶税应纳税额的计算

烟叶税的应纳税额按照纳税人收购烟叶实际支付的价款总额乘以税率计算。计算公式为：

$$应纳税额 = 收购烟叶实际支付的价款总额 \times 税率 = 烟叶收购价款 \times (1+10\%) \times 20\%$$

六、烟叶税的纳税人

在中华人民共和国境内，依照《中华人民共和国烟草专卖法》的规定收购烟叶的单位为烟叶税的纳税人。

七、烟叶税的征税管理

（一）纳税义务发生时间

烟叶税的纳税义务发生时间为纳税人收购烟叶的当日。

（二）纳税地点

烟叶税由税务机关依法征收管理，纳税人应当向烟叶收购地的主管税务机关申报缴纳烟叶税。

（三）纳税期限

烟叶税按月计征，纳税人应当于纳税义务发生月终了之日起15日内申报并缴纳税款。

思政园地

【暗访诚信】

任务工单

编号	6-14	知识点	烟叶税法律制度（综合）	日期	
姓名		学号		班级	评分

1.概念	
2.征税对象	
3.纳税人	
4.计税依据	
5.税率	
6.应纳税额	
7.征收管理	（1）纳税义务发生时间
	（2）纳税期限
	（3）纳税地点
习题	1.根据烟叶税法律制度的规定，下列各项中，属于烟叶税纳税人的是（　）。 A.销售香烟的单位　　B.生产烟叶的个人 C.收购烟叶的单位　　D.消费香烟的个人 2.（判断题）根据规定，烟叶税的纳税人为种植烟叶的农户。（　） 3.根据烟叶税法律制度的规定，下列各项中属于烟叶税征税范围的有（　）。 A.晾晒烟叶　　B.烟丝　　C.卷烟　　D.烤烟叶 4.某烟草公司2019年7月收购一批晾晒烟叶，支付收购价款200万元，同时支付了价外补贴30万元。计算该烟草公司应缴纳的烟叶税税额。

任务十五　船舶吨税法律制度

任务情境

2020年5月1日，某外轮进入青岛港办理入境手续，该船舶负责人向海关申报领取有效期为90天的吨税执照，该船舶净重30 000吨，计算该船舶应当缴纳的船舶吨税税额。

任务概要和任务目标

船舶吨税是对自中华人民共和国境外港口进入境内港口的船舶征收的一种税。船舶吨税的征税对象是自中华人民共和国境外港口进入境内港口的船舶。自中华人民共和国境外港口进入境内港口的船舶的负责人为船舶吨税的纳税人。

船舶吨税按照船舶净吨位和吨税执照期限征收。应税船舶在进入港口办理入境手续时，应税船舶负责人向海关缴纳吨税，领取吨税执照。

本任务要求了解船舶吨税的含义，掌握船舶吨税的征税范围、计税依据、税率、纳税人、应纳税额的计算、税收优惠和征收管理，能够正确地计算和缴纳船舶吨税。

任务相关知识

船舶吨税亦称"吨税"。海关对外国籍船舶航行进出本国港口时，按船舶净吨位征税。其原因主要是外国船舶在本国港口行驶，使用了港口设施和助航设备，如灯塔、航标等，故应支付一定的费用。有的国家因此也称吨税为"灯塔税"。外商租用的中国籍船舶、中外合营企业等使用的中国籍船舶和我国租用航行国外兼营沿海贸易的外国籍船舶，都应按照规定缴纳船舶吨税。对应纳吨税船舶经特准行驶于我国未设海关港口的，则由当地税务局代征。

2017年12月27日第十二届全国人民代表大会常务委员会第三十一次会议通过了《中华人民共和国船舶吨税法》，船舶吨税法自2018年7月1日起施行，2011年12月5日国务院公布的《中华人民共和国船舶吨税暂行条例》同时废止。

【《中华人民共和国船舶吨税法》】

一、船舶吨税的概念

船舶吨税是对自中华人民共和国境外港口进入境内港口的船舶征收的一种税。

二、船舶吨税的征税对象

船舶吨税的征税对象是自中华人民共和国境外港口进入境内港口的船舶。

三、船舶吨税的计税依据

船舶吨税按照船舶净吨位和吨税执照期限征收。

净吨位，是指由船籍国（地区）政府签发或者授权签发的船舶吨位证明书上标明的净吨位。

吨税执照期限，是指按照公历年、日计算的期间。

应税船舶负责人在每次申报纳税时，可以按照《吨税税目税率表》选择申领一种期限的吨税执照。

四、船舶吨税的税率

船舶吨税设置优惠税率和普通税率。

中华人民共和国籍的应税船舶，船籍国（地区）与中华人民共和国签订含有相互给予船舶税费最惠国待遇条款的条约或者协定的应税船舶，适用优惠税率。其他应税船舶，适用普通税率。具体如表6-7所示。

表6-7 吨税税目税率表

税目 （按船舶净吨位划分）	税率（元/净吨）						备注
	普通税率 （按执照期限划分）			优惠税率 （按执照期限划分）			
	1年	90日	30日	1年	90日	30日	
不超过2 000净吨	12.6	4.2	2.1	9.0	3.0	1.5	1.拖船①按照发动机功率每千瓦折合净吨位0.67吨。 2.无法提供净吨位证明文件的游艇，按照发动机功率每千瓦折合净吨位0.05吨。 3.拖船和非机动驳船②分别按相同净吨位船舶税率的50%计征税款
超过2 000净吨，但不超过10 000净吨	24.0	8.0	4.0	17.4	5.8	2.9	
超过10 000净吨，但不超过50 000净吨	27.6	9.2	4.6	19.8	6.6	3.3	
超过50 000净吨	31.8	10.6	5.3	22.8	7.6	3.8	

五、船舶吨税应纳税额的计算

船舶吨税的应纳税额按照船舶净吨位乘以适用税率计算，用公式表示为：

$$应纳税额 = 船舶净吨位 \times 适用税率$$

六、船舶吨税的税收优惠

下列船舶免征船舶吨税：

1）应纳税额在人民币50元以下的船舶；
2）自境外以购买、受赠、继承等方式取得船舶所有权的初次进口到港的空载船舶；
3）吨税执照期满后24小时内不上下客货的船舶；
4）非机动船舶[③]（不包括非机动驳船）；
5）捕捞、养殖渔船[④]；
6）避难、防疫隔离、修理、改造、终止运营或者拆解，并不上下客货的船舶；
7）军队、武装警察部队专用或者征用的船舶；
8）警用船舶；
9）依照法律规定应当予以免税的外国驻华使领馆、国际组织驻华代表机构及其有关人员的船舶；
10）国务院规定的其他船舶。

第10项免税规定，由国务院报全国人民代表大会常务委员会备案。

---

① 拖船，是指专门用于拖（推）动运输船舶的专业作业船舶。
② 非机动驳船，是指在船舶登记机关登记为驳船的非机动船舶。
③ 非机动船舶，是指自身没有动力装置，依靠外力驱动的船舶。
④ 捕捞、养殖渔船，是指在中华人民共和国渔业船舶管理部门登记为捕捞或者养殖的船舶。

七、船舶吨税的纳税人

应税船舶负责人为船舶吨税纳税人。

应税船舶在进入港口办理入境手续时，应税船舶负责人应当向海关申报纳税领取吨税执照，或者交验吨税执照（或者申请核验吨税执照电子信息）。应税船舶在离开港口办理出境手续时，应当交验吨税执照（或者申请核验吨税执照电子信息）。

八、船舶吨税的征收管理

船舶吨税由海关负责征收。应税船舶负责人向海关申报纳税领取吨税执照，应税船舶负责人缴纳吨税或者提供担保后，海关按照其申领的执照期限填发吨税执照。

（一）纳税义务发生时间

吨税纳税义务发生时间为应税船舶进入港口的当日。

（二）纳税期限

应税船舶负责人应当自海关填发吨税缴款凭证之日起15日内缴清税款。未按期缴清税款的，按日加收滞纳税款万分之五的税款滞纳金。吨税税款以人民币计算。

思政园地

【民法典中的"税事"】

任务工单

编号	6-15	知识点	船舶吨税法律制度（综合）	日期	
姓名		学号		班级		评分	

1.概念	
2.纳税人	
3.征税对象	征税	
	免税	
4.计税依据	
5.税率	适用优惠税率的船舶： 适用普通税率的船舶： 拖船按照发动机功率每1千瓦折合净吨位（　　　）吨。 无法提供净吨位证明的游艇，按照发动机功率每1千瓦折合净吨位（　　　）吨。 拖船和非机动驳船分别按相同净吨位船舶税率的（　　　）计征税款。
6.应纳税额	
7.征收管理	（1）纳税义务发生时间	
	（2）纳税期限	
	（3）少征、漏征的	
	（4）多征的	
习题	1.（判断题）船舶吨税是对进入境内港口的外国船舶征收的一种税。（　）
	2.（判断题）根据规定，船舶吨税按照船舶总吨位和吨税执照期限征收。（　）
	3.根据船舶吨税法律制度的规定，下列船舶中，不予免征船舶吨税的是（　）。 A.捕捞渔船　　　B.非机动驳船　　C.养殖渔船　　　D.军队专用船舶
	4.（判断题）根据规定，应税船舶负责人应当自海关填发吨税缴款凭证之日起10日内向指定银行缴清船舶吨税税款。（　）
	5.根据船舶吨税法律制度的规定，我国船舶吨税设置的税率有（　）。 A.最惠国税率　　B.优惠税率　　C.普通税率　　D.一般税率